Pequeños grandes lectores

Pequeños grandes lectores

Un nuevo método para potenciar
la capacidad lectora de tu hijo
y evitar el fracaso escolar

Fernando Alberca

VERGARA

Primera edición: febrero de 2019

© 2019, Fernando Alberca
© 2019, Montse Galbany, por las ilustraciones
© 2019, Penguin Random House Grupo Editorial, S. A. U.
Travessera de Gràcia, 47-49. 08021 Barcelona

Printed in Spain — Impreso en España

ISBN: 978-84-17664-02-2
Depósito legal: B-25.947-2018

Compuesto en Infillibres, S. L.

Impreso en Romanyà Valls, S.A.
Capellades (Barcelona)

VE 6 4 0 2 2

Penguin
Random House
Grupo Editorial

A nuestra hija Esperanza,
ejemplar,
creativa, genial,
fuerte y rápida,
que a su edad ya sabe que la felicidad de los demás
provoca la propia felicidad

ÍNDICE

I
LA LECTURA Y SUS IMPLICACIONES

1. ¿Por qué unos disfrutan leyendo y otros
   aún no?   15
2. Ventajas de saber leer bien   19
3. ¿Qué es leer (al menos hoy)?: un todo con
   once elementos   27
4. Leer es vivir más   33
5. Relación entre lenguaje, lectura y escritura   41
6. La lectura no debería ser una cuestión
   de la escuela   49
7. ¿Por qué un niño o niña puede aprender
   mal a leer?   57
8. Discusiones sobre cuándo y cómo aprender
   a leer   69
9. La inteligencia y su relación con la calidad
   lectora: ¿leen mejor los más listos?   93
10. Las emociones y la lectura   99

11. Los zurdos y las dificultades con la lectura 105
12. El esquema corporal, la intuición espacial y qué
    letra se lee mejor 111
13. Lo que se lee entra por los ojos 123
14. Dos ojos mejor que uno 137
15. La retención de lo que se lee 141
16. ¿Qué opinan los docentes de la lectura de sus
    alumnas y alumnos? 145
17. ¿Cuánto y cómo leen los niños, adolescentes
    y adultos hoy? 153
18. ¿Cómo leen los docentes que enseñan a leer? . . . 159

II
Cómo enseñar a un niño o niña
a leer por primera vez

19. Método completo para aprender a leer mejor. . . 165

III
Cómo aprender a leer mejor si ya se sabe leer

20. De los ocho a los doce años 211
21. Desde los doce años en adelante 223
22. Leer evitando malos hábitos 229
23. Leer más rápido 233
24. Leer comprendiendo más 237
25. Mover mejor los ojos 251
26. Concentrarse más 257
27. Leer de una vez 261

IV

Cómo actuar en algunos casos específicos

28. Las dificultades de los zurdos al leer y escribir . . 269
29. Cómo enseñar a leer a un niño con lateralidad
    cruzada para que se canse menos 275
30. Cómo leer mejor con dislexia 285
31. Lectura y TDAH 301
32. Lectura y altas capacidades 307
33. Veintiuno y más: la lectura cuando se tiene
    síndrome de Down 311
34. Leer mejor todos los problemas de matemáticas,
    física y ciencias sociales 317
35. La diferencia de leer un texto de no ficción 329
36. Cómo leer en público 333
37. Leer bien y de forma diferente un poema, un
    ensayo, una novela, una obra de teatro o un
    anuncio de publicidad 337
38. Leer una revista o un periódico (digital o en
    papel) 345
39. Leer gráficos, imágenes, símbolos, mapas,
    wasaps, instagram..., y otros documentos 349

V

Test para saber cómo se lee

40. ¿Cómo descubrir si uno mismo o alguien
    lee bien? 355

VI

Hábitos saludables y consejos finales

41. ¿Por qué he tardado veintidós años en escribir
    este libro?   397
42. Cuándo dejar de leer un libro y otros hábitos
    saludables de buenos lectores   399
43. Algunos temas que suelen gustar a lectores
    de cero a ochenta años   407
44. Yo leo mal y merece la pena vivir   413

I
La lectura y sus implicaciones

Hay muchas curiosidades que conviene saber
antes de intentar leer mejor.

1

¿Por qué unos disfrutan leyendo y otros aún no?

A todo ser humano le gusta leer. No obstante, muchos sienten un gran rozamiento al hacerlo porque no han aprendido bien y no les compensa el esfuerzo: pueden perderse la historia, porque ninguna historia resulta vital antes de ser leída. Si hubiesen aprendido a leer sin apenas rozamiento, con agilidad, como si el engranaje de su ojo-pensamiento-imaginación funcionara bien engrasado, entonces leerían siempre que pudieran, porque disfrutarían enormemente, siendo ridículo el esfuerzo comparado con el conocimiento de una historia que les iría pareciendo más atrayente a cada línea y que se convertiría en una experiencia vital que no desearían perderse.

Ese rozamiento comporta, por ejemplo:

– Tener que releer algunas líneas porque uno se ha perdido, pese a no estar muy preocupado por algo en concreto en ese momento.

- Leer un párrafo y no comprenderlo, no imaginarse la escena bien, con detalles.
- No entender muchas palabras.
- Ir tan lento con un libro extenso que se tiene la sensación de no avanzar, sobre todo si la historia crea intriga para saber cómo sigue.

Es preciso afianzar en quien ya lee bien la forma de leer correcta, y mejorarla en quien sufre aún rozamientos y un desgaste que le hace disfrutar o comprender menos. Da igual la edad. Unos se encontrarán a punto de aprender a leer y otros ya aprendieron con rozamiento hace mucho.

Si no se lee bien, el desgaste que exige leer un libro no compensa pese a la curiosidad y el deseo. Si se ha aprendido a leer mal o si no se ha podido solventar algún obstáculo personal, es lógico que no compense la historia que encierran los veintiocho símbolos, en español, combinados de las letras y grafismos. «Me cuesta tanto esfuerzo leerme este libro que si realmente es muy bueno, ya me lo contarán o harán una película y la veré», me decía Sergio, un chico de trece años.

Sin embargo, a todo el mundo le gusta vivir vidas de aventuras extremas sin correr ningún riesgo: ser pirata, ser capitán, jefe, amante, amado, detective, famoso... Tomar el sol en un balcón de la Toscana o en un yate cerca de una isla griega o pasar miedo por ser despreciado, miserable y al mismo tiempo comprobar que en la vida real, fuera del libro, no se es así. Si no hay rozamiento al leer se lee sin notar el cansancio, y entonces cualquier historia bien escrita cautiva. Si no, se convierte en un ejercicio que agota y lo más inteligente es abandonar.

Leer es disfrutar y vivir. Cualquier obstáculo que lo impida justifica el abandono y el disgusto.

Por eso hay muchos niños que desde los doce o trece años, y antes incluso, disfrutan leyendo libros gruesos y sin ilustraciones, y leen continuamente casi todos los días; su castigo es no dejarlos leer durante un rato y su regalo perfecto es un libro. Son niños que, simplemente, han aprendido a leer bien y no sienten gran rozamiento al hacerlo: «Yo no sé leer bien, papá, lo que me pasa es que leo muy rápido porque tengo muchas ganas de saber qué sucede», decía mi hija mayor cuando tenía once años y ya leía 285 palabras por minuto. Yo le había enseñado a leer cuando tenía dos años con el método que describiré más adelante en este libro y aún no hablaba, porque un niño puede aprender a leer bien antes de que aprenda a hablar bien. Ahora devora un libro de 300 páginas en una hora (*El Señor de los Anillos* en una tarde), es profesora de Humanidades y algunos veranos la han contratado diversas editoriales para leer manuscritos por su rapidez, comprensión, cultura y capacidad de observación en la lectura.

2

Ventajas de saber leer bien

Muchas personas pueden creer que leer bien es una cuestión sobre todo escolar. Que es necesario para el rendimiento y aprendizaje dentro del ámbito de la escuela. Aunque leer es mucho más, es cierto que leer bien está relacionado con el rendimiento escolar

Desde los años noventa hasta nuestros días, muchas investigaciones en el ámbito de la pedagogía y la psicología han relacionado el fracaso escolar con una lectura defectuosa. Ya en 1971 Brabner señalaba en su investigación que las dificultades que encontraba una persona en la lectura comprensiva son la principal causa de fracaso en los estudios de Primaria, Secundaria, Universidad y en las oposiciones. Otros (Alonso y Mateos Sanz) demostraron, poco más de una década después, que quienes encuentran obstáculos en la lectura tienen menos cultura, relaciones, oportunidades educativas, habilidades sociales y laborales, y no aprovechan tan bien el tiempo libre. En la primera década del siglo XXI esto se ha concretado más: los distintos aspectos de la lectura no solo influyen, sino que además determinan el rendimiento escolar y el futuro profesional (De Vega, 2008).

En el año 2014 realicé un trabajo de investigación para el máster de Neuropsicología y Educación, con una muestra de 112 alumnos y alumnas de ocho y nueve años de dos ciudades españolas distantes para comprobar la relación entre comprensión lectora, discriminación auditiva, discriminación visual y rendimiento escolar. El resultado fue que había una correlación significativa entre lectura y las demás variables con el rendimiento escolar, con una intensidad alta.

Pero leer bien conlleva muchos más beneficios que los limitados al ámbito de la escuela y los estudios. No es solo el medio para comprender un texto que se debe estudiar. Esto no supone ni el 2 por ciento de lo que la lectura aporta a un ser humano lector en su vida: relaciones, inteligencia, conexión con el mundo, evasión, imaginación, distracción, experiencia, sensación, comprensión, sabiduría, empatía... Reducir la lectura a la escuela es como reducir el nadar en el mar a verlo en una foto.

Quienes han aprendido bien a leer y, en consecuencia, disfrutan leyendo, conocen el placer de leer y la tristeza que se siente cuando un libro se acerca a su fin y se agotan sus páginas y lo vivido. Asimismo, quienes han sentido no saber cómo dilatar el placer de una lectura y han previsto que experimentarán un vacío grande cuando una historia se acabe, saben bien que leer se excede de la escuela. Algo de lo que solo son conscientes quienes disfrutan porque saben leer bien. No es una cuestión de carácter, sensibilidad, personalidad, genética o momento (el momento y la forma de ser influye en que guste, apetezca o no, pero no el resto de las ventajas que conlleva leer), sino de aprendizaje. Por ello, porque merece la pena leer disfrutando y disfrutar leyendo, merece la pena aprender o reaprender a hacerlo bien para obtener más beneficios y placer.

Junto a ese placer de vivir una historia leída, se agolpan en la lectura otras muchas ventajas, cada una de ellas valiosa por sí sola y que juntas señalan la importancia de leer bien. Entre ellas:

1. Hace madurar.
2. Enseña a organizar la realidad.
3. Hace sentir más sensaciones, emociones y sentimientos, con sus consecuencias.
4. Permite desarrollar la creatividad.
5. Fortalece la personalidad.
6. Proporciona gozo.
7. Se aprende.
8. Desarrolla la inteligencia.
9. Fomenta la capacidad de análisis y la seguridad en uno mismo.
10. Hace al lector más imaginativo, convirtiendo la imaginación en un recurso eficaz en sí mismo y al servicio de un fin, como por ejemplo despreocuparse, evitar obsesiones, levantar el ánimo, cubrir una esperanza, aguardar el horizonte, ilusionarse oportunamente, extender el placer, intensificar el descanso, etc.
11. Le hace más intuitivo y acertar más con menos datos.
12. Le hace más sensible y captar más información a través de sus sentidos.
13. Educa la voluntad.
14. Acostumbra a reflexionar.
15. Acostumbra a realizar un esfuerzo hasta lograr lo que se busca.
16. Agiliza la deducción y el razonamiento lógico.

17. Ayuda a concentrarse.
18. Proporciona cultura.
19. Desarrolla el disfrute estético.
20. Desarrolla la capacidad de sorpresa ante lo bello, lo bueno y la verdad.
21. Desarrolla el espíritu crítico y la comparación de experiencias.
22. Facilita el rendimiento escolar.
23. Entretiene, con independencia del lugar, momento, situación, circunstancia y entorno.
24. Fomenta la empatía.
25. Permite conocerse mejor a uno mismo y a los demás.
26. Permite comprender los procesos sociales.
27. Permite comprender la psicología humana.
28. Ayuda a entender la historia.
29. Proporciona riqueza a las conversaciones.
30. Ayuda a desarrollar y perfeccionar el lenguaje.
31. Permite hablar con más fluidez.
32. Permite expresarse mejor por escrito y oralmente.
33. Aumenta el vocabulario.
34. Facilita las relaciones personales.
35. Proporciona información: instruye.
36. Proporciona formación: educa.
37. Enseña a comunicar —distinguiéndolas— las emociones que se sienten, así como sentimientos, sensaciones, instintos, impulsos, reflejos y reacciones.
38. Permite conocer a personajes a los que no se conoce y convivir con ellos.
39. Habitúa al lector a pensar y le proporciona materiales mentales para hacerlo.
40. Aumenta la inteligencia en cada una de sus operaciones y modos.

41. Permite encontrar el gusto por alguna asignatura escolar y disminuir su fobia a ella.
42. Proporciona conocimientos significativos.
43. Acostumbra a distinguir lo esencial de lo secundario.
44. Hace entender la propia civilización y otras, pasadas o contemporáneas.
45. Enriquece la vida.
46. Abre el mundo a otros lugares, tiempos, costumbres y experiencias.
47. Estimula, nutre y satisface la curiosidad.
48. Descubre aficiones, gustos e intereses y los desarrolla.
49. Aumenta la capacidad de observación.
50. Aumenta la capacidad de atención y concentración.
51. Consuela y acompaña.
52. Permite recibir consejo.
53. Si los libros son adecuados, posibilitan modelos que animan a mejorar en algo.
54. Posibilita el ejercicio de la libertad: aceptar o no un libro, avanzar o no sin leer, abandonar, dar marcha atrás, interrumpirlo cuando se quiere, leerlo mucho o poco tiempo, criticarlo, compararlo, regalarlo, compartirlo, aconsejarlo o desaconsejarlo, cuestionar su forma y su contenido, su oportunidad y su verdad, y posibilita al lector escribir otro libro, el suyo propio.
55. Desarrolla y educa la sensibilidad.
56. Permite cambiar y evolucionar positivamente.
57. Permite tomar la conveniente distancia ante los problemas.
58. Genera en el lector más habilidades sociales.
59. Elimina estrés.
60. Educa el carácter y las reacciones impulsivas.

61. Permite mayor riqueza emocional: gozar, esperar, sufrir, en los más variados registros.
62. Está al alcance de todos (siempre que se esté consciente).
63. Otorga sabiduría.
64. Otorga también coherencia.
65. Hace al lector más fiable.
66. Auspicia que sea más generoso y menos individualista.
67. Favorece que sea más positivo y paciente.
68. Aumenta la fuerza de la voluntad.
69. Aumenta la tolerancia a la frustración y la capacidad de vivir satisfactoriamente pese a los problemas.
70. Capacita para entender la realidad compleja y superar dificultades.
71. Ayuda a jerarquizar las obligaciones y los derechos.
72. Ayuda a relativizar los fracasos y convertirlos en impulsos de cambio a mejor.
73. Permite explicarse mejor con menos expresiones.
74. Ayuda a prever mejor las consecuencias de los acontecimientos.
75. Crea en el lector mayor capacidad de nobleza, honradez, belleza, heroicidad, lealtad, afinidad, amistad y amor.
76. Hace al lector más comunicativo.
77. Le hace mejor gestor de sus propias emociones y de la de los demás.
78. Le hace ser más pausado y prudente.
79. Enseña a superar obstáculos.
80. Sube la autoestima.
81. Da seguridad personal.
82. Muestra cómo disfrutar de lo cotidiano.
83. Aumenta la grandeza de las metas.

84. Enriquece la propia cultura.
85. Genera pasión.
86. Enseña a valorar más lo más valioso y a amar lo amable.
87. Humaniza.

Todas, enseñanzas necesarias para la conquista de la felicidad y la supervivencia de la vida.

Todas se dan —más o menos es cuestión de la calidad lectora— en todos los lectores.

Esta experiencia y mucha más la tiene cualquier lector que haya aprendido a leer bien. No leer comporta las consecuencias contrarias a las descritas antes.

Por eso, en una vida moderna sin lectura, solo se viviría a medias y no se desarrollarían las mejores capacidades de los seres humanos.

3

¿Qué es leer (al menos hoy)?: Un todo con once elementos

La Real Academia, que a veces despista por su superficialidad, pero otras veces nos orienta con su exactitud, como en esta ocasión, describe «leer» como la acción de «comprender el sentido de cualquier tipo de representación gráfica», con lo que ya sabemos que no solo se leen letras, sino también todo tipo de gráficos, planos, dibujos, esquemas... En un sentido más amplio incluso podríamos decir que se leen gestos, la entonación y demás elementos no verbales. Pero quedémonos en este libro con los verbales, que para los no verbales ya dediqué una buena parte de un libro anterior (*Aprender a interpretar a un niño*).

Lo importante es entender que se trata de un acto muy complejo que aglutina muchos aspectos del ser humano lector. Aspectos profundos y superficiales. No es solo pronunciar las palabras, las letras, las grafías de un texto; eso no es leer, eso es aparentar que se lee. Leer es mucho más; pronunciar o articular los sonidos que corresponden a los grafemas que construyen un texto es, de hecho, solo una onceava parte de la lectura.

Pronunciar una letra o una palabra en voz alta es una operación compleja, como muchas de nuestro cerebro humano. Se trata de una operación que se localiza en un área del hemisferio izquierdo de las 84 que hay en todo el cerebro. Pero imaginar algo que sugiere casi en el mismo instante esa palabra es una operación diferente que se desarrolla en otra área distante del hemisferio derecho, mientras que percibir la emoción que esa imagen ha provocado en nosotros es, de nuevo, responsabilidad de un área distinta; así, se producen un sinfín de movimientos, viajes entre áreas que se conectan simplemente porque tres palabras se oyen juntas, pudiendo afectar incluso a nuestro espíritu o llegar a provocar una huella en nuestra memoria y vida. Tres palabras tienen ese poder de tintar toda nuestra vida y dar un nuevo valor, por ejemplo: «Mamá ha muerto». Una frase que cambia la vida del lector y hace que quien la escribe vuelva a llorar, aunque ya sabía el hecho, si por ejemplo se trata de un hermano que escribe a otro dándole la mala noticia.

Por eso, leer es algo complejo y apasionante, mucho más que pronunciar el sonido de grafemas en un ejercicio escolar.

Con independencia de las profundas consecuencias que conlleva leer bien y de la enorme riqueza que aporta, como veremos hasta el último capítulo, lo importante ahora es darse cuenta de que solo el hecho de leer incluye un conjunto de once operaciones que han de darse al tiempo para que la lectura sea realmente una buena lectura, y, sin embargo, a menudo muchos reducen el aprendizaje a solo cuatro o cinco de estas operaciones.

Las once operaciones que componen el proceso de la lectura correcta son:

1. *Velocidad*: Se encadenan las palabras de un texto con la rapidez suficiente que evite el cansancio antes de percibir su contenido y lo que sugiere.

2. *Comprensión*: Se comprende el significado de sus palabras; se captan las ideas, relaciones, sensaciones, conclusiones, impresiones, emociones y sentimientos sugeridos intencionadamente o no por el autor. Exige el conocimiento de vocabulario: significados de las palabras y, entre ellas, de sus conectores y enlaces (determinantes, sustantivos, adjetivos, verbos, adverbios, pronombres, preposiciones, conjunciones, interjecciones y contracciones).

3. *Imaginación*: Se enriquece lo leído con la capacidad para concebir con la imaginación ideas nuevas, proyectos o creaciones y recreaciones inéditas.

4. *Conocimiento referencial*: Se incorpora al saber del lector la información desprendida del texto, conectándose con lo que el lector ya sabe y recuerda sugerido por el texto. Así, la información leída se conecta, se graba y provoca mayor aprendizaje.

5. *Lectura textual de signos de puntuación y de otras marcas gráficas*: Se modula la voz para representar los incisos (paréntesis), aclaraciones (comas), enumeraciones (dos puntos), contraposiciones (guiones), etc., del texto.

6. *Expresión (articulación, pronunciación y entonación)*: Con la entonación se convierte una secuencia de palabras en una pregunta, una amenaza, un reproche, una advertencia, una declaración de admiración, de deseo, de temor, de ironía... Con las mismas palabras, puede variarse el tono de voz, el timbre o la entonación ante signos como ¿? y ¡! También pueden pro-

nunciarse de forma que se identifiquen y se distingan, se discriminen auditiva y mentalmente, a fin de poderlas entender.

7. *Hábitos posturales*: Se evita el rozamiento, la distracción y el cansancio que provocan hábitos adquiridos casi inconscientes como mover los labios al leer, mover el cuello y las cuerdas vocales, seguir con el dedo la lectura, etc.

8. *Movimientos de los ojos*: Movimientos sacádicos y otros. Hay que mover lo menos posible los ojos al pasar por la línea y recolectar la mayor información posible de ella; dos mejor que tres, tres mejor que cuatro y cuatro mejor que cinco: a más movimiento, mayor cansancio y desconcentración. Y junto a estos movimientos de los ojos, hay otros que afectarán también a la lectura y su eficacia.

9. *Concentración*: Se trata de aprender la forma de leer que permita estar concentrado disfrutando de lo que se lee, sin importar el ruido que haya alrededor, la gente que pase, que empuje incluso o pregunte algo, y no tener que volver sobre lo ya leído. Es decir, ser capaz de interrumpir la lectura, contestar y volver a nadar en el mar profundo de la línea que sigue como si nada hubiera pasado.

10. *Retención*: Al ir leyendo se almacena mediante la memoria icónica primero la información que llega de los sentidos —en fracciones de segundo—; después, la memoria a corto plazo —que dura varios segundos pero solo es capaz de guardar siete ítems de información—, para, en un tercer momento, entrar en juego la memoria a largo plazo, más permanente e ilimitada, para grabar lo leído.

11. *Acierto en el proceso mental*: Se evita caer en las trampas de confundir palabras por su parecido; invertirlas en orden o sentido; saltarse letras, sílabas, palabras o líneas enteras; repetir letras, sílabas, palabras o trozos de líneas...

Por eso es absurdo creer que se ha enseñado o aprendido a leer cuando solo se sabe pronunciar las letras o las palabras, que sería solo un punto (el 6) de los once.

Hoy se entiende que un texto se lee cuando, al pasar los ojos sobre él (o dedos en el caso de braille), se realizan estas once operaciones. Si falta una de ellas, la lectura no es correcta porque no es completa y si alguna de estas operaciones se efectúa pero resulta deficiente, la lectura tampoco es correcta por defectuosa.

La lectura se convierte en una rueda útil para transportar
a grandes distancias, grandes mercancías.

Todo eso es leer, y no es posible completar bien un texto sin hacerlo todo y a la vez. Solo es cuestión de aprender el proceso y no reducir el aprendizaje de la lectura a una o dos de las once operaciones que conlleva.

A los niños pequeños es muy fácil enseñárselo; a los mayores muy necesario, y a los adultos muy conveniente. Resulta ventajoso en todos los casos.

4

Leer es vivir más

Si tuviéramos que definir lo que es una persona, podríamos decir que es un ser libre, con voluntad (proporcionada por su componente intelectual, biológico, espiritual y emocional), con capacidad de comunicación y de relación y con capacidad de amar y de ser amado.

Toda persona es relacional y tiende, en consecuencia, a relacionar lo que percibe en su provecho; absolutamente todo.

Cuando leemos, relacionamos en doble dirección...

- Interiormente nuestras emociones con nuestras ideas.
- Nuestro espíritu con nuestra biología.
- Nuestro tiempo presente con nuestro tiempo pasado.
- La época que vivimos con otras épocas (vividas, históricas, futuras, imaginadas...).
- Nuestros sentimientos con los de los demás.

- Nuestra vida con otras vidas.
- Nuestro conocimiento con el de otros personajes y autores.
- Nuestras habilidades con las de otros.
- Nuestras creencias con las de los demás.
- Nuestros principios con los de otras personas.
- Nuestras circunstancias entre sí y con las de los demás.
- Nuestras acciones y forma de solucionar los problemas igualmente.
- Nuestras carencias y nuestros talentos con los de otros seres humanos, personajes de nuestras lecturas.
- Nuestras hazañas y coherencia, nuestras virtudes fuertes o débiles con las de otros.
- Relacionamos lo que somos con lo que nos gustaría ser. Lo que hacemos con lo que nos gustaría hacer. Lo que pensamos con lo que nos gustaría pensar. Lo que sentimos con lo que no nos gustaría sentir y lo que no percibimos con lo que sí nos gustaría percibir.

El ser humano necesita relacionarse para vivir. De modo que cuantas más relaciones establece, más vive, más rica es su vida, más intensa y más se extiende a más circunstancias, en mayor tiempo y a más personas.

Necesitamos relacionarnos para vivir una vida rica, más plena, variada, satisfactoria y feliz. Relacionarnos en todo escenario leído:

- *Con sus personajes*: Pueden ser de lo más variado psicológica y físicamente; parecidos y diferentes al lector.
- *Con sus lugares*: exóticos para quien lee o cercanos. No es preciso viajar para vivir otras culturas, en condiciones muy diferentes de temperatura, de luz, en soledad, etc., si el libro las describe bien.

- *Con su época*: Podemos vivir en todos los siglos, si el autor tiene el acierto de trasladarnos a ellos con las referencias que lo permitan.
- *Con el paso del tiempo*: Podemos envejecer diez años en lo que tardamos en leer tres páginas, por ejemplo, o cambiar completamente ante los demás en una noche y dos páginas (como nos hace sentir y pensar Gregorio Samsa en la kafkiana *Metamorfosis*).
Etc.

Leer posibilita lo que nuestra lenta y limitada vida no nos permite experimentar ni aprehender, si no es a través de una lectura que nos traslade a una situación suficientemente bien descrita como para provocarnos una sugestión y una reacción mínima, añadiéndonos, además, pistas de la interpretación de lo que se vive. Muchos hemos podido ver cómo dos patos marginan picoteando en grupo a otro pato de distinto color y más desgarbado. Hans Christian Andersen convierte este hecho en el tema de uno de sus cuentos, en el que describe cómo estos patos no quieren jugar con su hermano porque lo consideran feo (el patito feo), y cuando crece resulta ser un cisne hermoso. Al transformarlo en argumento de un cuento, su autor nos obliga a pensar que la escena de la granja debe de esconder alguna metáfora más importante. Y provoca que nos detengamos a pensar sobre esta estampa cotidiana para descubrir su término real: lo que ocurre en toda marginación, cuando rechazamos a un ser humano por su diferencia, su dificultad motora (ser ciego, sordo, manco, cojo...), su raza, ideología, religión, enfermedad (piénsese en el sida, por ejemplo). Rechazamos lo distinto porque no sabemos cómo es. Andersen me provocó, siendo niño, sentir un desprecio injusto hacia quien era incomprendido y la injusticia que cometía quien marginaba a quien no era como él, da igual cómo. Provocó que me prometiera no ser tan ignorante ni injusto como aquellos patos, hermanos de nido del patito feo, admirado este, eso sí, cuando la verdad se impuso.

Al vivir, podemos recordar escenas de libros que leímos, y nuestro cuerpo reacciona entonces emocionalmente y produce en nosotros un tramado de emociones, una serie de sentimientos que nos enriquecen provocados por las metáforas leídas y lo que significan realmente.

Alguien podría pensar que leer cómo un personaje viaja a la India y abraza a un niño en un dispensario promovido por Teresa de Calcuta, no tiene la misma riqueza experimental que viajar a la India y abrazar a ese niño. Pero eso depende del escritor (lo bueno que sea) y del lector (lo bien que lea y sea capaz de transportarse, asumir e incorporar lo leído). El niño es el que no siente lo mismo, porque no es abrazado. Pero el lector sí que abraza. La lectura no sustituye una obra solidaria, mas sí que la puede provocar. En verdad, la realidad siempre es más rica en experiencia y sensaciones que un libro mediocre, pero inferior a un libro bien escrito y bien leído. Hay quienes viajan cada año diez veces a la India y no obtienen la riqueza que capta quien ha leído bien un párrafo de Dominique Lapierre o Miguel Aranguren sobre Calcuta y se conmueve con él para toda su vida.

Para eso es preciso aprender a leer bien, es decir, leer *El patito feo* y ver en el cisne a un niño tetrapléjico, un enfermo de sida o cualquier persona que temporalmente sufra aislamiento. Si no, nos perderemos lo más importante de la lectura. Andersen fue famoso por describir una realidad humana, cotidiana y atemporal, no un acontecimiento ocurrido entre unos patos daneses recién nacidos.

De esto modo, cuando con diecinueve años leí *La hoja*

roja, de Miguel Delibes, sentí el vacío dentro de mí mismo de un jubilado viudo y con un hijo que le había abandonado, y me sentí irremediablemente distante pese a la poca distancia de la casa donde vivía con la familia. Sentí igualmente las sensaciones, las emociones y los sentimientos de soledad, el miedo y la tristeza del final de mi vida, que se terminaba, así como la pérdida de mi familia y los amigos, cuando solo me quedaba la compañía necesaria de una asistenta doméstica, la Desi, alguien que no era de la familia, pero a la que había que agarrarse con desesperación. Yo estudiaba en Valladolid cuando leí el libro y nunca había tenido la experiencia de sentir que tu familia ya no te quiere. La tuve entonces por primera vez leyendo lo que sentía y pensaba don Eloy en *La hoja roja*. Para un lector, es importante sentir que unos personajes no se quieren para valorar infinitamente que te quieran en la vida real. A mí me sirvió para el resto de mi vida, para procurar evitar que me llegue a pasar en mi vejez y para comprender mejor a todos aquellos «don Eloy» que me he ido encontrando en mi vida. Aprendí todo aquello con diecinueve años: ¡qué pasada de experiencia, de posibilidades de aprendizaje, de riqueza, y con tanto tiempo para remediarlo, qué pasada! Y todo eso en solo 248 páginas: una tarde... aprovechada para siempre.

Podría contar aún con más pasión lo aprendido y todo lo sentido con quince años, cuando leí *El Señor de los Anillos*, porque mi profesor —Tolo, uno de los dos mejores que he tenido en mi vida— llegó a clase de Historia, materia de la que sabía más que nadie, y dijo: «Los próximos días los dedicaremos a hablar de un libro que no es sobre historia y sí una verdadera historia de muchas cosas, y que os recomiendo: *El Señor de los Anillos*», y cómo, tras dos semanas sintiendo el miedo de los grandes héroes y la compañía de los que se responsabilizan ayudados por otros de su propia misión individual y de su vocación vital en aquella narración de nuestro profesor, leímos aquel verano, cada uno por nuestra cuenta y provecho, este maravilloso libro de Tolkien.

Al leer *Nubosidad variable* (de Carmen Martín Gaite), cuando era adolescente, y *El tiempo entre costuras* (de María Dueñas), cuando adulto, conecté sin problemas y me relacioné con lo más femenino de mi persona. Ambos libros, entre otros (como *Mrs. Dalloway*, de Virginia Woolf, o *Mi Antonia*, de Willa Cather), prestaron a mi lado masculino sentimientos femeninos enriquecedores, necesarios, que me posibilitaron con el tiempo la comprensión de tantas cosas importantes y de tantas mujeres esenciales a las que tuve que escuchar activamente y que amo.

Leer *Muerte en el Nilo*, de Agatha Christie, con trece años, me ayudó a sentir lo que se siente al ser traicionado, engañado en los sentimientos por los celos y por el interés, algo que a mis trece años aún no había tenido oportunidad de experimentar. Sentí miedo ante la confabulación de otros cuya verdad no podía llegar a conocer. Lo que me ha servido enormemente en mi trabajo posterior, cuando varias veces me han asesinado.

Leer *La sonrisa etrusca* (de José Luis Sampedro), con catorce o quince años, me prestó sentimientos de abuelo que luego reconocí en mi padre con mis hijos, con ternura y agradecimiento.

La lectura de *Los miserables* y *El conde de Montecristo*, con dieciséis años el primero y catorce el segundo, me enseñó a temer al propio hombre, de forma que para cuando yo tenía cuarenta años y me encontré en mi ámbito profesional con las irrefutables calumnias de un compañero y el silencio consentido de todos mis jefes, entonces me aferré a lo sufrido por

Jean Valjean antes y después de ser el prisionero 24.601, como narró Victor Hugo, y por Edmundo Dantès, de Alexandre Dumas, encarcelado injustamente primero, por envidia, y triunfador después. Ellos me llegaron a enseñar que en momentos así toca eludir la venganza y empezar de inmediato a olvidar y perdonar para que en el libro no se alargue tanto el perdón, y me ocurrió al final lo bueno, lo que Valjean y Dantès me enseñaron a tiempo.

Yo no fui un niño que leyese mucho. Había aprendido mal, como la mayoría ayer y hoy, y por eso me costaba. Y para remate había soportado a profesores que creían que la lectura era cuestión de sufrimiento, con aquel mandato antipedagógico de «Leed este libro y haced un resumen de cada uno de sus capítulos». Yo no leí mucho hasta llegar a la adolescencia de mis trece o catorce años, y entonces sí que descubrí lo que una lectura sin resúmenes podía dar de sí. Entonces fue cuando en pocas páginas pasé a aprender y a sentir muchísimo: infinito. Eso provocó en mí sentimientos y pensamientos que una vida sola y pequeña no puede sentir ni aprender de otro modo convenientemente: los sentimientos y pensamientos de abuelos o mujeres, pero también los de un niño como Lolo (*El príncipe destronado*) o los de un gobernante miedoso para quien el fin justifica los medios (*La vida es sueño*), un detective con personalidad (*El truco de los espejos*), un estudiante acomodado y solo en Oxford (*Retorno a Brideshead*), un amigo (*Reencuentro*), un reportero confuso en Calcuta (*La ciudad de la alegría*), un sirviente que mira al suelo y no al cielo (*Los restos del día*), una prostituta buena (*La dama de las camelias*), un superviviente de la guerra (*Soldados de Salamina*), una lectora (*84, Charing Cross Road*) o bien de quien se siente ahogado en un vicio, pero no perdido del todo, porque no justifica lo que hace, sino que distingue con la cabeza alta el bien del mal, venerando el bien, pese a dejarse llevar pasionalmente por el mal, esclavo de un vicio, tiranizado por él y por quien sin misericordia se aprovecha de su miseria, como ocurre con todo vicio (*De profundis*).

Tantas vidas leídas y por eso aprendidas, sentidas y vividas... ¡Qué distinto hubiera sido yo, ahora, de no haberlas leído!: menos lleno (intelectual y emocionalmente), menos desarrollado, peor persona y menos comprensivo.

En definitiva, gracias a las lecturas se vive más, se relaciona uno más consigo mismo y con todo lo demás, se es más sociable, se desarrolla como persona.

5
Relación entre lenguaje, lectura y escritura

El lenguaje no es innato en un niño. Ha de aprender a utilizar esa capacidad de menos a más, pero desde recién concebido, dentro incluso del seno materno, el niño ya tiende a adquirirlo, a escuchar el lenguaje de sus padres y a hablarlo.

Hoy sabemos científicamente que llevan razón quienes, como Wolf (2010), defienden que «el cerebro del niño pequeño se prepara para leer bastante antes de lo que jamás sospecharán». Como mucho, Maria Montessori afirmó en 1953 que «el recién nacido no es insensible, sino que está profundamente recogido en una concentración de la sensibilidad de sus centros del lenguaje, especialmente en los del oído».

En efecto, en 2018 se difundió en un medio escrito científico, con un artículo en una revista, y en varios medios divulgativos (entre otros, en un programa televisivo de divulgación científica, emitido por la cadena Odisea en junio de ese año) una investigación norteamericana según la cual quedaban demostrados los siguientes y sorprendentes hallazgos:

- Se registró cómo el palpitar de un niño dentro del útero materno era más acelerado cuando oía en el exterior del seno de su madre a un extraño hablar en el idioma de ella y del padre. Lo que no ocurría cuando ese mismo extraño hablaba en otro idioma. Es decir, ya en el seno materno, el niño y la niña reconocen el idioma de sus padres: tienen la sensibilidad y discriminación suficiente para distinguir lenguas y, sobre todo, para emocionarse más, reaccionar de forma más intensa ante la que les resulta más familiar: la de sus progenitores.

Pero hay un descubrimiento que es mucho más asombroso aún:

- Al mes de su nacimiento, en un niño se registra que el ritmo cardiaco es menos acelerado y tiene menos reacciones sensitivas, es decir, que se da en él menos reacción cuando el padre le habla utilizando preposiciones y conjunciones de su propio idioma, pero sin sentido oracional (por ejemplo: «con junto a del entre por mientras pero para y que por...») que cuando utiliza sustantivos, adjetivos y verbos que se enlazan en una frase con sentido («la casa amarilla de tu hermano es preciosa»). Y maravilla de las maravillas, la reacción de bebé es intermedia si el padre pronuncia adjetivos, sustantivos y verbos inconexos, sueltos, sin sentido (por ejemplo: «abierta casa pincel encendida llegar caballo ir verde»).

Es decir, el bebé de un mes se emociona si oye hablar en el idioma de sus padres más que si oye hablar en otro idioma, entonces apenas reacciona emocionalmente; y cuando oye el idioma de sus padres, si oye preposiciones y conjunciones, es decir, las palabras con menos carga de contenido, apenas reacciona, pero sí lo hace cuando esas palabras son sustantivos, verbos y adjetivos, con mayor carga de significado, pese a no formar una oración con sentido; y, finalmente, un bebé de un mes solo reacciona notablemente más cuando estas palabras tienen además un sentido oracional. Por lo tanto, un bebé que no sabe aún hablar y escribir, sí sabe en su primer mes de vida extra-materna discriminar sintaxis y morfología: ¡qué pasada!

Un bebé, sin duda, está preparado para el lenguaje —hablar y entender— antes de lo que parece y mucho antes de entrar en la escuela obligatoria y de que los primeros profesores pretendan enseñarle a leer.

El niño y la niña están preparándose para hablar y entender al oír hablar mucho antes de lo que se creía. Quizá también están listos para leer y escribir mucho antes de lo que a veces creemos. Cualquier niño o niña lee antes de pronunciar: lee grafismos antes de saber pronunciarlos.

Nuestra primera hija reaccionaba con claras muestras de ser capaz de leer las palabras «Mary Poppins» cuando, antes de los dos años, le poníamos la película. Salía el letrero con estas dos palabras y su cara se iluminaba como si reconociera lo que estas palabras significaban: lo que venía después. Aún no hablaba y solo reaccionaba sin palabras; cuando aprendió a hablar, enseguida dijo con su acento «Mary Poppins» como una conquista nueva, la de poder decir, pronunciar, lo que ya había aprendido a leer antes. Esta fue la primera pista que nos dio sobre la capacidad de leer de un niño, niña en este caso, a la que siguieron otras pistas, como contaremos más adelante.

Nuestra hija sabía leer las palabras «Mary Poppins» cuando tenía un año: era un hecho. El primero.

Desde siempre, o al menos desde inicios del siglo XX, se sabe que los niños y niñas de pocos meses prestan mucha atención a los labios de sus padres y del resto de los adultos que les hablan. Es un hecho que les encanta oír cómo les hablan los adultos y todo niño y niña se queda embobado o embobada con este fenómeno. También es una experiencia fácilmente constatable cómo, antes de hablar, los niños y niñas entienden lo que se les dice. Así como es un hecho que, al empezar a hablar, usan la lengua que han oído en los adultos cuando se dirigían a él o a ella. Ningún niño habla una lengua estándar ni la del lugar, sino la de su casa, la de sus padres, la que se dirige a ellos. Lo que demuestra que es una consecuencia del aprendizaje, de la atención y percepción del niño y niña y del uso que hacen de su capacidad de lenguaje cuando los adultos les proporcionan la oportunidad de imitarlos.

A partir de ahí, su capacidad lingüística crece al aumentar su vocabulario: el que oyen a su alrededor y en su familia, y dentro de este ámbito, sobre todo el que se les exige utilizar, el que usan para hacerse comprender. De ahí la importancia que tiene que los padres, en estos primeros años de vida, les hablen con el mayor vocabulario posible y los estimulen a emplear el mayor posible también.

Sabemos que un niño y una niña a los dos años y medio de vida conoce unas doscientas o trescientas palabras y que este vocabulario aumenta hasta los seis años.

Por lo tanto, el lenguaje se desarrolla conforme empieza a desarrollarse la vida del ser humano, desde su concepción, antes de nacer. Con él también su concepción de las cosas y sus emociones ante ellas.

Es decir:

1. El niño o la niña percibe el lenguaje.
2. Conoce lo que son las cosas y cómo son a través del lenguaje.
3. Las relaciona entre sí y con él o ella como receptor.
4. Las comprende y comprende su utilidad.
5. Se emociona al posicionarse ante ellas.
6. Aprende y acumula la experiencia.

El lenguaje al final es vida: ayuda a desarrollarse al niño y a la niña.

De ahí la importancia también de llamar al perro, perro y no «guagua», y si se sabe su raza, mejor aún: «dálmata»; hay que decir «ese es un perro dálmata» la primera vez que se vea. A los pocos meses, a los pocos años de edad, cuando el niño o la niña vea al dálmata, aunque aún no sepa pronunciar su nombre, ya habrá aprendido a clasificarlo: la inteligencia así se desarrolla de forma exponencial y gustosamente para el niño y la niña pequeños.

Lo mismo podría hacerse con los tipos de materiales, los tipos de maderas, el nombre de los árboles, las flores, etc.

A los niños se los ha de preparar para hablar antes de que sepan hacerlo. Con nuestro vocabulario, los preparamos para que piensen antes de tener que decir algo con palabras. A menudo pensamos que es al revés, que cuando sepan hablar ya les enseñaremos a pensar y a decir cosas, pero esto no funciona así en el ser humano. Se aprende lo que se puede decir antes de saber decirlo. Mala señal si no es así, pues se notará de adulto: personas que hablan sin pensar, que no es que no sepan expresarse bien, sino que no han aprendido a pensar bien, personas poco reflexivas, poco seguras, imprudentes, superficiales, manipulables, etc.

El lenguaje se va cociendo en el bebé antes de hablar y

antes de escribir y leer. En ese orden, que es el orden natural. Los niños escriben con sus propias grafías antes de aprender a hacer las letras. Igual que dibujan una casa antes de que un adulto sea capaz de descubrir que aquel garabato tiene forma de casa, porque aún no la tiene, solo la tiene dentro del niño aún inexperto en pintar casas con parámetros descifrables comúnmente: él quiere representar una casa, no sabe cómo, pero sí que puede hacerlo, y lo hace, aunque sin los rasgos convencionales para que los demás puedan interpretarla; eso ya llegará a su tiempo.

En su capacidad de usar el lenguaje humano, el niño y la niña primero desarrollan la capacidad de recibir y comprender lo que escuchan; luego la de emitir y hablar; después la de escribir y, finalmente, la de leer. Estas últimas aptitudes, como las primeras, están muy conectadas. De hecho cuando alguien no redacta bien, no lee bien y no piensa bien, y al revés.

El niño o niña, aun cuando no sabe escribir legiblemente, un día se pone a escribir, porque en ese momento lo importante es que está pensando algo que quiere transmitir, que expresa con un grafismo, y piensa en alguien a quien se dirige. Eso es lo que hace con sus garabatos: ya está escribiendo, aunque no correctamente, por eso no lo entendemos, pero ya experimenta el acto de escribir incipientemente. De igual modo, antes de saber pronunciar lo que lee, ya es capaz de entender los gráficos que se le ponen delante: incluso palabras como «mamá», «papá», el nombre de sus hermanos y muchas más antes de los dos y tres años.

El lenguaje es una atracción muy poderosa para todo ser humano que empieza a desarrollarse. Es clave en cada cambio de etapa: también cuando pasa de los tres años y aprende el poder de su «no», por ejemplo, o cuando pasa a la adolescencia y el vocabulario se diversifica, distinguiendo claramente entre el familiar, el coloquial y el académico, y así en todas las fases de su vida, y hasta cuando conozca a quien será su mujer o su marido y establezca con ella o él su propio lenguaje y signos de comunicación intensa e íntima, etc.

Por todo ello, es bueno permitir que un niño o una niña se exprese lingüísticamente y nos entienda cuanto antes. A nadie se le ocurre hoy en día preocuparse en exceso si un niño de dos años y medio aún no habla, pero tampoco nadie le impedirá que lo haga si empieza a decir ya palabras a esa edad. Cuando un hijo dice por primera vez «mamá», nadie le dice: «No, calla, aún no hables, todavía no, espera a la escuela, ahora no, aunque tengas ganas de experimentar y sientas la complacencia en la expresión de nuestra cara como padres». Lo mismo ocurre con la lectura y con la escritura. A leer bien se enseña cuando los niños aún no leen, y también cuando aún no pronuncian, pero nos miran y quieren enterarse de lo que les decimos, que es muy pronto. ¿Cómo saber cuándo y cómo hacerlo? A eso dedicaremos algunos capítulos de este libro. Para hacerlo al ritmo del niño o la niña, gozando con ello y enseñándole placenteramente para toda su vida: sin rozamiento y con creciente disfrute del hecho de leer, y para leer cada vez mejor.

6

La lectura no debería ser una cuestión de la escuela

Además de dar clase a los futuros docentes de la asignatura Orientación Educativa en primero y segundo curso del grado de Infantil y del grado de Primaria, soy orientador de un colegio de Primaria y Secundaria, doy clases en segundo, tercero y cuarto de ESO y asesoro a varios centros de Educación Infantil y pre-Infantil de cero a tres años, así como a numerosas familias con hijos en estas edades de lugares muy distantes de nuestro país. Por eso soy testigo de que muchos profesores y profesoras aconsejan (podría incluso decirlo con una expresión más dura por alguna experiencia no común, pero sí reiterada) que los padres no enseñen bajo ningún concepto ni condición a sus hijos a leer, que esa es una cuestión de la escuela y que solo ellos deben hacerlo con garantías y adecuadamente. Más de cien veces lo he escuchado. Un celo que contrasta con otras actividades que a menudo se manda hacer a los padres en Primaria para reforzar lo aprendido en clase por la mañana.

Lo sé perfectamente; por ello hube de buscar bien las raíces científicas neuronales y pedagógicas de cuanto intuía gracias a mi sentido común, a lo que me habían enseñado mis más de veinticinco años de experiencia y mi máster en Neuropsicología y Educación, y a lo que había aprendido de mi padre, que era psiquiatra y pediatra, un experto en el cerebro del niño. Lo busqué y lo encontré, y por todo lo encontrado, veintidós años después de mi intuición primera, hoy escribo este libro en estos términos.

En todo caso, por lo dicho en los capítulos anteriores, parece razonable que un niño o una niña aprendan a leer cuando quieran. Si, cuando aún no van a la escuela o a Educación Infantil de tres a seis años, por la calle dicen, como nuestra segunda hija me dijo un día:

—Papá, ¿ahí qué pone?

—Panadería.

—¿Y allí?

—Se vende.

—Y allí, papá, ¿sabes lo que pone allí?

—Sí, hija, claro, allí pone cafetería.

Mi hija se quedó entonces pensando y dijo:

—Y tú, papá, ¿tú no quieres enseñarme a mí a leer como tú, papá?

—Claro que sí, hija, en cuanto lleguemos a casa empezamos.

Y así empezamos, no podía hacer lo contrario: quería a mi hija y quería que leyera por la calle todo lo que le diera la gana sin necesitarme. Pero aún no iba al colegio. Ahora lee como sus hermanos, de una forma magnífica. Yo le empecé a enseñar aquel día por ser su padre, no su profesor. Había oído que no era bueno enseñarles hasta los cinco o seis años por no sé qué extraña razón de la madurez cerebral. Tenía las pistas y el precedente de su hermana mayor y decidí empezar porque sí, porque intuí que cuando uno desea aprender algo, si puede, lo aprende, y es tiempo ganado aprovechando su motivación. Además tenía el beneplácito de mi padre, que me había dicho dos cosas importantes:

1. Que era una tontería lo de la madurez cerebral; claro que no perjudicaba aprender a leer si se quería leer. Mi padre había hecho en 1954 su doctorado en Medicina sobre las conexiones de los hemisferios cerebrales cuando casi nadie sabía qué era eso.
2. Si tu hijo te pregunta «Papá, ¿por qué flotan los barcos?» y tú solo sabes explicarlo con el principio de Arquímedes, algo no apropiado, aparentemente, para niños pequeños, no te preocupes por la profundidad de la explicación, siempre que sea verdad, y dile: «Todo objeto que...». Entonces comprobarás que a la segunda frase tu hijo desconecta y que está pensando cuatro cosas importantísimas para toda su vida y vuestra relación:

   – Mi padre siempre me escucha.
   – Mi padre siempre tiene una respuesta.
   – Cuánto sabe mi padre.
   – Esto de flotar los barcos es algo complicadísimo, ya me enteraré otro día.

   Y se irá a seguir jugando, hasta que vuelva a tener necesidad de padre la próxima vez.

Apoyado en estas dos sabias verdades, que con el tiempo confirmé como verdaderamente sabias en mi profesión y paternidad, comencé la enseñanza de la lectura a nuestra segunda hija también a temprana edad.

La escuela le sirvió para continuar aprendiendo lo que yo inicié. A enseñarle a leer mejor, más rápido, con mayor comprensión textos cada vez más complejos, evitando hábitos desaconsejables al hacerlo y obstáculos que dificultaran disfrutar de la lectura.

Mis hijos empezaron a leer en mi casa y la escuela fue un apoyo para seguir haciéndolo cada vez mejor.

Salvo enfermedad o causa mayor, el niño o niña reacciona a los estímulos sonoros antes de nacer. En el noveno mes de nacimiento, empieza a imitar sílabas. Con llanto y gritos infantiles expresa incomodidad, frío, sed, hambre y mucho más. A los diez y sobre todo once meses responde con sus gorjeos y sonrisas selectivas (hoy sabemos que siente la emoción de la complacencia, que expresa con gestos desde incluso antes de nacer), inicia sus vocales, consonantes y sílabas, repetidas a partir del octavo mes. Del noveno al décimo mes responde a su nombre, obedece a «no» y comprende «mamá». De hecho, tres de los aprendizajes más esenciales son: 1. la conciencia de ser alguien distinto: yo; 2. de ser libre, y 3. a quién se pertenece (y es que la humanidad está bien diseñada y es una maravilla descubrir la semilla de su desarrollo, su tendencia a la felicidad y aprender a interpretarla). Su nombre, saber lo que no debe hacer (cuáles son sus límites) y que tiene a su «mamá»: una maravilla. Dice entonces «mamá» y lo repite; juega con ella y con la palabra que la designa: le empiezan a gustar las palabras por lo que significan y lo que consigue con ellas.

Desde el año comprende órdenes fáciles (dame, toma, ven...). Al año y medio comprende los nombres de los objetos más familiares, obedece más órdenes; es capaz de señalar partes de su cuerpo, puede identificar una figura entre varias. Ahí comienza la base de la lectura. Utiliza en ese momento unas quince palabras preferidas. Empieza el deseo de identificarlas, de leer y componer con ellas oraciones. No está aún en la educación obligatoria. La lectura comienza en el ámbito familiar antes de que haya la necesidad de ir a la escuela.

En este año y medio le gusta decir palabras que no comprende por el simple placer de escucharlas y pronunciarlas.

A los dos años es capaz de comprender y obedecer órdenes más complejas (pon esto ahí, o en la silla, por ejemplo); entiende perfectamente «esto no es aquello» (A no es B) y «esto no se toca»; sabe dar varias respuestas a «¿para qué sirve esto?»; señala las figuras que se le nombran (le gusta aprender a identificar una palabra entre varias escritas: lectura a los dos años). Sabe identificar objetos familiares al verlos. Es capaz de ordenar las acciones que tienen que ver con las figuras que representan objetos: ya está preparado para entender la secuencia de la lectura. Pierde la jerga infantil y comienza, entre los dos y los tres años, a decir palabras para jugar y para construir expresiones con sentido («quiero agua»). Incorpora a su lenguaje adjetivos (colores, por ejemplo) y adverbios (de lugar sobre todo). Nombra sus necesidades más primitivas (pipí, caca, agua); emplea el plural; comienza a describir una figura y pide más de lo que le agrada: pide leer si leer es agradable. Todo lector lo hace así durante toda la vida, quienes no aprendieron lo placentero que era leer simplemente no leen. A esta edad conoce entre ochenta y cien palabras por su significado. Es capaz de repetir oraciones de dos palabras cortas.

De los tres a los cuatro años sabe qué figuras se le pide que señale entre varias, sabe identificar una palabra en una oración y capta tres diferencias de cada figura y de cada palabra. Responde a preguntas como «¿Qué hace tu mamá en casa?», «¿Por qué tenemos casas?» o «¿Por qué tenemos libros?». Reconoce 800 palabras por su significado. Emplea el yo, mío, tú, tuyo. Narra; repite frases de las películas que ve y empieza a conocer la realidad más alejada. Es capaz de repetir oraciones de dos palabras con entre cuatro y siete sílabas.

De los cuatro a los cinco años comienza a dar respuestas diferentes, divergentes, creativas, con asociaciones imaginativas, geniales y humanas (por cuanto son esenciales para el desarrollo como tales humanos) que a menudo los adultos confunden con errores de comprensión. Le interesan mucho los dibujos y el simbolismo. Entiende preguntas como «¿Qué se hace antes de sentarse a comer?». Cerca de los cinco años, conoce por su significado casi 2.000 palabras (1.800-2.000). Le encanta preguntar. Siente suficiencia. Se expresa con un lápiz dibujando. Es capaz de repetir oraciones de doce a trece sílabas.

De los cinco a los seis años sabe responder a preguntas como «¿Qué hay que hacer si llueve o si hay fuego en casa?». Es capaz de obedecer tres órdenes seguidas, como por ejemplo cuando se le dan tres objetos y se le indica que uno lo guarde en el bolsillo, que otro se lo dé a mamá y otro a papá. Conoce más de 2.000 palabras por su significado y forma (2.000-2.400). Puede repetir oraciones de dieciséis silabas y al menos cuatro palabras sueltas (sin formar una oración) de una serie de siete.

A los ocho años llegará a conocer 3.000 palabras; a los diez años, 5.000 (y será capaz de repetir oraciones de 22 sílabas); a los doce, 6.500; y a los catorce años, 8.500; a los diecinueve, 10.800. Todo ello para que cuando sea adulto, conozca y emplee —en función de las ocasiones— entre 11.500 palabras (en adultos que han ido disminuyendo su lectura) y 14.000 (un adulto culto que no ha dejado de leer por placer).

Pero esto lo aprenderá solo si se lo enseñamos nosotros, sus padres y madres antes, sus docentes después y sus lecturas desde que aprende a leer. Sin embargo, en la mayoría de los niños, niñas y adultos (niños ya crecidos), debido a la ausencia de lectura y de aprendizaje de vocabulario en el uso de sus padres, madres y docentes, la media está bajando y quizá baje más conforme avanza el uso digital, lo que estudiaremos comparativamente (D.m.) dentro de cinco y diez años.

Tabla 1

Comparación en 2011-2015 (tiempo en que se tardó en recoger la muestra) del número aproximado de palabras reconocidas por su significado entre aquellos que leen por placer y quienes no leen voluntariamente porque no identifican la lectura con placer.

EDADES	Quienes dicen leer con placer	Quienes dicen no leer por placer	Diferencia de n.º de palabras y, por tanto, de realidades capaz de expresar
3-4 años	800 palabras	—	800
5 años	1.800-2.000	500	1.300-1.500
6 años	2.000-2.400	700	1.300-1.700
8 años	3.000	1.500	1.500
10 años	5.000	1.700	3.300
12 años	6.500	2.200	4.300
14 años	8.500	3.000	5.500
19 años	10.800	4.000	6.800
Adulto que ha disminuido su lectura	11.500	5.400	6.100
Adulto que mantiene su lectura	14.200	5.200	9.000

Fuente: Todas las tablas de este libro son de elaboración propia, salvo que se indique en alguna lo contrario.

Adviértase la notable diferencia que hay entre leer por placer o no, con diez, doce, catorce o diecinueve años, por ejemplo. La adolescencia es la etapa en la que más diferencia existe. Precisamente, se trata de una etapa vital en la que todo hijo e hija necesita seguridad, confianza, comprender la realidad que le rodea mejor, encontrar su propia voz, aprender a expresar lo mucho y complejo que siente: con menos palabras, más difícil se hace la adolescencia.

Nótese también cómo la diferencia acaba siendo muy grande al ser adulto, es decir, un padre o una madre capaz de transmitir su propio vocabulario a sus hijos, nuestros futuros nietos y nietas.

La maravilla de las ventajas de la lectura empieza, por todo ello, en casa y no podemos nosotros, los padres y madres, privarles de ello, ni nuestros hijos e hijas deben perdérselo; han de estar preparados para aprender a hablar y leer placenteramente en un ámbito preescolar. La escuela tendrá su propio papel en la consolidación de una lectura más asociada al aprendizaje que al placer, todo llega.

7

¿Por qué un niño o niña puede aprender mal a leer?

Hay niños y niñas cuyas circunstancias justifican su dificultad para aprender a leer bien. Pero en la mayoría del alumnado de Primaria y Secundaria y de los adultos que leen mal esto se debe a razones que podrían haberse evitado perfectamente.

Las razones principales por las que alguien habitualmente no aprende bien a leer son:

1. POR RAZONES MÉDICAS: ALGUNA AFECCIÓN ORGÁNICA

   Por ejemplo, los trastornos sensoriales (sobre todo auditivos y visuales), escaso cociente intelectual, enfermedades de larga duración, disfunciones cerebrales de todo tipo, etc.

Pero hoy en día muchas de estas situaciones pueden compensarse, de forma que lo que sería una dificultad lógica en la adquisición del aprendizaje de la lectura se puede sortear para aprender con éxito. Desde un niño ciego, por ejemplo, que hoy en día en una clase ordinaria —de forma inclusiva— estudia con sus compañeros videntes y aprende a leer en braille textos equivalentes a los del resto de niños y niñas. No obstante, aún hay mucho por hacer para compensar algunas afecciones médicas. A veces, conviene preguntarse cómo resuelven las dificultades otros niños y niñas del mundo con iguales afecciones. Si bien es cierto que puede haber otras aún no solucionadas, cada vez son menos, y serán menos si seguimos trabajando en equipo profesorado, familias, investigadores y expertos en nuevas tecnologías.

2. POR CAUSAS PSICOLÓGICAS

Los desajustes emocionales y psicológicos influyen cada día más en el rendimiento escolar y, dentro de este, en la adquisición de la lectura y escritura en los últimos años de la Educación Infantil y en los primeros de Primaria.

Por ejemplo, puede ser el caso de niños y niñas que manifiestan en la escuela el sufrimiento por separaciones conflictivas de sus padres, con horarios y calendarios a veces solo aparentemente bien llevados de custodias compartidas. También pueden darse desajustes debido al creciente síndrome de alienación parental (SAP), que se produce en hijos e hijas con un padre o madre que emplea la estrategia de utilizar al hijo o la hija para hacerle daño a quien fue su pareja, y la forma de hacerlo es intentar transformar la manera de pensar del hijo o hija para destruir sus vínculos con el otro progenitor, impedir que estos se afiancen o al menos obstaculizarlos y contaminarlos.

Además, en la lectura interfieren las adiciones digitales, cada vez más precoces, antes de los siete años; alejamientos judiciales dictados por jueces; dictámenes de psicólogos oficiales contra padres, madres, abuelos, hermanos; situaciones de acogida; adopciones mal llevadas, abusos, violencia doméstica y escolar, etc. Solo por citar algunas de las situaciones presenciadas como asesor y docente este mismo curso escolar.

La escuela y los docentes podemos mitigar mucho estas dificultades en las que cada día se encuentran más niños y niñas si mejoramos la relación afectiva con ellos, la educación emocional, y si aprendemos a interpretar su comunicación no verbal, sus dibujos, sus gestos, su grafología, su forma imprecisa pero elocuente de expresarse, de modo que entendamos cuando nos habla lo que nos quiere decir, más que lo que dice. También es posible asistir a oportunas e interesantes escuelas de padres que permitan conocer mejor a los hijos y ofrezcan la oportunidad de conformar un verdadero equipo entre familias, alumnado, docentes y escuela.

3. DEBIDO A FACTORES SOCIALES

En el entorno de la OCDE (Organización para la Cooperación y el Desarrollo Económico), esos 34 países que se autodenominan «primer mundo», podemos decir que resulta más fácil evitar que los tradicionales factores sociales (económicos, geográficos y culturales) se conviertan en causas que impidan la escolarización y el aprendizaje lector, aunque también es verdad que aún se dan estas causas sociales en todo el mundo —residualmente, en algunos países—. En cualquier caso, sí que son frecuentes aún en muchos estados.

En muchas ocasiones en el mundo, el niño o niña ha de trabajar a la edad de seis a diez años o simplemente hacer otras actividades para ayudar a sus familias que le impide dedicarle tiempo a la escuela. Pasa también en todos los países del mundo. Con más frecuencia de lo que pensamos, hay niños y niñas que se ausentan escolarmente para ayudar a sus padres a recolectar productos agrarios o asistir a ferias o por otras razones durante largos periodos.

Cierto es que estas circunstancias tienden a reducirse en el mundo, pero por razones económicas y culturales podemos encontrar a niños o niñas —o a sus familias— que no consideran que leer, o al menos leer bien, sea una necesidad básica; y se equivocan.

Sin embargo, en ese «primer» y «segundo» mundo ha surgido un factor social, cultural y educacional propio, que dificulta el aprendizaje de leer bien: muchos niños y niñas entre tres y catorce años apenas leen y apenas hablan con adultos, «raptados» por la adicción de una o varias pantallas (*smartphones*, tabletas, televisiones...), de forma que sus estructuras se cierran y estas, sumadas al hecho de no tener tiempo para leer, les hace leer mal, cada vez peor.

4. Debido al ambiente familiar

Dentro de esos factores sociales y culturales, hay uno que tiene gran importancia y que se convierte a menudo en la razón de que se sea un buen o mal lector: el ambiente familiar en que se crece. Y es que los libros que hay en la librería de casa educan en la lectura de por sí:

– Si no se tienen libros, los padres deberán leer mucho en dispositivos digitales para que la costumbre de disfrutar leyendo con hábito semanal se extienda.
– Si hay libros sobre todo referentes a la profesión de los padres, los hijos tenderán a entender que la lectura está especialmente relacionada con la información necesaria para ser buen profesional como sus padres.
– Si, con independencia de la profesión de su padre y madre, hay muchos libros de literatura, los hijos aprehenderán que estos sirven sobre todo para distraerse y para el tiempo de descanso, una cuestión de arte y de disfrute: un placer de exquisitez artística al alcance de todos.
– Si sobre todo hay novelas, los hijos aprehenderán y se acostumbrarán a que los libros sirvan para vivir aventuras, experiencias, realidades que completan la vida cotidiana.
– Si hay novelas, pero también poesía, además asimilarán el gusto por reflexionar en torno a la realidad, cómo es, cómo son las relaciones personales en ella, cómo pasa el tiempo, qué es lo esencial, qué es lo accidental, qué es lo pasajero, qué es lo permanente,

cómo expresar lo más profundo, cómo hablar de lo superficial.

– Si también hay ensayos, los hijos e hijas sabrán que entender la vida exige conocer muchas cosas y que es apasionante aprender leyendo, en poco tiempo y pocas páginas, lo que otros han sabido explicar después de estudiar algo a lo que han dedicado toda su vida.

– Si los padres tienen muchos libros en casa, en el salón, en espacios donde conviven todos, entonces aprehenderán que la cultura da vida; exige saber, tiempo, reflexión; permite el disfrute y está al alcance de todos en todo momento.

– Y si el padre y madre de una familia tienen en su casa todo lo mencionado (libros profesionales, manuales, ensayos, novelas, poemarios, libros de viajes o ciudades), en el salón y en el despacho más privado, entonces aprehenderán todo lo dicho anteriormente: un tesoro.

Cambiar todo ello por un libro digital, simplemente hace que no sea evidente; el padre y la madre deberán explicar lo que contiene su dispositivo digital de lectura para que, cuando el niño o la niña lo desee, pueda acceder a su biblioteca familiar como si fuera el salón de su casa.

En 1962 Andréa Jadoulle ya demostró que la lectura, e incluso el cociente intelectual (C.I.), estaba relacionada con el ambiente familiar y la profesión paterna en aquellos años. Así, según sus investigaciones, el 24 por ciento de los hijos de padre y madre sin calificación académica presentaban un C.I. de menos de 89, mientras que este índice solo lo presentaban el 9,7 por ciento de los hijos de padres «calificados» (en terminología de Jadoulle), es decir, de padres con estudios, y un 2 por ciento de los hijos de padres de profesiones liberales.

Por su parte, Hotyat concluyó, en los mismos años, en 1957, que «los hijos de hogares necesitados donde, frecuentemente, la precariedad social va acompañada de desventaja cultural, llegan con un capital medio de desarrollo menos rico; son menos auxiliados si llegan a fallar».

En 2018 esto ya no es tan determinante, solo cuando la desventaja social es realmente muy notable. Pero sí ocurre buena parte de ello en especial en lo referente a los remedios que se ponen cuando el fracaso escolar aparece o cuando el niño o la niña leen poco o no leen bien.

Por lo que mi experiencia me dicta, la escasez de recursos culturales de la familia de un niño o niña a temprana edad influye proporcionalmente en las dificultades manifestadas por los hijos en la adquisición de la lectura, la escritura y la expresión lingüística entre los seis y doce años. Además, mi experiencia atendiendo a niños y niñas de todo origen y edades y como asesor en rendimiento escolar y colaborador con una fundación solidaria que enseña a niños y niñas desfavorecidos culturalmente, me ha enseñado que una de las piezas claves en el desarrollo intelectual y cultural, y específicamente en la adquisición del hábito lector y en leer bien, es la personalidad de la madre y su relación con sus hijos y con los libros.

Pese a toda influencia descrita, hay que tener en cuenta, y más en nuestros días, que no existe el determinismo cultural y que de familias sin libros y que no leen pueden surgir hijos e hijas grandes lectores, buenos lectores, porque los padres y madres que no leen también pueden transmitir hoy con más facilidad la importancia de los libros y de la lectura.

En todo caso, como siempre, lo importante se aprende

como algo fácil y natural en casa. En mi familia, mi hija más pequeña, con solo un año, se sentaba, abría el libro *El Señor de los Anillos* y pasaba las páginas durante más de quince minutos con la misma cadencia con la que había visto hacerlo a sus hermanos. Estaba «leyendo» aún sin leer, siendo mayor. No sabía leer y ya sabíamos que sería una gran lectora, como lo es, vertiginosa y ávida, a sus once años.

5. Debido a otras dificultades específicas de la lectura

Las mayores dificultades que se encuentran tienen su causa en aspectos específicos del aprendizaje lector. No son las más numerosas, como veremos que sí lo son las pedagógicas, aunque a menudo ello pase desapercibido.

Entre estas, se encuentran las enmarcadas bajo la denominación general de «dislexias». Pero dentro de ellas hay diferencias que a los padres, madres y docentes les conviene conocer y que dejamos para más adelante, para el capítulo en que se describen algunas de estas variantes y se recomienda cómo enseñar a leer mejor a un niño o niña con dificultades disléxicas.

De momento, quedémonos con que hablamos de «dislexia» de una forma general y que los docentes en Primaria y Secundaria conocemos quizá menos de lo que convendría sobre ella. Pero esta generalidad que enmascara problemas diferentes y, por lo tanto, nos aparta de soluciones eficaces con cada alumno o alumna, obedece a la evolución del concepto ambiguo que ha proporcionado la propia medicina y que las leyes educativas no han aclarado.

6. Debido a causas pedagógicas (las más frecuentes)

En la mayoría de las ocasiones, detrás de un niño o niña que no lee bien hay un error pedagógico, a veces no del docente, sino del sistema escogido por el colegio o del sistema escolar del país. La gran ventaja es que estas son las causas más fáciles de remediar.

Muchos de los fracasos escolares en nuestros días son subsanables mediante la mejora de las relaciones personales entre profesorado, alumnado y familias, así como con una mayor y más actualizada información que facilite la empatía al comprender las dificultades del niño o niña y las conduzca eficazmente.

Además, el alumnado ha cambiado tanto en los últimos veinte años que se requiere una modificación de formas, modos e incluso conceptos en el docente que quiera acertar con su nobilísima misión. Sin embargo, en la mayoría de los países se han modificado las leyes, pero no la práctica, ni siquiera a veces la mentalidad. Por ejemplo, en España la ley obliga a todo docente a atender y a no penalizar a ningún alumno o alumna por el hecho de presentar una dificultad de aprendizaje como dislexia, TDAH, tempo cognitivo lento, lateralidad cruzada, Asperger, trastorno del espectro autista, dificultades motoras, etc.; no obstante, es muy frecuente en todo el país ver cómo algunos alumnos y alumnas no reciben la adaptación eficaz que exige su dificultad y que se emplean los mismos modos y métodos que hace veinte, treinta, cuarenta y cincuenta años para atenderlos.

A esto se añade la inmersión digital del alumnado y la analógica del profesorado en términos generales. Ello exige un sobreesfuerzo en los docentes que debería estar reconocido por el propio alumnado, sus familias, autoridades y la sociedad, y se tendría que incluir el aumento de la remuneración por su importante labor, si se quiere que esta sea excelente, así como incrementar su prestigio.

Además, la mayoría de los equipos dedicados a los problemas de aprendizaje (tutores, orientadores de centros, pediatras, psicólogos, pedagogos, asesores...) incluyen diferentes profesionales con una formación muy diversa que a menudo no cuentan con la misma información, de modo que resulta complejo trabajar coordinadamente. Por ejemplo, como orientador de un colegio, una familia me hizo entrega de un informe de un gabinete psicológico que dictaminaba que José, un niño de doce años, tenía un cociente intelectual muy bajo (72), cuando la mayoría está entre 80 y 110, lo que parecía justificar su bajo rendimiento escolar; a mí me parecía un niño especialmente inteligente, y así se confirmaba en las pruebas que yo le hacía, pero quizá entorpecía el rendimiento su lateralidad cruzada y un probable trastorno tempo cognitivo lento (TCL) que, como no soy médico, solo podía apuntar. Al poco, la familia me entregó un informe de la Unidad de Salud Mental Infantil, a la que le habían llevado derivado desde el centro de salud pediátrico al que acudían; en ese informe se decía que José tenía un trastorno de déficit de atención e hiperactividad (TDAH). Como orientador, debía proponer a todos sus profesores adaptaciones curriculares muy diferentes en función de estos diagnósticos. Hube de escoger el de la autoridad médica mayor: TDAH, si bien no parecía lo más correcto para un juicio no médico, irrelevante por lo tanto. Cuatro años después, cuando pasó al médico de adolescentes, le quisieron hacer pruebas a petición de la familia y diagnosticaron tempo cognitivo lento (que, para más complejidad, está dentro del TDAH, pero no es TDAH, ni se trata igual en el aula, que es lo importante). Hoy saca sobresalientes; entonces suspendía: lástima de años perdidos.

Para acabar de complicarlo, está el hecho de que normalmente los equipos médicos no están acostumbrados a trabajar en colaboración con los equipos docentes, y el alumnado y sus familias lo sufren, al retrasarse el remedio y el trabajo eficaz, con todos los conflictos que ello conlleva en unas edades de crecimiento madurativo y personal tan especiales como son desde los ocho hasta los veinte años, cuando la autoestima y confianza están tan en juego y tantos trastornos provocan en el chico, la chica y sus familias.

8

Discusiones sobre cuándo y cómo aprender a leer

Con qué método enseñar a leer y a qué edad resultan ser dos decisiones trascendentes para el desarrollo intelectual de cada hijo o hija y cada alumno o alumna.

Según algunas investigaciones, el método para enseñar a leer en la escuela se elige por razones tan poco profundas como:

- Ser el método que recomienda la editorial y facilita el trabajo del profesor.
- Ser la costumbre del centro.
- Ser el método con el que el profesor aprendió veinticinco años antes.

Muchos métodos se quedan en una parte superficial de la lectura: no enseñan la comprensión en su profundidad, la expresión, el vocabulario, ni la mitad de los once elementos que componen el proceso de leer, quedándose tan solo en tres o cuatro.

Mi primer conflicto

Cuando en 1993 empecé a dar clase ya había oído: «La edad a la que un niño o niña puede aprender a leer bien y con garantías es a partir de Primaria, seis años mejor», y me lo creí. Hasta que en aquel mismo 1993 escuché lo contrario y entonces me intrigó este asunto; decidí leer sobre algunas investigaciones y acabé por reunir pruebas que me convencieron y prácticas que las avalaron.

Cómo era posible que hubiera tanta contradicción en unas opiniones sin consenso y en algo tan básico e importante. Como profesor, era algo que me chirriaba desde el inicio de los años noventa y constituyó un estímulo en mi afán de investigar hasta poder llegar a una conclusión: la que en este libro se expone.

Leí en 2007 la opinión de un neurólogo al que conocí personalmente, F. Kovacs, y me pareció entonces muy inquietante: defendía taxativamente que no se debía enseñar a leer hasta los seis años. Yo tendí a creerlo: era, y es, un científico respetable, buena persona y buen neurólogo. Las razones que daba giraban en torno al hecho de que antes de los seis años no se tiene desarrollada la capacidad de abstracción (¿?) y que no se establece una relación sonido-letra hasta entonces. Yo había estudiado Filología Hispánica, y este segundo argumento me extrañaba cuando recordaba mis apuntes sobre la discriminación fonológica y la capacidad del lenguaje en el ser humano de primero y segundo de carrera, veinte años antes. El primer argumento, el de la abstracción, no lo entendía, y por ello no me atrevía a discutirlo. Luego, cuando hice un máster en Neuropsicología y Educación, comprendí mejor a lo que se refería.

Recordé la sentencia que había oído a mi psiquiatra preferido, comiendo con él, porque comía con él todos los días al ser mi padre: «Los neurólogos creen que saben más del cerebro humano que nadie, pero quien de verdad sabe del cerebro es la madre de un niño muy enfermo». Yo tenía doce años. Para explicarse, mi padre se iba señalando en su cabeza las áreas que una madre que cuidaba a un niño muy enfermo ponía en acción. No recuerdo mucho más, solo que al final le dije:

—Papá, yo quiero saber del cerebro y cómo sacarle el mayor provecho.

—Entonces, hijo mío, dedícate a la educación —sentenció, y a eso decidí dedicarme en aquel instante.

Recordando este comentario imborrable en mi vida, a él, a mi psiquiatra, acudí de nuevo en busca de consejo, y me dijo:

—Pues tu hermano mayor, tú y tu hermano pequeño teníais capacidad de abstracción antes. Y tu hermano mayor aprendió solo a leer y yo te enseñé a ti con la cartilla antes de que fueras al colegio.

¡Vaya!, pensé, otro padre que tira por tierra la teoría de un neurólogo, pero cómo podría refutar la palabra de un médico y además «neurólogo» y que se llamaba Kovacs encima, con la cita «tan casera» de mi padre. No me tomarían en serio en ningún sitio. Debía buscar otro especialista.

—Papá, dime alguien que lo demuestre científicamente —le pedí.

—Mira un libro que hay en la consulta —se refería a la suya, abierta cuarenta años antes— que se llama *Multiplica la inteligencia de tu bebé*, de Doman.

Glenn Doman, al que acabé conociendo con motivo de

un congreso en Torremolinos, era, a juicio de muchos, el mayor experto del mundo en estimulación temprana. Al invitarle al congreso puso una extraña condición: que en el auditorio no hubiera profesorado, «porque el profesorado suele ser el que altera lo que propongo y que mi experiencia demuestra a padres y niños». Aceptó al final, tras convencerle de que los profesores y profesoras que asistirían eran también padres y madres y que sentían este papel más que su profesión. Explicaré su método más tarde.

Doman era el creador de un método para enseñar a leer a niños con síndrome de Down. El resultado fue tan indiscutiblemente exitoso que quiso aplicarlo a niños sin este síndrome y el resultado fue, como suele pasar, igualmente exitoso. Con el tiempo, el amable y paternal Glenn Doman acabó fundando, entre otras instituciones, el Instituto para el Desarrollo del Potencial Humano, en Filadelfia, con extensión en Roma, y por aquel entonces anunciaba que pronto abriría uno Valencia.

Doman abogaba por enseñar a los niños a leer cuanto antes con un método propio, que luego se ha extendido para otros fines en todos los centros educativos pre-infantil e infantil: los bits de información. Me basé en su método, con algunas variaciones, para enseñar a leer a mis primeros hijos.

Seguí investigando y encontré autores defensores de lo que yo había intuido con mis hijos, con un resultado que conmovió incluso al mismísimo Víctor Amela, redactor de la contraportada de *La Vanguardia*, a quien debo mi primer *bestseller* por el impacto de aquella contraportada en Mercedes Milá y Milá a través de una entrevista *prime time* en España entera. Mi hija me acompañó a aquella entrevista en Barcelona; estaba a punto de terminar el bachillerato y nos apeteció hacer aquel viaje de despedida juntos. La entrevista en la cafetería del hotel Casa Fuster giraba en torno al libro *Todos los niños pueden ser Einstein* (Toromítico). Dije algo así como: «Bastaría asegurar en Primaria que todos los alumnos y alumnas aprendieran a leer mejor, hablar mejor y escribir mejor para reducir a menos de la mitad el fracaso escolar en Secundaria». Y entonces el intuitivo periodista, el genial Víctor, me sorprendió:

—¿Cómo han aprendido a leer tus hijos?, ¿les has enseñado tú?

Le expliqué cuándo y cómo lo hicimos mi mujer y yo con nuestros ocho hijos únicos que tenemos, y como buen periodista —de lo mejor que he conocido— quiso comprobar el resultado haciéndole leer a mi hija, aprovechando que estaba presente. Tras hacerlo, se empeñó —por una razón emocional— en que mi hija apareciera en la foto de la entrevista. Tenía que lograrlo sin que saliera la cara de ella, menor de edad, lo que fue posible gracias a la habilidad del otro miembro del genial equipo: el fotógrafo de *La Vanguardia*. El resultado puede encontrarse con facilidad en internet.

Años después, seguí investigando. Ya sabía algo más cuando una sobresaliente alumna, Lorena Santander, me pidió que le dirigiera su trabajo de fin de grado sobre este tema. Mi alumna logró demostrar cómo en el entorno de la OCDE (34 primeros países del mundo) no hay consenso respecto a cuándo enseñar a leer a un niño y niña y con qué método hacerlo. Ella, como maestra graduada, reclamaba este consenso de una vez por todas:

—Tiene que haber una edad que sea más adecuada y un método más eficaz, ¡digo yo! Cómo va a poder enseñarse a leer a los dos, a los tres, a los cuatro, a los cinco, a los seis e incluso a los siete años y ser todas las edades igualmente adecuadas, y cómo va a ser posible que con métodos tan dispares como el silábico o el de Doman de palabras completas se enseñe de una forma igualmente efectiva.

Buena intuición de una alumna en 2015. Hablamos mucho y llegamos a la misma conclusión: Doman era un gran pedagogo, muy original, al que la pedagogía actual debe más de lo que se le ha reconocido.

Solo en España se enseña a leer a niños desde los dos años hasta los siete con métodos tan diferentes como el tradicional, que incluye la grafomotricidad desde los tres años, y como los métodos global y constructivista, que empiezan la lectura antes de los tres años.

Es cierto que, en el Informe PISA (2014), los estudiantes de Finlandia de nueve años ocupaban uno de los primeros puestos de la OCDE en lectura y que en muchas escuelas de este país se trabaja la lectura a los siete años. A la primera colega finlandesa que conocí, una maestra hispano-finesa, le hice esta pregunta:

—¿Cómo es posible que no introduzcáis la enseñanza de la lectura hasta los siete años y tengáis tan buenos resultados a los nueve?

—Porque nosotros no enseñamos a leer, eso lo hacen las familias en sus casas antes de los seis años; nosotros lo que hacemos es perfeccionar su forma de leer y por eso a los nueve años leen bien. —Eso dijo.

Los métodos que se emplean hoy: Dos caminos principales

En los 34 países de la OCDE, conviven varios métodos de enseñanza de la lectura. Necesitamos saber cuál es más eficaz para imitarlo: todos queremos aprender bien. Esto es común a todos los países. Todo ser humano precisa leer lo mejor posible. De ello dependen muchas más cosas que el rendimiento escolar, como demostraremos.

Entre los métodos empleados en el entorno de la OCDE, los más utilizados se podrían agrupar en dos tipos:

- *Los llamados métodos sintéticos*

Son los que empiezan enseñando los elementos más pequeños (letras y sonidos) y desde ahí se pasa a unidades mayores: sílabas, palabras, frases.

Adelantamos que parece muy lógico; el problema es que no corresponde exactamente con la forma que tienen un niño y una niña, sobre todo a una edad temprana, de procesar el aprendizaje, que justamente no es lógica y que es mucho más globalizada, como explicaremos.

Diremos por ahora que quienes defienden estos métodos sintéticos argumentan que suponen empezar por lo más fácil, pero en realidad no es más fácil para el niño aprender «m» que «mamá», una palabra con tanta carga afectiva para él: los niños y niñas son eso, niños y niñas; la lógica solo es una parte pequeña de su pensamiento. Aprender a leer es algo más apasionante y emocionante, divertido y motivador, visual y memorístico, significativo e imaginativo que técnico y lógico; una lógica que no es tan necesaria hasta llegar a la oración.

Estos métodos sintéticos son los menos adecuados para enseñar a un niño o una niña que tiene algún tipo de dislexia, precisamente porque estos niños tienen dificultades en las áreas neuropsicológicas de la construcción e interpretación de letras y sonidos, en los que se basan estos métodos. Hoy contamos con numerosas investigaciones (por ejemplo, las de Santiago Molina, 1983) que atestiguan para estos niños la conveniencia de un método global a la hora de enseñarles a leer y escribir. Lo mismo podríamos extrapolar, según investigaciones, a los niños y niñas con trastorno de déficit de atención e hiperactividad (TDAH) y otros trastornos cada día más habituales en el aula.

Dentro de los métodos sintéticos, destacaríamos:

1. MÉTODO ALFABÉTICO-GRAFEMÁTICO

a) Primero se enseña el abecedario en mayúscula y minúscula.

b) Cuando el niño conoce el abecedario y sabe leerlo y pronunciarlo, entonces se enseña el sonido de las sílabas (por ejemplo: «ma», «pe»...).

c) Después se pasa a palabras («mamá», «pelo»...).

d) Después a frases («mamá me quiere», «tengo pelo»...).

Inconvenientes
- Genera inseguridad y desconfianza en los niños y niñas al tener que leer en voz alta.
- Produce más dislexia funcional infantil.
- Produce silabeo en el adulto.
- Es más difícil leer bien así cuando se es adolescente, joven y adulto.
- Es el causante, junto con el método alfabético (el que se explicará a continuación), de la situación actual de la lectura en adultos. Si aceptamos la muestra, que más adelante expondremos, de 1.000 personas (niños, niñas, adolescentes chicos y chicas, adultos y adultas) repartidas entre Asturias, Aragón, Madrid y Andalucía (como aproximación de un estudio más amplio y metódico), solo lee bien en España un 56,8 por ciento.

Dentro de este método podríamos distinguir una variante, que se diferencia en que lo primero que se enseña es el abecedario en minúscula y a pronunciarlo; después en mayúscula y a pronunciarlo; a saber deletrear una palabra después. El niño aprende primero que «Z» es «zeta mayúscula», que «z» es «zeta minúscula», que «g» es «ge minúscula», pero «g» de «guitarra» también es «ge minúscula». Letras y sonidos, grafías y fonemas se confunden a veces y el niño ha de aprender su diferencia con la experiencia.

En este método, una vez que el niño o la niña conoce bien las letras y las identifica, estas se van uniendo para formar palabras, de las que aprende su significado. Por ejemplo: cuando ya sabe que «l» es «ele» y «a» es «a», se le enseña que «la» es «la» y va delante de las palabras femeninas. Si tiene una «ese» al final, se lee «las».

Inconvenientes
Sumados a los anteriores:
– Genera inseguridad y desconfianza al leer en voz alta en los niños.
– Produce más dislexia infantil.
– Produce silabeo en el adulto.
– Es más difícil leer bien así cuando se es adolescente, joven y adulto.
– Es el causante, junto con el método anterior, el sintético, de la situación actual.

Se añade como inconveniente:
Confusión en la discriminación fonológica y de sonidos («S» es «ese», «k» es «ka», «c» es «ce», pero «z» es «zeta» y «a» solo «a»). Algo que parece sencillo cuando se sabe ya leer no lo es tanto cuando se aprende a hacerlo. Por eso deja hue-

lla incluso en la edad adulta, con palabras desconocidas sobre cuyos fonemas se duda durante su lectura.

2. Método fonético

Este método enseña primero los sonidos, los fonemas, antes incluso que las letras.

a) Se comienza a aprender las letras del alfabeto, pero mediante el sonido de cada letra, su fonética. Para ello se identifica el sonido de cada letra con una onomatopeya que agrade al niño o niña. Por ejemplo, la «m» la aprenden con la onomatopeya «muu», que supuestamente hace la vaca al mugir. La «g» se aprende con la onomatopeya «guau» del también supuesto ladrido de los perros.

b) Cuando los niños y las niñas ya conocen las letras con sus sonidos, entonces las juntan para formar palabras.

A nuestro juicio, sirve más para jugar y practicar que para aprender a leer, y dificulta posteriormente algunos aspectos al escribir.

Inconvenientes
– Fomenta la confusión ortográfica.
– La onomatopeya no está nunca clara, porque los ruidos no se identifican bien con letras; por eso en España decimos que el gallo dice «quiquiriquí», mientras que los ingleses dicen que «cock-a-doodle-doo», los franceses «cocoricó» y los italianos «chicchirichi», todos países próximos y vecinos. ¿De verdad el pájaro dice «pío», el perro «guau», «miau» el gato y la vaca «muu»?

Se me ocurren a mí y a mis hijos otras muchas variantes con las que representar el ruido tan curioso que cada uno hace. Otra cosa es que ya nos hayamos aprendido de memoria las onomatopeyas. El caos para el niño y la arbitrariedad se ve más claro si hablamos del burro, del búho, de un elefante, etc.

- Limita la inteligencia y el aprendizaje de la realidad del niño.
- Da algunos saltos en el vacío para el niño y la niña al relacionar algunos sonidos con su grafía. Téngase en cuenta que en casi todos los idiomas, sonidos, fonemas, no coinciden con letras, y así hay letras, como por ejemplo «x», que siendo solo una, corresponde realmente con dos sonidos /k+s/. Y al revés, hay veces que un solo sonido /ĉ/ o /g/ corresponde a dos letras realmente: «ch» y «gu».
- Se trata de un aprendizaje lector muy lento, limitado, arbitrario y restrictivo.

3. Método silábico

Es un método muy extendido en muchas escuelas.

a) Primero se enseña al niño una sílaba (por ejemplo «mi») y luego otra («ma»).
b) Luego se complican las sílabas («pla», «tra», «fran», etc.).
c) Finalmente se leen en palabras («mi mamá me mima»).

Inconvenientes
- El niño o niña llega a la adultez silabeando.

- Dificulta la comprensión lectora.
- Dificulta la grabación ortográfica y se llega a adulto o adulta con más faltas.
- Dificulta la correcta lectura en voz alta de signos de puntuación, entonación y expresividad.
- Fomenta el obstáculo de leer al favorecer que se muevan los labios.
- Multiplica los movimientos sacádicos de los ojos en una misma línea.
- Dificulta el estudio en la adolescencia.
- Dificulta la lectura rápida, comprensiva y eficaz cuando esta se exige en momentos de estrés o ansiedad o se dispone de poco tiempo. Por ejemplo, ante un enunciado largo de un problema o en una pregunta en un examen; ante un prospecto de un medicamento; un documento sobre el que nos piden un dictamen en el momento durante una reunión; o cualquier otro escrito que provoque nerviosismo en el lector. Como también dificulta la comprensión de textos con mucha carga emocional.

No son pequeños inconvenientes. De hecho, están en gran medida detrás de una sociedad en la que los adultos escriben con muchas faltas de ortografía, presentan lagunas de comprensión y leen con mala entonación en voz alta, como la española.

Pese a ser uno de los métodos más extendidos, ya se combine o no con el alfabético, no solo a nosotros nos parece inadecuado porque supone el germen de muchos defectos posteriores de la lectura en quienes aprenden así; también muchos investigadores lo consideran igualmente inconveniente. Por citar algunos, Lebrero y Lebrero (*Cómo y cuándo enseñar a leer y a escribir*, 1999) concluye que este método

«Conduce al silabeo carente de comprensión por presentarse las palabras rotas en sílabas».

- *Los llamados métodos analíticos o globales*
Son los métodos que enseñan a leer partiendo de unidades mayores que las letras, los fonemas o las sílabas. Comienzan por enseñar palabras o expresiones compuestas de varias palabras (su nombre por ejemplo: sea Luisa o Miguel Ángel). Comienzan, por lo tanto, por enseñar a identificar la escritura-lectura de lo que los niños conocen y les interesa, dejando para después que descompongan la palabra en menores unidades.

Estos métodos en realidad conectan más con el interés del niño y niña, aprovechan el interés y la memoria visual para grabar significados y se apoyan en la capacidad de percepción global, predominante en todo niño y niña durante su infancia.

Fueron defendidos antaño por investigadores en esta área como el filósofo y pedagogo del siglo XVI Juan Amos Comenius o el pedagogo, psicólogo, docente y médico Ovide Decroly, en el siglo XIX.

Según muchas investigaciones actuales, son los más adecuados para enseñar a leer a niños y niñas con dislexia, TDAH y otros muchos trastornos que con frecuencia hay en el alumnado de una clase, por lo que apunta a la conveniencia para todos de utilizar uno de los métodos perteneciente a este tipo global.

Téngase en cuenta que en la dislexia y en el TDAH, por ejemplo, los ejercicios que les conviene practicar a los niños y niñas que tienen estos trastornos no perjudican al resto, si los hacen. Más bien, les otorgan mayor concentración y mayor ejercicio de su lateralidad: algo positivo.

Entre estos métodos analíticos o globales, podemos destacar:

4. Método ideográfico, de significado-significante o imagen-palabra

a) Se enseña al alumnado las palabras junto a la imagen que representan.

b) A los objetos que hay en clase se les coloca un cartelito que señala lo que es. Se utiliza también mucho en el aprendizaje de un segundo idioma. La clase está llena de estas tarjetas y letreros.

c) Se espera que la lógica del niño y la memoria actúen.
d) Se pueden emplear también frases cortas e ir haciendo estas cada vez más largas.

El niño come la manzana

Inconvenientes
- Exige material que es más difícil de elaborar por parte del docente.
- Cada imagen es una concreción que no representa por entero el significado de la palabra. Es decir, la palabra «casa» es un concepto imposible de ser fotografiado. Podemos poner junto a la palabra «casa» la foto de un adosado o de un chalet, pero la representará solo en parte. Es muy conveniente para el niño que está aprendiendo y que tiene entre uno y seis años operar con imágenes abstractas: conceptos que engloben algo enteramente y no de modo parcial.
(En el método que defenderemos como el más completo y eficaz se utilizarán palabras, pero sin imágenes. Se le pondrá al niño «casa» y aprenderá a leer «casa», porque lo que querremos es enseñarle a leer, no lo que es una casa, que ya lo sabe, la ha visto, la ha tocado e incluso olido. La lectura consistirá al principio en que, aquella palabra que ve, la identifique con el concepto mental que tiene él, sin imagen delante.)
- Otro inconveniente del método analítico más importante de lo que parece a primera vista es que el niño o niña se fija en la imagen y graba menos la grafía, justo lo que le pide grabar la lectura, y por eso a largo plazo

este método genera problemas ortográficos y el niño o la niña tarda más tiempo en soltarse a leer sin la ayuda de un texto con imágenes.

– Además, el niño o niña que está aprendiendo a leer puede confundirse con este método. A veces, ocurre que cuando enseñamos a leer con la imagen y decimos «dálmata», por ejemplo:

el niño o la niña piensa que la conjunción de las letras «dálmata», cuando la ve aparte del profesor, se lee «perro», porque en una imagen concreta siempre confluyen su concepto general y su concreción particular.

Así, por ejemplo, Adrián, de cinco años, un niño al que le estaban enseñando con este método, vio una figura parecida a la que reconstruimos aquí:

Cuando le dijeron: «¿Qué pone aquí? Lee esta palabra», el niño dijo «Clavel», porque su madre sembraba claveles en una maceta en su casa y él los conocía.

A Sandra le pasó algo parecido con el segundo idioma, con el que empleaban este método. Al decirle la profesora de español «Lee esto»:

Sandra dijo: «Ahí pone *flower*», porque su profesora de inglés le había enseñado a leer *flower* con una imagen parecida a esta:

Por su parte, Miguel Ángel, de cinco años, se confundió cuando le pidieron que leyera una imagen con una palabra según propone este método analítico. La imagen era de una rosa de color rojo, debajo ponía la palabra «rosa», y Miguel Ángel leyó la palabra y dijo «flor», según él, porque no era de color rosa.

Lo cierto es que este método es útil para enseñar el nombre de más cosas, ampliar las referencias y el vocabulario, pero no para aprender a leer palabras. Por ejemplo, es útil si queremos enseñarle a un niño o una niña la raza dálmata; podemos mostrarle solo una foto de un dálmata, sin palabra alguna, mientras quien lo enseña dice «dálmata», porque sirve como método para enseñarle la raza, no a leer.

O se puede enseñar la imagen de la página siguiente, mientras se le dice al niño o niña: «Este es Beethoven, un compositor alemán de música clásica». Para esto sí que es muy útil: el niño o la niña grabará la información oída de la profesora mucho más porque solo hay una imagen ante él o ella; pero generará un problema si este útil método de aprendizaje lo empleamos para aprender a leer.

También es útil para el aprendizaje de vocabulario de un segundo idioma, porque no se le enseña a leer, sino a memorizar sinónimos del concepto que ya conoce y escribe en español, por ejemplo. De hecho, cuando no sabe cómo se escribe en español, la confusión ortográfica con la mezcla de ambos idiomas está asegurada.

5. Método Doman

El norteamericano Glenn Doman fue el creador de los bits de información utilizados en el método antes descrito, el analítico, pero él no los propuso para el aprendizaje de la lectura. Para este, Doman describió una metodología muy concreta que comenzó a emplear primero con niños y niñas con lesiones cerebrales y después con síndrome de Down, y acabó encontrando los beneficios para todos los niños y niñas. En 1963 publicó un artículo en *Ladies' Home Journal* titulado «Usted puede enseñar a leer a su bebé», y debido al éxito de aquel artículo, sobre todo entre muchas madres, que le escribieron interesadas, publicó su libro *Cómo enseñar a leer a su bebé*, en el que hace referencia, según él, a tres hechos:

a) Es más fácil enseñar a leer a un niño de dos años de edad que a uno de cuatro, y más fácil a uno de cuatro que a uno de siete.

b) Enseñar a leer a un hijo o a una hija pequeña conlleva una gran satisfacción para él o ella y para su padre y madre.

c) Cuando a un niño o a una niña pequeña se le enseña a leer, no solo avanza su conocimiento, sino también su curiosidad, su agilidad mental, su estimulación y su satisfacción intelectual, y se hace más inteligente.

Más tarde, Doman, a petición de muchos padres y madres, hizo lo mismo con el aprendizaje de las matemáticas en su libro: *Cómo enseñar matemáticas a su bebé.*

De una forma resumida, Doman defendía el siguiente método en *Cómo enseñar a leer a su bebé*:

a) El primer día se muestran cinco carteles con palabras y se nombran tres veces al día.

b) Al día siguiente se muestran esos mismos carteles y otros cinco nuevos, y así sucesivamente.

c) Al cabo de la semana el niño habrá aprendido veinticinco palabras nuevas. A partir de la semana siguiente, se va sustituyendo la categoría más antigua de cinco palabras por otra nueva.

En el siguiente cuadro podemos ver un resumen:

– Una sesión: un juego (de cinco palabras) mostrado una vez. Frecuencia: tres veces diarias cada juego. Intensidad: palabras rojas de 7,5 cm. Duración: cinco segundos.

- Palabras nuevas: cinco al día: una en cada juego. Palabras retiradas: cinco al día: una en cada juego. Ciclo de vida de cada palabra: tres veces al día durante cinco días (15 veces).
- Detente siempre que un niño quiera detenerse.

Doman proponía la enseñanza de la lectura desde los ocho meses de vida, y siempre mientras aprender a leer fuera algo divertido.

Este es el método que mayor avance ha supuesto, si bien, como hemos visto, tiene su fundamento teórico en los siglos XVI y XIX. Por eso aprenderemos de él, pero ni este ni los demás tenían en cuenta, al menos en la medida de lo posible, la intuición espacial del niño o niña que aprende a leer, y por eso y otros aspectos en torno a la lectura que hoy conocemos y que se desconocían en los años sesenta, propondremos en el apartado III de este libro un método con algunas variaciones que la práctica y el cambio en la evolución del niño o niña creemos que hacen aconsejable incluir.

6. Método por palabras

Consiste en que:

a) Los niños y niñas eligen algo que les interesa saber cómo se llama.
b) Aprenden entonces la palabra que lo designa.
c) Cuando esta ya se distingue, se buscan imágenes en las que esa palabra se concrete. Si es la palabra «manzana», por ejemplo, se buscan imágenes de distintas manzanas.
d) Luego el docente la escribe en la pizarra.

e) Entonces se va descomponiendo por unidades de la lengua: se muestra la raíz primero, después si tiene prefijos o sufijos, otros morfemas flexivos, derivativos, etc.

f) Se juega con ella.

Es un buen método para aprender cosas, como pasaba con el analítico, pero no para aprender a leer. Además de algunos inconvenientes que comparten ambos, el método por palabras tiene otros problemas, como los que siguen.

Inconvenientes

– El niño parte de una psicología negativa y de descarte: elige las palabras que le parecen ocasionalmente interesantes y evita aprender las que no le apetece o no le parecen interesantes. Debería aprender las que realmente necesita. Por eso no es un método de lectura, sino de aprendizaje. Tendría que aprender a leer todas las palabras que pueda encontrar escritas en un libro adecuado para su edad, en un cartel en la calle o en el resto de las ocasiones en las que le apetezca utilizar esa destreza nueva que le ha dado el hecho de aprender a leer, sin límite de la discriminación por interés o capricho, que sí puede emplear, pero para aprender otras cosas.

– La composición y descomposición de la palabra no resulta atractiva a un alumno o alumna, más allá de las primeras palabras. Se convierte pronto en un inconveniente.

– Este método no resulta tan atractivo al alumnado como puede parecer.

– Dificulta la comprensión lectora del texto, un inconveniente que realmente ya me parece motivo suficiente para descartarlo. Está bien como método para enseñar cosas, incluso gramática, pero no para la lectura.

- *Métodos mixtos: sintéticos y analíticos*

A nuestro juicio, una combinación de los métodos sintéticos y los analíticos o globales daría un resultado más completo en niños de todo tipo, al trabajar tanto el hemisferio cerebral derecho como el hemisferio cerebral izquierdo, y de una forma relacionada.

Defenderemos este procedimiento en nuestra propuesta de cómo enseñarle a un niño a leer o cómo mejorar la lectura en quien ya sabe.

¿Cuándo enseñar a leer a un niño o a una niña?

Como hemos visto, por costumbre y tradición, y por decisión de las editoriales, a las que les interesa incluir el material de aprendizaje a la lectura de los cinco a los seis años, porque es manipulable por el niño y niña y más consumible, en la mayoría de los países se suele enseñar a leer a partir de los cinco años, de los cuatro a los siete. Sin embargo, tenemos razones científicas, neurológicas y sobre todo pedagógicas para cuestionar esta costumbre, dado el resultado de adelantar esta edad en función del interés demostrado por los niños y niñas que han de ser el centro de su propio aprendizaje.

En esta misma dirección apuntan muchos investigadores. Vygotsky argumentaba que todo aprendizaje debería ir por delante del desarrollo. Es decir, que aprendemos para desarrollarnos; no esperamos a estar maduros en alguna faceta para aprender. Aprender a leer es lo que logra desarrollar la inteligencia de un niño o niña, así como el conocimiento de la realidad que le rodea, la relación consigo mismo y con los demás; además, aporta muchas más ventajas, como se han expuesto y se expondrá a lo largo de este libro, especialmente en los primeros y en los últimos capítulos. Es lo mismo que sostiene Glenn Doman, que defiende con pruebas que el mejor momento para enseñar a leer a un niño es en torno al año desde su nacimiento y que «los niños que aprenden a leer cuando son pequeños tienden a comprender mejor que los jóvenes que no aprendieron a hacerlo». Esto contrasta con la moda generalizada de enseñar a los cinco o seis años y con un método que se confirma por la vía de los hechos inadecuada. Por ello Doman arguyó en 2008 que se debe aprender a leer antes de los cinco años, porque, según él: «Antes de los cinco años de edad los niños pueden asimilar con gusto grandes cantidades de información; porque cuanto mayor sea esta cantidad antes de los cinco años, más retendrán; porque a esa edad tienen mucha energía y ansia por aprender; y porque es una evidencia que pueden y quieren aprender a leer antes».

9

La inteligencia y su relación con la calidad lectora: ¿leen mejor los más listos?

Se puede ser buen lector con un cociente intelectual (C.I.) medio y un mal lector con un C.I. de gran capacidad, muy alto.

Hay niños y niñas muy inteligentes, muy por encima de la media, que pueden ser los más listos de la clase y tener dislexia y no leer bien.

Dicho esto, también es cierto que estadísticamente los más inteligentes suelen encontrar menos dificultades a la hora de aprender a leer bien, si aprendieron a hacerlo correctamente. Como es verdad que hay intelectuales y científicos, hombres y mujeres, muy reconocidos, premios Nobel, que no solo no saben leer bien, sino que, respecto a la media de sus coetáneos, leen muy mal en la mayoría de los aspectos que componen la lectura.

La verdad es que mi hermano mayor, con mucho más

cociente intelectual de nacimiento que yo leía mucho y bien de pequeño, de adolescente y de joven; ojalá hubiera seguido leyendo a ese ritmo como médico de éxito. Yo le admiraba sentado, viendo cómo devoraba libros desde muy pequeño. Y recuerdo haberme planteado, siendo yo menor, si él leía mucho porque era listo o era listo porque leía mucho.

Al estudiar mi carrera universitaria supe que era más bien lo segundo, pero ambas cosas tiraban una de la otra, se retroalimentaban. ¿Qué influye más, me preguntaba entonces, ser listo para empezar a leer, o empezar a leer para hacerse listo?

Con esta curiosidad, leí las investigaciones de algunos autores franceses, belgas y argentinos, entre otros, respecto a la relación entre C.I. y lectura. Además, aprovechando una investigación que estaba haciendo para el trabajo definitivo de fin del máster universitario en Neuropsicología y Educación, cuyo título fue «Relación entre comprensión lectora, discriminación auditiva, desarrollo motor visual y rendimiento escolar en Educación Primaria», quise comprobar si en una misma ciudad española mediana, de entre 300.000 y 400.000 habitantes, también se confirmaban los resultados que medio siglo antes habían obtenido belgas y franceses y hacía treinta años los argentinos. Y más ahora, con la llegada a la inteligencia de los niños y niñas de las atractivas pantallas.

Mil seiscientos alumnos y alumnas participaron en la prueba realizada en varios centros, todos del mismo curso: 1.000 de 6.º de Primaria y 600 de 1.º de Bachillerato. Al comparar su lectura con su cociente intelectual, el resultado fue:

Tabla 2

Relación del hábito de lectura, calidad lectora y cociente intelectual en Primaria y Bachillerato.

Cociente intelectual	Hábito lector: varios días semana voluntario 6.º E.P.	Calidad lectora 6.º E.P.*	Hábito lector: varios días semana voluntario 1.º BAC.	Calidad lectora 1.º BAC.*	Total media hábito lector	Total media calidad lectora*
Más de 120	10%	32	12%	21	11%	26,5
110-120	15%	56	18%	62	16,5%	59
100-110	35%	60	40%	61	37,5%	60,5
90-100	50%	41	60%	58	55%	49,5
72-90	8%	20	3%	24	5,5%	22

* Índice de lectura global (es decir, teniendo en cuenta los 10 elementos que componen la lectura), sobre 100, que sería la puntuación de quien lee muy bien en los 10 elementos.

Entre otras posibles conclusiones, podemos confirmar que:

a) Una cosa es el hábito de leer y otra la calidad lectora, ya que es esta última y no la primera la que se relaciona con el C.I. Los alumnos no leen más cuando tienen un C.I. más alto: los de 90-100 leen más que los de más de 120.

b) No hay diferencias pertinentes en Primaria y Bachillerato respecto a la calidad de la lectura, pero sí respecto al hábito.

c) A la mayoría del alumnado cuyo C.I. estaba entre 75 y 90 había dejado de satisfacerle leer por el esfuerzo que requería respecto a la recompensa que recibían, o bien la experiencia había sido tan poco satisfactoria en Primaria y Secundaria que se había debilitado el hábito.

d) Los de C.I. bajo leen peor. Sería interesante saber qué datos saldrían respecto a calidad lectora si a estos mismos alumnos y alumnas les hubiéramos ofrecido la oportunidad de hacer durante un año los ejercicios que proponemos en este libro. Se trata de un estudio que sí hemos hecho con otros alumnos, como se explica en el capítulo «¿Por qué he tardado veintidós años en escribir este libro?».

e) Los de mayor C.I., al no leer, leen cada día peor.

f) Algo deben de influir los nuevos hábitos de entretenimiento en los alumnos de C.I. mayor, porque en 1935 en Bélgica y en 1975 en Argentina, el 73 por ciento de los que tenían un C.I. de más de 120 leían muy bien. Actualmente —salvando la comparación de la muestra—, resulta que menos del 30 por ciento leen muy bien, ni siquiera cuando intentan hacerlo con incentivos.

g) En 1935 y 1975, solo el 5 por ciento de la población con C.I. entre 80 y 110 leía muy bien (la causa creo que puede estar en factores sociales de los ambientes rurales, como poca escolarización, y otros culturales: la mayoría de la población no tenía tan fácil acceso a una lectura semanal y a mejorar su lectura). En la actualidad, el porcentaje de los que tienen C.I. de 80 a 110 (la mayoría) y que leen muy bien ha aumentado considerablemente, hasta alcanzar un 43 por ciento. A mi juicio, se debe al acceso universal y fácil a la lectura. Cuando la mayoría lee, la mayoría lee mucho y lee bien.

h) Leen más los niños y niñas que están en la media: entre 80 y 110, que los que están en los extremos: por encima y por debajo.

En todo caso, hemos de tener en cuenta siempre que cociente intelectual no es exactamente inteligencia. La inteligencia, como ya he argumentado con datos en algunos de mis libros anteriores (*Todos los niños pueden ser Einstein*; *Nuestra mente maravillosa*; *Tu hijo a Harvard y tú en la hamaca*, entre otros), es mucho más que el C.I. con el que una persona nace. El C.I. que nos acompaña toda la vida no cambia apenas y, sin embargo, la inteligencia sí que se modifica conforme aprendemos y crecemos. Así, como he escrito con otras palabras ya muchas veces: no aprendemos porque seamos listos, sino que nos hacemos listos al aprender: más listos cuando más y más importante para la felicidad sea lo que aprendemos.

Al crecer, al experimentar, aprendemos, y con ello nos hacemos más inteligentes, más capaces de aprender más cosas y más complicadas, más decisivas; podemos aprender a resolver problemas más complejos y entonces nuestra inteligencia crece.

Por eso leer más, realizar buenas lecturas, y leer mejor aumenta directamente la inteligencia; la hace desarrollarse como pocas cosas. Es la forma más rápida de vivir experiencias variadas e improbables en la vida real de cada uno; aprendemos mucho en ellas, conocimiento y emociones, experiencias de aciertos y errores, y nos hacemos más listos. Leer nos vuelve más inteligentes. Leer bien nos hace ser mucho más inteligentes.

10

Las emociones y la lectura

No lee bien quien sabe leer, sino quien saca cada vez más riqueza de lo que lee para su vida, su cabeza y su corazón.

Nuestra educación en siglos pasados era confusa y escasa, algo que actualmente aún es.

Sin leer es imposible tener una buena educación emocional debido a la ausencia de variedad y de registro de situaciones emocionales. Las consecuencias de esto van desde la falta de una relación satisfactoria con los demás hasta la falta de salud emocional, y, por extensión, falta de salud en general: la felicidad, así, es difícil, y no están los tiempos para restar oportunidades a nuestra felicidad ni a la de nuestros hijos, hijas, alumnos o alumnas.

Cuando se lee, el cerebro experimenta agrupaciones emocionales muy difíciles de concebir fuera de un libro. Además, están las maravillosas neuronas espejo: esas neuronas que tiene todo ser humano y que posibilitan la convivencia, la conexión, la comprensión y la sabiduría de la verdad humana, entre otras muchas cosas. Se trata de unas neuronas muy especiales e importantes que se activan en cuanto pensamos en actuar de una determinada forma o vemos actuar de ese modo, de manera que actuamos como un reflejo respecto a la actuación que vemos o pensamos. Pensamos en sonreír por haber oído un chiste y sonreímos sin pensar en ningún chiste concreto. Si alguien llora en una pantalla de cine, nuestras neuronas se activan para sentir lo mismo que está sintiendo el personaje: es una maravilla, un milagro de la creación. En ellas se basa la comprensión, la empatía, la imitación, la capacidad de poder interpretar a otro, de cooperar, de ser solidario y ayudar. No solo nos permiten imitar lo externo, sino también la emoción más interna debido a su conexión con el sistema límbico.

Recientemente hemos sabido que estas neuronas se encuentran ubicadas cerca de las áreas más propias del lenguaje (broca y corteza parietal posterior) y que están relacionadas con ellas.

Por eso los niños que leen más, como los bebés que observan e imitan más, al crecer resultan más empáticos, solidarios, cooperativos, cívicos y amables.

Cuando vemos que nuestra madre nos sonríe, se crea en nosotros una representación mental que envía señales al sistema límbico y acaba sintiendo lo mismo que siente la madre, y por eso reaccionamos.

Bostezamos cuando alguien bosteza debido a estas neuronas e imitamos cualquier gesto de la persona ante la que estamos casi sin darnos cuenta. Imitamos también pequeños gestos de los personajes que vemos en las películas, sentimos buena parte de lo que ellos sienten. Si Steven Spielberg quiere que nos conmovamos al ver *La lista de Schindler*, dispone de todo lo necesario y lo consigue sin más, porque cuenta con nuestras neuronas espejo. Cuando nos metemos en una escena, es decir, cuando nos imaginamos que estamos allí y percibimos una parte de lo que perciben los personajes, de sus sentimientos, emociones y sensaciones, en realidad lo sentimos todo en buena parte, y mayor será esa parte cuanto más sensible se sea.

Lo mismo ocurre cuando leemos una escena: la imaginación nos transporta igual, y lo hace incluso más intelectualmente que en el cine, donde la imaginación no necesita hacer un viaje muy profundo; este es más superficial y epidérmico. Emocionarse en el cine es más fácil y superficial, y deja menor huella en la memoria también. Emocionarnos con un libro exige del autor más acierto e intención, porque tiene menos recursos sensibles: no cuenta con la imagen, ni con la fotografía, ni con la importantísima música del cine. Al ser más profundo el producto de la imaginación de lo leído, la huella emocional de lo que sentimos con la lectura también lo es: la experiencia parece más vívida, es más intensa, permanente, y entra en juego más en ella el subconsciente, con las consecuencias a largo plazo que esto tiene en nuestra vida, muy posiblemente para siempre.

El poder emocional de las lecturas

Las emociones se activan al leer, como hemos dicho, pero de tal modo que las lecturas van forjando nuestra vida emocional, queramos o no: puede ser una vida rica si leemos sobre emociones plenas; o una vida que va vaciando nuestro depósito emocional si no leemos, aunque escuchemos música emocionalmente poderosa o veamos cine igual de rico.

No basta leer cualquier combinación de palabras; por eso,

elegir bien los libros nos hace elegir bien nuestra riqueza emocional.

En el libro *Cómo entrenar a su dragón interior; aprender a gestionar las emociones de los hijos*, después de explicar nuestro mapa emocional (las 41 emociones, los 19 sentimientos y la forma de interrelacionarse ambos), fui analizando qué podíamos hacer padres, madres y educadores para enseñar a gestionar mejor las emociones a nuestros hijos, hijas y educandos, y en cada capítulo recomendaba algunas de las lecturas para que el niño o la niña aprendiera a gestionar cada una de sus emociones. En aquel libro de 2017 escribí: «Los buenos libros enseñan lo necesario para vivir bien, de verdad y para gestionar las emociones y sentimientos, por eso la lectura tiene que ver tanto con el aprendizaje como con la felicidad».

Ese es uno de los poderes de la lectura. Acompaña y enseña con la dulzura de la vida que se vive emocionalmente y acaba bien, si se elige de manera adecuada la lectura.

Los autores más sobresalientes de la historia nos han hecho llegar sus mejores emociones a través de los libros, esperando que, *sine die* y durante siglos y siglos, sus vidas sigan sirviendo a la vida de muchos. Las emociones sentidas y descritas por Cervantes, Calderón, Neruda, Lorca, Kafka, Ishiguro, Tolkien, Borges, Austen, Woolf, Mistral, Christie, Laforet, Frank, Funke, Rowling o tantos y tantas que llegan a todos los continentes hoy y enseñan y enriquecen la vida de muchos y muchas que están aprendiendo cómo se puede ser feliz y cómo no.

Cualquier niño, niña, adolescente, adulto y adulta conecta de forma directa —más, quien hile más fino y mejor costumbre lectora tenga— con las sensaciones, emociones y sentimientos que provoca una lectura, con sus conflictos emocionales y con sus soluciones, aprendiendo de ellos sin riesgo, con intensidad, aprovechamiento y disfrute.

Quizá seremos más felices cuando aprendamos que, con todo lo que hoy tenemos, el verdadero ambulatorio de nuestra salud emocional no es un gabinete de psicología, sino una buena librería.

11

Los zurdos y las dificultades con la lectura

Todos los seres humanos muestran una tendencia corporal (izquierda o diestra), si bien es cierto (como veremos en un capítulo específico) que hay personas en quienes predomina un lado de su cuerpo, y el lado contrario en otro de esos sentidos: a esto llamamos lateralidad cruzada y es más frecuente de lo que pensamos (24 por ciento del alumnado, y está creciendo).

Sin embargo, lo más habitual es ser diestro en lo que respecta a ojos, pies, oídos y manos o zurdo en todos ellos.

Si bien es cierto que la lateralidad se termina de consolidar en torno a los siete años, o seis si alguien es muy maduro, el niño y niña ya desarrolla, de forma incipiente, su preferencial lateral en el seno materno. Cualquier madre o padre puede apreciarla de una forma clara cuando es bebé. Ya en 1953 Gesell demostró que, a partir de los nueve meses desde el nacimiento, el niño o la niña tiene una mano preferida, a la que contempla y dirige su cabeza 28 días antes que a la otra. Tornuay, en 1924, puso de manifiesto que la mayoría de los niños y niñas se miraban su mano derecha a los 115 días de nacimiento y no antes de los 141 días, su mano izquierda. La mayoría son diestros. En una proporción que cambia en función de la cultura, curiosamente, los zurdos oscilan entre el 5 y el 30 por ciento de la población.

Para saber cuál es la lateralidad de un niño, niña, adolescente o adulto y adulta basta con hacer las siguientes pruebas u otras parecidas:

1. Dale una baraja de cartas y pídele que las reparta entre él y los que estén a su lado. La mano con la que haga el reparto será su predominante.

2. Tírale una pelota que pueda coger con una sola mano y lánzasela de nuevo, siempre con una mano solamente. Si se trata de un adolescente mayor o un niño, o un adulto que juega al baloncesto, puede que la coja y la lance bien con las dos; en ese caso, le pediremos que juegue a lanzarla y a recogerla contra una pared él solo. Con la mano que lo haga será su predominante.

3. Coloca justo enfrente (no a la izquierda, ni a la derecha) del niño o la niña un papel o cartulina y unas tijeras. Pídele que recorte dos círculos en el folio o la cartulina cogiendo las tijeras con una mano y luego que haga lo mismo con otra mano. Interrumpe en las dos ocasiones esta tarea cuando lleve de 30 a 60 segundos haciéndola. El resultado manifestará cuál es su mano predominante.

4. Pídele al niño o la niña que dibuje en un papel un hombre o una mujer andando, es decir, de perfil; si es pequeño, puede no conocer bien lo que significa perfil,

por eso tendrás que indicarle que está andando para algún lado, sin decirle cuál, claro está. Puede pintar solo la cara si le resulta difícil representar el cuerpo o las piernas. Si dibuja el perfil mirando a la izquierda, es un niño o niña con mano predominante derecha; si el perfil mira a la derecha, su predominancia manual es zurda. Si, pese a estas indicaciones, el niño o la niña pintara una cara vista de frente, no pasa nada, simplemente no tendremos en cuenta este ejercicio y pasaremos al siguiente.

5. Dale una cuerda o un hilo y señálale un agujero que esté estático (es decir, que no pueda acercar o alejar) y por donde pueda hilvanar la cuerda o hilo que le des. La mano con la que coja el hilo o la cuerda es la predominante, aunque utilice activamente la otra para inmovilizar el agujero.

6. Pídele que arrastre una pelota o un papel hecho una pelota por la habitación hasta llevarlo a donde le indiques. La pierna con la que lo haga indicará su lado predominante.

En realidad, si el niño tiene más de seis o siete años, si es maduro, o siete u ocho, si aún no lo es para su edad, basta con que en uno de estos ejercicios manifieste una predominancia para saber su tendencia en general. Puede pasar que el niño o niña, el adolescente, el adulto o la adulta demuestre en algún ejercicio una predominancia diferente al de otro ejercicio. Si es mayor de siete años, simplemente tendrá una lateralidad cruzada, algo muy común y de lo que hablaremos en un capítulo de la tercera parte de este libro, en el que explicaremos cómo actuar en cada caso, pues este es uno de los casos más atractivos que nos deben hacer actuar adecuada y efectivamente. Pero si es menor de siete años, cualquier especialista podría decirnos que la lateralidad aún no está definida, puesto que lo cierto es que se consolida normalmente a los siete años. Pero en tal caso hay una fórmula que le debemos a los estudios de Hildreth, por la que podemos vaticinar la lateralidad que acabará consolidando un niño. Esa fórmula consiste, simplemente, en:

1. Los ejercicios que haga con las dos manos, es decir, en los que no se haya captado predominancia, se eliminan.
2. De los que quedan, se suman todos los ejercicios cuya predominancia manifestada fue la derecha.
3. A esta suma se le restan los ejercicios en los que se manifestó predominancia izquierda.
4. El resultado de esta operación se divide entre 6 (o los ejercicios que haya hecho, sin contar los nulos o que no haya sabido hacer).
5. Si el resultado es más de 0,46, entonces la predominancia será neta y diestra.
6. Si el resultado es entre 0,45 y 0,26, será lateralidad débil.
7. Si da como resultado entre 0 a 0,25, será neta y zurda.

Hoy, en una clase de Primaria, aproximadamente el 6 por ciento son zurdos (de esos, un 6,5 por ciento son niños, y el 3,5 por ciento, niñas); el 11 por ciento, ambidiestros (aunque la mayoría de estos son zurdos encubiertos) y el 83 por ciento, diestros. Con lateralidad cruzada, es decir, zurdos para algunos sentidos y para otros diestros: un 3 por ciento. Es este un dato creciente en los últimos años por razones aún no suficientemente estudiadas.

En aquellos mismos 1.600 alumnos y alumnas a los que

relacionamos con su hábito lector y el cociente intelectual, el índice de zurdos es:

Tabla 3

Índice de zurdos en 1.600 alumnos y alumnas.

	7 años	8 años	9 años	10 años	11 años	12 años
Niños	7,7	7	10	8,3	8	4
Niñas	5,5	2,1	4,4	3	2	2
Todos	6,6	5,2	8,3	6,4	5,2	4,7

Coincide también que, en el 50 por ciento de los niños zurdos, su padre, madre o algún abuelo o abuela es zurdo.

¿Qué relación hay entre ser zurdo y las dificultades para la lectura, si las hay?

Veamos esta relación, empezando por averiguar si los zurdos suelen tener estadísticamente más cociente intelectual o menos. Ya resolvimos esta curiosidad con los siguientes resultados sobre las 1.600 alumnas y alumnos:

Tabla 4

Cociente intelectual de zurdos y zurdas.

	72 a 89 de C.I.	90 a 110 de C.I.	Más de 110 de C.I.
Zurdos	12	66	22
Ambidiestros	12	68	20
Todos	10,9	63,4	25,7

Por lo que se concluye, entre otras cosas, que los zurdos no solo no son menos capaces intelectualmente, sino que son hasta un poco superiores. Lo que debería hacer pensar a la escuela, pues, aunque no es motivo de este libro, ya en otras publicaciones confirmamos que los zurdos obtenían peores resultados académicos porque para evaluarlos la escuela se centra solo en el hemisferio izquierdo del alumnado, cuando el predominante de los zurdos es el derecho, normalmente.

Es curioso también que los zurdos presenten mayor índice de repetición de curso o retraso en su itinerario escolar que los diestros. También muestran mayores dificultades al aprender a leer y escribir. Probablemente se debe a su forma de observar y grabar en secuencias las letras, las palabras y las oraciones de izquierda a derecha (propio del hemisferio izquierdo; téngase en cuenta que el hemisferio cerebral izquierdo gobierna la mano y medio cuerpo derecho y viceversa). A los zurdos les resulta una operación más compleja hacerlo así que a los diestros.

De hecho, las dificultades con los estudios que presenta un zurdo o zurda se reducen en su inmensa mayoría a dificultades con la lectura y la escritura.

El 22 por ciento de los niños, adolescentes y adultos diestros leen mal teniendo en cuenta la mayoría de los aspectos que componen la lectura: es decir, leen muy mal; y el 24 por ciento tienen problemas serios con la escritura: escriben muy mal. En el caso de los zurdos, el 37 por ciento leen muy mal y un 48 por ciento escriben muy mal.

Sin olvidar que el 23 por ciento de los zurdos son muy buenos lectores: leen muy bien, hay mayor número de buenos lectores entre estos que entre los netamente diestros.

En la tercera parte de este libro también aconsejaremos ejercicios específicos para asegurar la mejora de la lectura de los niños y niñas zurdos.

12

El esquema corporal, la intuición espacial y qué letra se lee mejor

A menudo no se ha tenido en cuenta la importancia que tiene en el lector o la lectora la propia conciencia de su esquema corporal para que aprenda sin muchos problemas, para que sea rápido o comprenda con eficacia.

Para organizar bien la lectura conforme se desplaza de izquierda a derecha sobre los renglones, ha de apoyarse en su esquema corporal.

El esquema corporal es la imagen que cada persona tiene de su cuerpo y que le sirve para orientarse en su movimiento (en la lectura: de izquierda a derecha e incluso de arriba abajo, sea zurdo o no), porque es como se escribe en la mayoría de las culturas del mundo.

En ese esquema corporal está, por ejemplo, lo que popularmente ya se conoce como el «margen de seguridad», según el cual cuando alguien viola ese espacio y se acerca demasiado a un niño o a un adulto este siente incomodidad, primero, y una sensación insoportable, después, que le hace retirarse o expulsar a la otra persona de alguna forma de ese margen que sus sentidos no toleran que se invada. Cuanto más sensible se sea, menos soportará esta violación.

Igual que este margen de seguridad, los seres humanos tenemos otras muchas dimensiones espaciales que nos incomodan si se perturban. Condicionan, de hecho, nuestra actitud ante determinados objetos y su posición. Hay quienes no toleran una distancia mínima junto a un perro desconocido o quienes no soportan esa distancia ante un precipicio o un balcón.

Todos podemos sentir esa incomodidad y perturbación más o menos seria en función de nuestra sensibilidad, por ejemplo, si cuando pasamos con un tren por una estación o una ciudad o edificio que esperábamos que estuviera a la izquierda y pasa a la derecha de nuestra ventana. Quizá simplemente porque el vagón tenía asientos montados al revés y nos encontrábamos distraídos. En ese momento todo nuestro cuerpo se descompone y se inquieta: no entiende cómo puede marchar en dirección contraria si todos los demás datos desde que se subió al tren dicen que van en el sentido correcto.

A los nueve años hay muchos niños que no tienen del todo formada la conciencia de su esquema corporal y no han experimentado aún que tienen un cuerpo entero: cerebro, piernas, manos, orejas, etc., dos mitades desiguales, conectadas y divididas. Que no tienen dos piernas igual de largas, ni dos manos, ni dos orejas exactamente iguales, ni dos testículos, en el caso de los niños.

Así, por ejemplo, cuando les pedimos doce veces a los niños y niñas de nueve y diez años de nuestra encuesta que se tocaran con una mano una oreja (derecha o izquierda cada vez, arbitrariamente) mediante una orden oral:

Niños y niñas no disléxicos
- Lo hicieron bien 11 o 12 veces el 68 por ciento de los niños y niñas no disléxicos,
- de 8 a 10 veces acertaron el 21 por ciento,
- y el 11 por ciento solo lo hizo bien de 1 a 7 veces.

Niños y niñas disléxicas
- 11 o 12 veces solo acertó el 33 por ciento,
- de 8 a 10 veces acertó el 32 por ciento,
- y el 35 por ciento acertó de 1 a 7 veces.

Lo que indica la dificultad que tienen quienes manifiestan dislexia a los diez años.

Pero cuando les pedimos que hicieran el mismo ejercicio ya no siguiendo una orden oral, sino esta vez escrita, los resultados en disléxicos fueron mucho peores.

Los niños y niñas sin dislexia
- 11 o 12 veces acertó el 90 por ciento,
- de 8 a 10 veces acertó el 10 por ciento,
- ninguno acertó menos de 8 veces.

Los niños y niñas con dislexia
- 11 o 12 veces acertó el 45 por ciento,
- de 8 a 10 veces acertó el 36 por ciento,
- y el 16 por ciento acertó menos de 8 veces.

Es decir, entre los niños y niñas con dislexia, de los que recibían bien la misma orden —pero ahora leída—, no lograban entenderla ni siquiera la mitad de ellos.

Existe una relación directa entre la facilidad y la eficacia lectora (velocidad, comprensión, rozamiento, etc.) y:

- la habilidad manual (psicomotricidad fina),
- la coordinación corporal (por ejemplo, al correr con armonía),
- el cuidado en la disposición del trabajo sobre una hoja en blanco,
- el hecho de no pasar por alto algunos cuadrados si se escribe en una hoja cuadriculada,
- la capacidad de escribir más o menos horizontalmente en un papel en blanco si se tiene más de doce años,
- el hecho de ser capaz de seguir con un lápiz el ritmo que se le propone,
- la capacidad de seguir el ritmo de tiempos largos y breves separados de silencios (por ejemplo, con un compás de dos tiempos o con un metrómeno en 92). O cuatro golpes breves seguidos de uno largo. O fórmulas rítmicas parecidas,
- la capacidad de distinguir pasado, presente y futuro en acciones concretas incluso ocurridas en el mismo día,
- el juego con estructuras de madera o plástico y con cajas, convirtiéndolas en su juego en coches, casas, edificios, etc.

Por eso, va muy bien para leer mejor ejercitar estas destrezas si no se tienen ya.

La evolución postural y la percepción por parte del niño o la niña influye en su experiencia desde los primeros días de vida extramaterna, y con ella construirá en los primeros meses su incipiente lenguaje oral.

Desde el tercer mes, el niño evolucionará rápidamente hasta los doce meses en su relación consigo mismo y con el entorno mediante su postura. A los tres meses entrenará su cuerpo, manos, cervical y simetría. A los seis meses se sentará. A los nueve se parará. A los doce caminará.

A los tres meses dominará la cabeza, lo que favorecerá la atención externa y permitirá que evolucione su orientación respecto a lo que oye y ve. Cualquier retraso en esta madurez postural o motriz dificultará sus conexiones con lo que le rodea y consigo mismo y obstaculizará su adquisición del lenguaje mediante la imitación de sílabas y palabras, primero, y la construcción de oraciones, después.

Un niño aprende a leer mejor si tiene una conciencia y un control mayores de su esquema corporal.

¿Qué letra se lee mejor?

La forma de la letra y su tamaño tiene que ver con la intuición espacial del lector y, en definitiva, con la facilidad o dificultad de la lectura de un texto.

Hay letras que cuesta menos leer, de esto saben mucho los editores, y otras que se leen más fácilmente o no en función de la forma de ser individual y de la experiencia al aprender, de la personalidad del lector o de los hábitos personales.

Entre las características que hacen que todos los lectores y lectoras puedan leer con más facilidad una letra están:

1. COLOR DE LA LETRA Y DEL FONDO

Nuestros ojos tienen una forma peculiar de procesar el color, y pueden darse muchas alteraciones en la percepción de este, con dificultades como el daltonismo. Con todo, la letra que para todos los casos mejor perciben los ojos y de forma más nítida y fácil es la negra en contraste, y cuanto mayor contraste, mejor: la letra más negra con el papel más blanco constituye la combinación más rápida, diferenciable y, por lo tanto, más fácil de interpretar. Cuanto más alejada del blanco esté la superficie, más difícil será leer la letra sobre esta. Así, por ejemplo, la letra negra sobre gris se leerá mejor cuanto más blanco tenga en su composición este gris, y peor se podrá leer cuanto más negro contenga.

No solo se debe al contraste, sino a que el negro de la letra es el foco donde se concentran los ojos al leer, mientras que el blanco de la superficie nos deriva al negro. Podría conseguirse el mismo contraste con una superficie negra con letras blancas, pero estas no se leerían igual de bien, porque el negro de la superficie no nos llevaría a la letra, y la letra no atraería en ese contraste tanto la focalización de nuestra vista.

En definitiva, no hay nada más fácil que leer letras muy negras en una superficie muy blanca, aunque otros aspectos influyen también, como veremos a continuación.

2. Sangrías o espacios doble entre párrafos

Hace muchos siglos se vio conveniente señalar de alguna forma en la escritura el cambio de idea cuando no existían aún los párrafos. Se inició entonces la costumbre de poner una marca cada vez que el autor empezaba una idea nueva. Aquellas primeras marcas se llamaron calderones. Con el paso del tiempo y la difusión de los escritos impresos, se fueron simplificando las marcas y separando las ideas para que se pudieran leer mejor y para seguir más eficazmente la lectura. De forma que, en nuestros días, aquellos primeros calderones han dado lugar a dos mecanismos:

- Dejar un espacio en blanco entre dos párrafos, de forma que se sepa que tras este espacio comienza una nueva idea.
- Dejar una sangría, un pequeño espacio al inicio de la línea en la que comienza esa idea.

Una de estas dos formas (si se emplean las dos, es solo por error) son las que hoy nos marcan el inicio de nuevas ideas.

Pues bien, entre estas dos opciones, se lee con mayor facilidad, más rendimiento lector y menor rozamiento la sangría. El espacio entre párrafos, muy útil para textos muy cortos, dificulta la lectura y su seguimiento en textos largos. Separar en exceso las ideas complica la retención y la conexión de estas, de manera que leer un texto largo con espacios blancos entre párrafos obliga al lector a hacer un sobreesfuerzo con sus ojos, la memoria y la comprensión, que tiene como consecuencia un rendimiento lector menor y un cansancio notablemente mayor al leer.

3. LA LETRA DE IMPRENTA

La letra de imprenta es una letra estándar en la que no hay que interpretar sus rasgos exclusivos, personales o caracterológicos ni la grafología de quien escribe. Por eso, se tiende a leer mejor una letra de imprenta o una imitación de ella, si cumple algunos de los requisitos que describimos, que una letra demasiado personal.

En cada cultura siempre hay una más habitual, que es la que la vista de todo lector o lectora reconoce con más facilidad por su hábito: en nuestra cultura occidental y en la actualidad sería la *TimesNewRoman* o la *Arial* por ejemplo. Pero en el pasado fueron otras: la escritura egipcia tuvo su forma y derivaciones hasta el siglo XVIII; la escritura cuneiforme estaba formada por diferentes combinaciones de un signo con figura de clavo o cuña; la escritura en la América de los aztecas y los mayas tenía también su propia forma jeroglífica e hierática; desde España se extendió la escritura derivada de la fenicia y griega arcaica junto a la romana, de la que se difundieron las cuatro formas: capital, inicial, minúscula y cursiva; después de los reinos visigodos españoles, en España se encontraba la letra francesa en Cataluña, y la árabe y la visigoda; en el siglo XII se impuso la francesa, que no ligaba jamás las letras y que destacaba por su gran proporcionalidad, finura y belleza; en el siglo XIII, la letra se contagia del estilo ojival del arte y aparecen jambas, se prolongan en curvas y adornos, más caprichosos que eficaces e incluso más que bellos: a esta letra los extranjeros llamaron gótica; también está la escritura alemana: la francesa hecha más angulosa y estrecha; la escritura redonda (o De Juros) es posterior y parecida a la actual de imprenta; la escritura itálica o bastardilla es utilizada sobre todo por los hombres de ciencia; la cortesana, muy ligada unas letras con otras, con finales que envuelven casi toda la palabra; procesal, empleada sobre todo en escritos públicos y con palabras muy unidas, difícil de leer y que solo se fue extinguiendo pasado el siglo XVIII, reemplazada por la bastardilla española.

Como vemos, cada época alimenta sus propias modas, y por eso cada cultura tiene su letra preferida y, en consecuencia, la más frecuente y fácil de leer. Al habituarse el lector a una letra determinada, se acostumbra a su equilibrio, tamaño, paralelismo, proporción, similitud, separación, trazado, grosor, etc., y es más rápido en leerla, en procesarla su cerebro y en comprenderla.

En la actualidad, a los niños y niñas en Infantil y primero de Educación Primaria a menudo les ofrecen libros con letra no propia de imprenta ni semejante a la que se encuentra en el resto de los contextos donde suelen leer: libros de su casa, rótulos por la calle. Se trata de una letra que simula la infantil, que liga absolutamente todas las letras de una misma palabra. Para eso precisamente sirve, para distinguir palabras, pero dificulta, y bastante, su lectura y el aprendizaje lector.

En realidad, un adulto nunca escribiría una palabra (salvo muy breves: algunos determinantes, preposiciones y conjunciones, por ejemplo) con todas sus letras ligadas, unidas. Es signo de inmadurez porque dificulta la escritura rápida y la lectura comprendiendo con rapidez la estructura de las palabras rápida. Lo normal es que se liguen unos fragmentos de la palabra y otros no, en función de la facilidad y de la forma de esta. Ligar todas exige un sobreesfuerzo de separación de letras, sílabas y discriminación.

4. TAMAÑO Y FORMA

El tamaño necesario está, como es lógico, en función de la óptima o no capacidad visual del lector, pero en términos generales podríamos decir que una letra que se lee más cómodamente es una letra grande sin ser enorme, lo que en lenguaje informático actual sería un cuerpo 12.

- Si es mucho mayor, dificulta la velocidad lectora y comprensiva.
- Si es menor, dificulta la discriminación de algunas combinaciones de letras y la concentración; por extensión,

también exige pararse y detener la velocidad y entorpece igualmente la comprensión y concentración.

Pero también influye la forma:

- Las palabras con letras de parecida anchura son más fáciles de leer. Es decir, es más sencillo leer: OSO, CASA, MONO, TODO que HILO, AJO, PILA, LILA.
- Es más fácil leer las más cercanas en contenido que las lejanas. Es decir, es más sencillo: MAMÁ y PAPÁ que CARBÓN y SERIO.
- Es más fácil leer las cortas que las largas. Es decir, es más sencillo SÍ, CON, VER que CONTRARIEDAD, SILENCIO, VERTIGINOSO.
- Es más fácil leer las que son distintas que las excesivamente iguales. Es decir, es más sencillo: TAMBIÉN, HABITACIÓN, que OLOROSO, MOMENTÁNEAMENTE.
- Es más fácil leer las que tienen combinaciones de sonidos simples. Es decir, es más sencillo: BALÓN que BAÑO, CONCIENCIA que CONSCIENCIA, INTUICIÓN que INSTRUCTIVO.
- Es más fácil leer las más las conocidas que las desconocidas. Así es más sencillo ENTRADA que ZAGUÁN.
- Es más fácil leer las que acaban igual que la siguiente. Es decir, es más sencilla la secuencia INFLUYEN EN ELLA que INFLUYEN POR OTRA.
- Es más fácil leer las que acaban en vocal y la siguiente empieza por vocal. Es decir, es más sencillo COMO UNA que COMO TANTO.
- Es más fácil leer las que llevan ritmo respecto a las que no. Es decir, mejor se lee: LENTA LUNA DE VERANO o

LENTO SOL DE YUCATÁN que LENTO ANOCHECER DE HOY o DÍJOLE UNA ESTUPIDEZ.
– Y además hay otras muchas formas que influyen en que una palabra, y por extensión una oración, un párrafo y un texto, sea más fácil de leer o no.

5. CON REMATE O SIN REMATE

Las letras de imprenta, ya sean impresas o en soporte digital (ordenadores, *smartphones*, tabletas, pantallas publicitarias, etc.), pueden estar hechas con remate (también llamadas «letras serifas», del inglés *serif*, o romanas y egipcias según la clasificación de Thibaudeau) o sin remate en sus líneas (también llamadas de paloseco o sans-serif, mezcla del francés *sans*, «sin», y del inglés).

Con remate, por ejemplo, serían:
TimesNewRoman: María, Garamond: María, o Georgia: María.

Sin remate:
Arial: María, Calibri: María o Verdana: María

Con remate: M a r í a

Sin remate: M a r í a

Todos los editores saben que las letras sin remate dan la sensación de mayor modernidad, vanguardia, menor clasicismo y menor seriedad, y que son más propias de la publicidad, pero leerlas cansa más por la falta de esos remates que enlazan una letra con otra; por ello, no se utilizan en textos muy lar-gos. Sin embargo, la letra con remate, más clásica, se puede leer mejor, pues se pasa de una letra a otra con más facilidad por la micro-continuidad que le proporciona precisamente el remate, y es por ello la empleada para editar libros en los que hay que leer página tras página con la mayor comodidad y facilidad posible.

13

Lo que se lee entra por los ojos

La lectura empieza por la información que absorben los ojos. Por lo tanto, cualquier defecto en esta percepción o cualquier mal hábito afecta a la lectura. Cómo se mueven los ojos influye en la lectura, así como en la forma de escribir y dibujar y al rendimiento escolar.

Según el estudio de la psicóloga Pilar Martín Lobo y las evaluaciones llevadas a cabo para el programa ADI (Ayuda al Desarrollo de la Inteligencia) que tuve la afortunada oportunidad de poner en práctica en colaboración con ella, el 99 por ciento de niños y niñas con dificultades de lectura tiene también dificultades en su motricidad ocular.

El movimiento adecuado de los ojos debe ser suave, regular, simétrico, es decir, de ambos ojos a la vez, sin saltos, sin movimientos de cabeza, sin lagrimeos ni parpadeo.

Al leer, los ojos captan fragmentos de una forma completa. Como si percibiéramos un fragmento de un cuadro grande o de un mural. Así, captan un fragmento de una oración, un párrafo y un texto. Es decir, un fragmento de la información. Perciben las formas: líneas con curvas que componen letras de palabras y otros signos, y las transmiten al córtex cerebral para su procesamiento.

Hemos acostumbrado a nuestro cerebro a identificar esas formas y fragmentos con palabras enteras y un sonido y un significado. Si no llega bien ese fragmento, puede dar lugar a errores y provocar confusiones, por ejemplo, la palabra «pera» con «perra», «las» con «la», «mí» con «mi», etc. Ahí radica la dificultad de la lectura de quienes no perciben adecuadamente estas formas y fragmentos de las letras, lo que llamamos dislexia.

Por eso necesitamos que nuestros ojos funcionen bien: motrizmente (que no tengan defectos en su funcionamiento, es decir, que vean bien) y funcionalmente (que funcionen bien en todo momento).

Los lectores que leen bien mueven sus ojos con suavidad, y aunque parezca paradójico, los mueven lentamente al leer: los desplazan despacio y así se disminuye el cansancio.

Los mejores lectores mueven regularmente sus ojos, es decir, no dan ni saltos, ni parpadean al leer una línea, ni acompañan el movimiento de sus ojos sobre la línea con el desplazamiento también de toda la cabeza; captan un mayor fragmento de información en cada golpe de vista.

Los lectores rápidos leen y van recordando el sonido de las palabras al mismo tiempo.

Los lectores lentos solo leen visualmente y no evocan en su cerebro el sonido de lo que leen; captan un fragmento de información menor, se paran más en cada golpe de vista, mueven los ojos de modo irregular, tienen que regresar sobre algunos fragmentos que perciben y mueven la cabeza al mover los ojos.

Leer es una operación que exige, como hemos menciona-do, once componentes, pero ver conlleva, a su vez, un con-junto de habilidades diferentes:

1. *Visión periférica*: habilidad para ver lo que hay alre-dedor de aquello en lo que se fija el foco.
2. *Movimientos sacádicos*: habilidad para mover los ojos rápida y eficazmente, de forma que pasemos de fijar la vista en un foco a fijarla en otro.
3. *Profundidad*: habilidad para calcular la distancia en-tre objetos y poder percibir algo en tres dimensiones.
4. *Flexibilidad*: habilidad para variar de enfoque de lejos a cerca y viceversa, sin ver borroso.
5. *Binocularidad*: habilidad para utilizar los dos ojos al mismo tiempo y de igual forma.
6. *Seguimiento*: habilidad para seguir algo en movimien-to.
7. *Agudeza de lejos*: habilidad para ver nítidamente ob-jetos a más de cuatro metros.
8. *Agudeza de cerca*: habilidad para ver nítidamente ob-jetos a la distancia máxima que alcanza nuestro brazo.
9. *Amplitud de la atención*: habilidad para realizar otras actividades al tiempo, o simultanear la vista con otras destrezas.
10. *Almacenamiento*: habilidad de retener en la memoria imágenes mentales por si son requeridas por el cere-bro en el futuro.

Cualquier deficiencia en algunas de estas habilidades con-lleva una dificultad visual y una lectura y una escritura defec-tuosas, así como una merma en el rendimiento de la tarea que se haga y para la que se lea.

Como defendió Arnold Gesell, la visión está relacionada con la inteligencia, la coordinación, la personalidad y con la totalidad de lo que realiza un niño o niña. Es el proceso fundamental desde el que opera toda su capacidad intelectual. Así lo demostraron también las investigaciones de Skeffington y de Harmon, que dijo: «La visión es el piloto del sistema de acción del organismo», o más recientemente Smith, que afirmó: «El desarrollo del niño depende del grado de control que la visión ejerce sobre sus actividades».

Es muy común que no mover bien los ojos tenga consecuencias como dolor de cabeza, bajo rendimiento, cansancio, disgusto ante el hecho de la lectura o del estudio. Por eso, entrenar a los ojos a ver mejor es muy aconsejable para remediarlo.

Por todo ello, como parte del entrenamiento para leer mejor, deberíamos incorporar ejercicios que nos ayudasen a enseñar a mover mejor los ojos, a coordinar más eficaz y fácilmente sus seis músculos. Porque a mayor agilidad y habilidad ocular, más sencillas resultarán actividades como la lectura, el trabajo ante un ordenador o el estudio.

¿A qué distancia leer?

Cada uno tiene su distancia ideal, pero para saber si es correcta o no para leer, podemos seguir el canon o *distancia de Harmon*, que se calcula de la siguiente manera:

Medir la distancia entre el codo y el dedo pulgar e índice haciendo pinza:

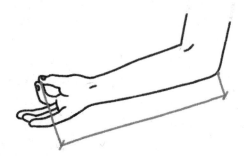

La distancia que hay desde el dedo pulgar haciendo pinza con el índice hasta el codo es la distancia ideal que debe haber entre el libro y el ojo para leer.

Por lo tanto, es muy sencillo saber si estamos leyendo a la distancia correcta o no. Si a la misma distancia que hay entre nuestro codo y la pinza de los dedos no leemos con comodidad, es que tenemos dificultades en la agudeza visual, en la acomodación o en la convergencia de los dos ojos. Si es así, es lógico que nos cansemos, que nos cueste leer un tiempo largo y que nuestro rendimiento baje.

Acomodar los ojos

Los ojos tienen la capacidad de acomodarse y de enfocar objetos que se encuentran a distancias diferentes, y esta capacidad está relacionada con la buena lectura.

Es una cuestión de la flexibilidad del cristalino para cambiar de forma junto a la potencia del músculo ciliar; en operación conjunta, ambos hacen posible esta acomodación.

Si nos tapamos un ojo con una mano y miramos con el otro ojo la punta de un bolígrafo, mientras la acercamos poco a poco al ojo, comprobaremos en qué momento nuestro ojo

deja de verlo con nitidez, lo que ocurrirá entre 5 y 10 centímetros.

Si no es así, quizá haya una mala acomodación de los ojos
y, en tal caso, es frecuente que quien la sufre se queje de:

- Cansancio.
- Visión borrosa de cerca o lejos.
- Hipersensibilidad a la luz.
- Somnolencia.
- Lagrimeo.
- La necesidad de alejarse o acercarse mucho al papel
  al leer.
- Y mala comprensión.

De forma que

- La acomodación sea insuficiente y el niño o la niña se
  aleje en exceso del papel que tiene que leer.
- La acomodación sea excesiva y por ello se pegue demasiado al papel.
- La acomodación no sea flexible y se vea mal de lejos
  cuando se lleva un rato leyendo.
- La acomodación esté mal sostenida y, en tal caso, conforme va leyendo se va acercando al texto, pero progre-
  sivamente, no desde el principio.
- Hay disparidad en la acomodación y por eso el niño o
  la niña tuerce la cabeza para enfocar mejor con un ojo
  que con el otro.

Ejercicios para obtener mayor habilidad con los ojos

De dos a cuatro años

1. Hacer que se ponga delante de un teclado de ordenador y que vaya tocando todas las teclas desde la izquierda arriba hasta la derecha abajo. Ahora, que toque las teclas de su nombre. Por último, que toque las diez teclas que se le dicten.
2. Darle un lápiz para que lo agarre con la mano y pedirle que mire la punta. Debe seguir la punta mientras él mismo mueve el lápiz haciendo círculos lo más grandes que pueda a izquierda y derecha.
3. Pedirle que mire al techo, luego a la pared de la derecha, al suelo, a la pared de la izquierda y al techo de nuevo, de modo que sin mover el cuerpo ni la cabeza dibuje con los ojos un círculo grande de derecha a izquierda.
4. Pedirle que haga ahora lo mismo desde izquierda a derecha.
5. Hacerle mirar al techo, parpadear y al abrir de nuevo los ojos contar un segundo. Hacerle mirar al suelo, parpadear y al abrir los ojos contar dos segundos. Hacerle mirar ahora a la pared de la izquierda, parpadear y al abrir los ojos contar tres segundos. Hacerle mirar por último a la pared de la derecha, parpadear y al abrir los ojos contar mirando a la pared cuatro segundos.
6. Pedirle que siga sin brusquedad y sin mover el cuerpo, la luz de una linterna que se mueve suavemente en horizontal y vertical a medio metro.

Desde cuatro años en adelante

1. Escribir en doce pósits los doce primeros números. Pegarlos en una pared como si fuera un reloj grande: el 12 más arriba y en vertical; más abajo, aproximadamente a 1 metro o 1,25 metros, colocar el 6; a la izquierda el 9 y a la misma distancia (1-1,25 metros) a la derecha el 3, y así ir colocando el resto de las horas. Después pedirle al niño o niña que se sitúe delante de este gran reloj, a medio metro de distancia, y que sin mover el cuerpo, y si es posible sin mover la cabeza incluso, mire el 12 y que salte al mirar el 6, 4 veces seguidas. Después que haga lo mismo del 9 al 3, otras 4 veces seguidas. A continuación, del 8 al 2, 4 veces. Seguidamente del 10 al 4, otras 4 veces. Al terminar, que siga los números en el orden en que se mueven las agujas del reloj —hacia la derecha— desde el 12 hasta el 12 de nuevo, y que lo haga dos veces seguidas. Después de nuevo, pero de izquierda a derecha, en sentido contrario al de las agujas del reloj, también dos vueltas seguidas. Por último, decirle que busque un número que se le diga con los ojos y salte a otro número que se le diga, hasta seis números en total.
2. Seguir con el dedo un laberinto.
3. Seguir solo con los ojos un laberinto, sin ayuda del dedo.
4. Seguir con los ojos una espiral.
5. Seguir con los ojos un zigzag, por ejemplo dibujado en una pantalla de ordenador, en un folio o en una superficie lo más amplia posible.
6. Dibujar con los ojos un ocho tan grande como se pueda.
7. Hacer que se ponga delante de un teclado de ordena-

dor y vaya tocando todas las teclas desde la izquierda arriba hasta la derecha abajo. Ahora que toque las teclas de su nombre y primer apellido. Por último, que toque las diez teclas que se le dicten.

8. Darle un lápiz para que lo agarre con su mano y pedirle que mire la punta. Debe seguir la punta mientras él mismo mueve el lápiz haciendo círculos lo más grandes que pueda a izquierda y derecha.

9. Pedirle que mire al techo, luego a la pared de la derecha, al suelo, a la pared de la izquierda y al techo de nuevo, de modo que con los ojos y sin mover el cuerpo ni la cabeza dibuje un círculo grande de derecha a izquierda.

10. Pedirle que haga ahora lo mismo desde izquierda a derecha.

11. Hacerle mirar al techo, parpadear y al abrir de nuevo los ojos contar un segundo. Hacerle mirar al suelo, parpadear y al abrir los ojos contar dos segundos. Hacerle mirar ahora a la pared de la izquierda, parpadear y al abrir los ojos contar tres segundos. Hacerle mirar por último a la pared de la derecha, parpadear y al abrir los ojos contar mirando a la pared cuatro segundos.

12. Pedirle que siga sin brusquedad y sin mover el cuerpo la luz de una linterna que se mueve a medio metro suavemente en horizontal y vertical.

13. Escribir en un folio o en el ordenador el abecedario con las letras en un tamaño aproximado de dos centímetros. Colocarse enfrente. Ir leyendo las letras al tiempo que se da un corto paso hacia atrás, así hasta distanciarse, si se puede, y que ya no se distingan con claridad las letras o en cualquier caso hasta llegar a unos cuatro metros.

14. Dejarle al niño o niña una hoja escrita con letra de imprenta y pedirle que la coja con las manos y vaya leyéndola en voz alta. Mientras lo hace, debe ir acercándosela a los ojos hasta llegar a unos 25 centímetros (una cuarta aproximadamente) y después, mientras sigue leyendo, ir separándosela hasta lo más lejos que pueda con los brazos. Repetir este ejercicio completo dos veces seguidas.

15. Escribir en un folio una línea con letras en un tamaño 14 y la siguiente línea en un tamaño 30; una tercera línea de nuevo en 14 y la última, en 30. Pedirle al niño o niña que lea las cuatro líneas.

16. Colocar en el ordenador un texto de unas cuatro líneas con letra 60 y leer rápidamente la primera palabra y la última de cada línea. Al terminar con la tercera, leer rápidamente ahora desde la tercera hasta la primera línea la última palabra primero y la primera después de cada línea.

17. Coger un libro o revista y en un párrafo con un lápiz redondear, convirtiendo en O cada C que encuentre.

18. Pegar un pósit en la ventana y poner al niño frente a este a medio metro, aproximadamente. Pedirle que lo mire y después que mire lo que se ve por la ventana. Cuatro veces seguidas.

19. Poner un objeto delante del niño a unos 35 centíme-

tros y que lo mire y que mire después por encima del objeto a algo que esté al fondo de la habitación, y de nuevo al objeto. Así cuatro veces seguidas con objetos del fondo de la habitación en cada una de las veces.

¿Qué se puede hacer para que desde pequeños desarrollen la visión lectora adecuada?

Al nacer

– Darle de comer cogiéndolo unos días con el brazo izquierdo y otros con el derecho.
– Ponerlo sobre el suelo, sobre una manta o alfombra si se prefiere, para propiciar que se arrastre.
– Cambiar de vez en cuando la cuna de sitio o al menos la posición al acostar el bebé en ella.
– Colocar la cuna, de ser posible, en medio de la habitación, mejor que en un rincón.
– Colgarle objetos con sonido o al menos con colores que le atraigan a unos 40 centímetros y cambiarlos de posición de vez en cuando. Los bebés prefieren colores fríos (por ejemplo, azul claro) a colores cálidos. A partir de los tres meses el bebé empieza a ver todos los colores.

Desde los tres-cuatro meses

– Poner a su disposición objetos que pueda coger y llevarse a la boca sin peligro.
– Poner a su disposición muñecos de distintos tamaños, formas y colores.

- Mover un sonajero agitándolo en diferentes direcciones para que lo siga.
- Hacer rodar una pelota que vaya hacia a él o ella y que otras veces que pase delante de él o ella.
- Meter un objeto dentro de otro delante de él o ella.
- Darle objetos que pueda tirar desde la trona al suelo y comprobar cómo caen.
- Ofrecerle objetos que hagan ruidos.
- Enseñarle el ruido que hace un objeto contra otro.
- Al bañarlo, poner a su alrededor objetos que floten.

Desde los dos años

- Poner a su alcance puzles de cubos enseñándole cómo se forman.
- Proporcionarle objetos que se parezcan mucho, y que tengan mínimas diferencias de tamaño, para que pueda observarlos y manipularlos.
- Poner a su alcance una cuerda de unos 25 centímetros en la que pueda meter las anillas de una cortina, por ejemplo.
- Darle una pelota de trapo o plástico para que juegue con ella a tirarla contra algunos objetos como si fueran bolos.
- Ponerle delante cartas con objetos repetidos (Memory) para que se fije en que algunos se repiten y otros no. Por ejemplo, ponerle delante cinco cartas en una fila y en una segunda fila otras cinco, entre las que haya solo tres parejas.
- Meter objetos en una caja.

Desde los tres años

- Proporcionarle bloques de madera o plástico para que juegue con ellos a lo que quiera.
- Jugar con lápices y papel.
- Puzles.
- Juegos de construcciones.
- Juegos musicales.
- Juegos de memoria para comparar elementos y encontrar los semejantes.
- Coches, trenes y aviones.
- Colorear libros.
- Buscar un número en una cuenta.
- Buscar una determinada vocal o consonante en un párrafo.
- Decirle dónde se le ha escondido un objeto para que vaya a encontrarlo.
- Enseñarle una foto y pedirle que señale un detalle. Por ejemplo, un caballo, unas gafas, una nariz, un color, una forma triangular (si ya ha aprendido cómo son), etc.
- Buscar diferencias.
- Unir puntos para hacer un dibujo.
- Copiar un dibujo.
- Colorear un dibujo sin salirse de la línea.
- Mirar de lejos y pedirle que parpadee varias veces.
- Cerrar los ojos con fuerza y mantenerlos así cuatro segundos.

14

Dos ojos mejor que uno

Cuando vemos, cada uno de los ojos tiene una imagen distinta, de forma que, al percibir algo, realmente vemos dos imágenes diferentes, una de cada ojo.

Comprobémoslo con un sencillo experimento. Cerremos el ojo izquierdo y a unos 15 centímetros coloquemos un dedo, y tras él, a otros 15 centímetros, otro dedo de la otra mano, de forma que el primero tape la visión del segundo. Estamos mirando solo con el ojo derecho, porque el izquierdo permanece cerrado, y solo vemos un dedo, el otro está oculto. Cuando abramos el ojo izquierdo y veamos con los dos, percibiremos los dos dedos, sin necesidad de moverlos.

No es que lo que un ojo ve se superponga sobre lo que el otro ve, sino que ambos se juntan y, con su diferencia, nos permiten percibir en relieve, en profundidad. Se necesitan los dos ojos para poder ver en profundidad, y los niños y niñas que presentan problemas para ello muestran también mayor torpeza, ineficacia, lentitud, indecisión, dificultad lectora y menor rendimiento escolar.

Vemos con cada ojo de una forma diferente, pero el mismo objeto. Cuando leemos, nuestros ojos, de modo involuntario, deben converger ambos en el punto que se lee de una manera conjunta y acertada. Cuando esto no ocurre o no ocurre del todo, aparece la visión doble o la necesidad de guiñar o tapar un ojo; se pierde comprensión y aumentan las molestias al leer. Puede suceder si no convergen bien los dos ojos en una imagen, bien porque converjan escasamente o demasiado.

Una señal de mala convergencia de los dos ojos se da cuando a un alumno o alumna le cuesta pasar del enfoque de su cuaderno (cerca) a la pizarra o al profesor o profesora (lejos), así como con la hipersensibilidad a la luz. Estos y otros efectos se agravan en quienes tienen además dislexia.

Para saber si nuestra convergencia es adecuada, podemos coger un bolígrafo y ponerlo frente a nosotros, en una posición lo más centrada posible entre los dos ojos y todo lo apartado que permita la longitud del brazo. Si miramos la punta del bolígrafo y lo vamos acercando poco a poco a los ojos, en un momento determinado comenzará a verse borroso o mal o bien a verse doble; si esto ocurre a los 6-10 centímetros, entonces la convergencia es buena; si ocurre antes de llegar a 10 centímetros de distancia entre el bolígrafo y los ojos, la convergencia es insuficiente y defectuosa; si se ve mal más cerca de 6 centímetros de los ojos, la convergencia es excesiva y también defectuosa, y en ambos casos es lógico que nos cansemos mucho al leer y que comprendamos mal.

Hoy sabemos que la acomodación, de la que hemos hablado en el capítulo anterior, y la convergencia, en este, no dependen en realidad de la imagen que obtiene nuestra retina, sino de los músculos, y por eso debemos ejercitarlos: de ahí los ejercicios que proponemos en este libro. Porque detrás de una buena lectura está un buen movimiento de los ojos, una buena acomodación y una buena convergencia de los dos ojos.

Ejercicios para juntar en un mismo punto los dos ojos y leer con menos esfuerzo y mejor

Desde los cuatro años

1. Recortar un círculo de unos 5 centímetros de diámetro en un folio o cartulina. Puede colorearse si quiere hacerse más llamativo, aunque no es necesario. Haga un agujero en el centro, por el que deberá pasar aproximadamente un metro de hilo, de lana o cuerda, lo que se tenga más a mano: cumplirá exactamente la misma función. Introduzca el hilo por el agujero central del círculo de papel. El niño o la niña deberá poner un extremo del hilo sobre su nariz, mientras un adulto (u otro niño o niña) se pone el otro extremo sobre la suya y va moviendo lentamente el círculo de papel o cartulina desde el medio de la cuerda hasta su nariz y luego lo acerca también despacio desde su nariz hasta llegar a 15 centímetros, aproximadamente, del niño o niña que pretende ejercitarse, y vuelta hasta la nariz del adulto.

2. Coger un lápiz o bolígrafo y ponerlo a unos 60 centímetros del niño o niña, que lo percibe con los dos ojos. Acercarle el lápiz suave y lentamente hasta llegar a unos 15 centímetros de sus ojos.

3. Pedirle al niño que coja dos bolígrafos o lápices, uno con cada mano, y que se ponga uno a 30 centímetros aproximadamente de sus ojos y otro a unos 45 centímetros. Pedirle que mire primero el primer lápiz o bolígrafo y que cuente hasta cinco en voz alta. Pedirle que, al llegar a cinco, mire el segundo bolígrafo o lápiz y que vuelva a contar en alto hasta cinco. Al terminar, hacerlo de nuevo con el primero y, por último, de nuevo con el segundo.

4. Pedir al niño o niña que mire a lo lejos. Decirle que vais a poner un dedo en el camino de su vista, pero que siga mirando a lo lejos. Ponerle un dedo a unos 30 centímetros de sus ojos. Pedirle que permanezca mirando a lo lejos pese al dedo interpuesto, y que ahora pase a mirar con los dos ojos el dedo y que cuente en voz alta hasta seis.

15

La retención de lo que se lee

Hoy sabemos que la memoria al leer opera en dos profundidades:

1. Junto a la memoria que almacena los grandes elementos de lo que vamos leyendo, que es más duradera.
2. Cuando se lee también se emplea una memoria («icónica») de pequeños elementos, poca duración, breve, operativa y superficial.

La primera sería la memoria de lo que se ha grabado: es como si, al leer, con cada párrafo o secuencia que nos impresiona le diéramos en nuestro cerebro a la pestaña «Guardar como» para retenerlo más tiempo. Por el contrario, la segunda memoria, la icónica, graba solo signos momentáneos, los necesarios para ir entendiendo la frase cuando ya hemos leído la mitad y hemos de retenerla para seguir comprendiendo lo que queda y relacionarla con la frase anterior. Esta segunda memoria sería equivalente a escribir con el ordenador, cuando se va quedando grabado lo escrito en la pantalla, pero si no le damos a «Guardar como», lo escrito solo permanecerá mientras tengamos abierto el ordenador y en funcionamiento. Al cerrarlo se irá.

Cada vez que damos un salto con los ojos sobre una línea o renglón, cada vez por lo tanto que fijamos la vista en una porción de línea, esta memoria breve –que tiene una vida de 0,5 a 1 segundo– mantiene unidas las palabras que se leen y une lo leído en un golpe de vista con lo que sigue. Nos permite ir poco a poco leyendo sin perder el hilo en la misma línea para poder comprender lo que quiere decir una oración.

Por eso, si se está distraído o poco concentrado en la lectura, la memoria permanente está anestesiada y solo está en acción la memoria icónica, la breve, y por eso leemos una oración y la comprendemos, pero nos parece suelta en el vacío, no sabemos muy bien dónde engarzarla, sabemos lo que dice pero no si está diciendo algo importante.

¿Qué tipo de ejercicios convienen a la memoria?

Todos los ejercicios que se hagan en el ámbito de la memoria, juegos por ejemplo, ayudarán a recordar esta unión de las palabras y la conexión de las líneas; sin embargo, harían falta ejercicios no de memoria, sino de concentración, para lograr aprovechar la lectura y retener lo que en ella se lee de una forma significativa para nuestra vida, permanente.

Pueden encontrarse ejercicios para fortalecer la memoria, por un lado, y para fortalecer la concentración, por otro, en el anexo de ejercicios del libro *Nuestra mente maravillosa*, Premio de Hoy 2013. En ese anexo hay listas de ejercicios y juegos para todas las edades, entre los que los interesados pueden escoger solo los que más les gusten o los apropiados según la edad y circunstancias de cada uno y cada una. Hacer distintos ejercicios o uno mismo repetido tiene el mismo efecto, dado que la memoria y la concentración son como dos «músculos intelectuales» que necesitan ser ejercitados, y da igual la repetición del ejercicio si mueve cada músculo.

Así, conviene realizar cualquiera de los ejercicios recogidos en las citadas páginas o los que puedan encontrarse en la red o en libros específicos de ejercicios sobre memoria y sobre concentración, que han de ser de distintos tipos para ser fiables, porque, como hemos visto, necesitamos que unos ejerciten la memoria icónica y otros la concentración para que pueda fortalecerse la memoria que hace permanecer en nosotros lo leído a través de esta concentración.

16

¿Qué opinan los docentes de la lectura de sus alumnas y alumnos?

Los maestros y maestras de Educación Infantil y de primero a tercero de Educación Primaria son los profesionales docentes que más conviven con la forma de leer de sus alumnos y alumnas, con su aprendizaje lector y con su primera evolución.

¿Cuántos de sus alumnos y alumnas presentan dificultades y por qué creen ellos que las presentan?

Quisimos preguntarle por ello a 288 docentes (que impartían clases a un total de 6.687 alumnas y alumnos, no todos diferentes) de primero a tercero de Primaria (cuando ya se supone que saben leer), pero también de quinto y sexto (que debían haber aprendido, sin duda) y tercero y cuarto de ESO (donde se constatan las consecuencias de haber aprendido o no), matriculados en el Principado de Asturias, País Vasco, Aragón, Comunidad Valenciana, Madrid y Andalucía (106 hombres y 122 mujeres). Las conclusiones fueron muy interesantes.

Se les preguntó:

1. ¿Cuántos niños y niñas a los que atiende en clase como profesor o profesora, es decir, bajo su responsabilidad en el aprendizaje de la lectura, presentan dificultades al aprender a leer?
    Curiosamente, antes de hacer la primera encuesta, nos encontramos que una profesora preguntó: «Pero ¿aprender a leer o aprender a leer bien?». Sin duda, una pregunta muy elocuente —inesperada— que se incorporó por ello a las encuestas.
2. ¿Cuál es su predicción de futuro respecto a esas dificultades presentes?
3. ¿Cuál es la causa que atribuye a las dificultades?

El resultado fue:

Tabla 5

Resultados a la pregunta a docentes de primero a tercero de Primaria a la pregunta: «¿Cuántas niñas y niños a los que atiende en clase como profesor o profesora, es decir, bajo su responsabilidad en el aprendizaje de la lectura, presentan dificultades al aprender a leer y cuál es su predicción de futuro?».

DIFICULTAD	1.º niñas	1.º niños	2.º niñas	2.º niños	3.º niñas	3.º niños	Media niñas	Media niños	Media total
¿Cuántos no han aprendido aún?	9%	16%	6%	8%	2%	3%	6%	9%	7,5%
¿Cuántos han aprendido a leer ya, pero no bien aún?	65%	66%	70%	77%	85%	86%	73%	76%	74,5%
¿Cuántos han aprendido a leer bien ya para su curso?	26%	18%	24%	15%	13%	11%	21%	15%	18%

¿Cuántos pueden aprender a leer mejor aún?	100%	100%	100%	100%	100%	94%	96%	%	%
PREDICCIÓN									
Predicción de dificultades futuras a corto plazo	69%	81%	74%	82%	83%	87%	75%	83%	79%
Predicción de dificultades aún a medio plazo	9%	17%	7%	8%	3%	5%	6%	10%	8%
Predicción de no tener problemas en la lectura en el futuro	22%	2%	19%	10%	14%	8%	18%	7%	12,5%
CAUSAS									
Falta de destreza intelectual en general o idiomática*	1%	2%	1%	3%	2%	3%	1%	3%	2%
Distracción, pereza, o poco interés	2%	3%	2%	4%	4%	6%	3%	4%	3.5%
«Porque sí», es decir, por otras razones que se desconocen	97%	95%	97%	93%	94%	91%	96%	93%	94,5%

* A todo el alumnado se le hizo la encuesta en su idioma vernáculo. Se refiere aquí a desconocimiento del propio idioma materno.

Entre otras muchas conclusiones, puede extraerse que:

a) Cada curso que pasa son más los niños y niñas que saben leer, pero menos los que saben leer bien.

b) Se enseñan solo algunos aspectos de la lectura, como la pronunciación de palabras, por ejemplo; pero no la mayoría de ellos, como la entonación, la expresión, evitar obstáculos, evitar rozamientos, etc.

c) Todos los alumnos pueden aprender a leer mejor, incluso los de tercero de Primaria: una conclusión verdaderamente interesante.

d) Las niñas leen mejor hasta tercero de Primaria que los niños.

e) Los niños pierden más interés que las niñas con cada curso que pasa.

Parecía interesante saber qué ocurría si se les preguntaba lo mismo a docentes de alumnado de edades mayores, como los profesores de quinto y sexto de Educación Primaria, con los que se obtuvo el siguiente resultado:

Tabla 6

Resultados a la pregunta a docentes de quinto y sexto de Primaria a la pregunta: «¿Cuántas niñas y niños a los que atiende en clase como profesor o profesora, es decir, bajo su responsabilidad en el aprendizaje de la lectura, presentan dificultades al aprender a leer y cuál es su predicción de futuro?».

DIFICULTAD	5.º niñas	5.º niños	6.º niñas	6.º niños	Media niñas	Media niños	Media total
¿Cuántos no han aprendido aún?	0%	0%	0%	0%	0%	0%	0%
¿Cuántos han aprendido a leer ya, pero no bien aún?	10%	16%	4%	5%	7%	10,5%	9%
¿Cuántos han aprendido a leer bien ya para su curso?	90%	84%	96%	95%	93%	89,5%	91%
¿Cuántos pueden aprender a leer mejor aún?	60%	73%	57%	71%	58,5%	72%	65%

PREDICCIÓN							
Predicción de dificultades futuras a corto plazo	10%	16%	4%	6%	7%	11%	9%
Predicción de dificultades a medio plazo	9%	17%	5%	8%	7%	12,5%	10%
Predicción de no tener problemas en la lectura en el futuro	81%	67%	91%	86%	86%	76,5%	81%
CAUSAS							
Falta de destreza intelectual en general o idiomática	1%	2%	2%	3%	1,5%	2,5%	2%
Distracción, pereza, o poco interés	3%	7%	4%	9%	3,5%	8%	6%
«Porque sí» u otras razones que se desconocen	96%	91%	94%	88%	95%	89,5%	92%

De lo que podemos concluir, entre otras cuestiones, que:

a) Los docentes de quinto y sexto de Primaria consideran que un 91 por ciento de las chicas y chicos «leen bien»; solo un 9 por ciento «leen aún mal». Sin embargo, consideran que el 65 por ciento «pueden aprender a leer mejor». Es como si dijeran: leen bien, pero no del todo bien.

b) El profesorado confía más en que las niñas solucionarán a medio plazo sus dificultades antes que los niños.

c) Los niños presentan menos interés que las niñas en la lectura.

Y, por último, hicimos lo mismo en tercero y cuarto de Educación Secundaria:

Tabla 7

Resultados a la pregunta a docentes de tercero y cuarto de Secundaria Obligatoria a la pregunta: «¿Cuántas niñas y niños a los que atiende en clase como profesor o profesora, es decir, bajo su responsabilidad en el aprendizaje de la lectura, presentan dificultades al aprender a leer y cuál es su predicción de futuro?».

DIFICULTAD	3.º chicas	3.º chicos	4.º chicas	4.º chicos	Media chicas	Media chicos	Media total
¿Cuántos no han aprendido aún?	0%	0%	0%	0%	0%	0%	0%
¿Cuántos han aprendido a leer ya, pero no bien aún para su curso?	52%	64%	61%	68%	56,5%	66%	61%
¿Cuántos han aprendido a leer bien para su curso?	48%	36%	39%	32%	43,5%	34%	39%
¿Cuántos pueden aprender a leer mejor aún?	82%	86%	81%	83%	81,5%	84,5%	83%
PREDICCIÓN							
Predicción de dificultades futuras a corto plazo	10%	14%	12%	17%	11%	15,5%	13%
Predicción de dificultades a medio plazo	9%	14%	12%	17%	10,5%	15,5%	13%
CAUSAS							
Falta de destreza intelectual en general o idiomática	3%	5%	5%	8%	4%	6.5%	5%
Distracción, pereza, o poco interés	7%	11%	9%	13%	8%	12%	10%
Por otras razones que se desconocen	90%	84%	86%	79%	88%	81,5%	85%

Entre otras, pueden sacarse cinco notables conclusiones:

a) Como ocurría también a finales de Primaria, el profesorado de Secundaria opina que 39 por ciento «leen bien»; sin embargo, los mismos profesores y profesoras creen que el 83 por ciento deberían «leer mejor». ¿No tendrían que haber aprendido a su edad a leer bien ya y punto?

b) Los niños evolucionan más que las chicas en la calidad lectora de sexto de Primaria a tercero de ESO, equiparándose a estas y disminuyendo la diferencia entre géneros que había en Primaria.

c) El profesorado de Secundaria tiene un concepto más exigente de lo que es leer bien, o puede que el alumnado pierda su calidad lectora al avanzar en su itinerario académico: las chicas y chicos que en sexto de Primaria leían bien eran el 91 por ciento, y en tercero de ESO, tres años después, estos solo alcanzan el 42 por ciento, ¿un 49 por ciento menos en solo tres años? Al parecer, pierden la calidad lectora, o al menos así se percibe por el profesorado.

d) No se espera que mejore la lectura de chicos ni de chicas de corto a medio plazo en Secundaria.

e) Conforme se superan los cursos de Secundaria, el profesorado encuentra mayor número de alumnado con dificultades en la destreza intelectual e idiomática.

Hemos visto lo que opinan los docentes, que son los que comprueban cada día el nivel de lectura de su alumnado, pero sepamos a continuación, en el siguiente capítulo, cuál es la realidad del alumnado con independencia de la percepción del profesorado.

A mi hija María, profesora de segundo de ESO, le pregunté por curiosidad: «¿Cuántos de tus alumnos saben leer bien?». Y me contestó, muy oportunamente: «¿A qué te refieres: a cuántos pronuncian bien al leer, cuántos leen las comas y las pausas o a cuántos les gusta leer?».

Este es el problema: no hemos enseñado a leer instruyendo acerca de todo lo que conforma una lectura, y que la mayoría de los lectores conciben como acciones diferentes que deberían darse unidas, y por eso leemos tan mal, porque no hemos aprendido a hacerlo todo a la vez.

17

¿Cuánto y cómo leen los niños, adolescentes y adultos hoy?

En el año 2000, el Ministerio de Educación, Cultura y Deportes del Gobierno de España puso en marcha un Plan de Fomento de la Lectura después de que aquel año los datos de lectura de los españoles hubieran revelado que el 42 por ciento no leía nunca o casi nunca, el 30 por ciento nunca había comprado un libro, el 36 por ciento leía cada semana y solo el 22 por ciento lo hacía cada día:

Tabla 8

Hábito lector en españoles mayores de 14 años en el año 2000.

FRECUENCIA de lectura de libros, periódicos, artículos o revistas	POBLACIÓN española mayor de 14 años
Nunca ha comprado un libro	30 %
No ha leído nunca, que recuerde	46,9 %

Lee menos de 1 vez al mes	9,3 %
1 vez por semana	24,9 %
2 o 3 veces por semana	4,6 %
Casi diariamente	20,9 %

Fuente: Ministerio de Cultura y Deporte. Gobierno de España, mecd.gob.es.

Pero aquel Plan de Fomento de la Lectura estaba pensado para la población comprendida entre los diez y los dieciséis años: demasiado tarde quizá.

Yo mismo participé, junto a cuatro personas más, en el Programa Argos para el Fomento de la Lectura del siguiente Gobierno español, junto a la ministra María Jesús San Segundo, en 2006. La lectura no había mejorado mucho en aquellos seis años del bien intencionado plan anterior.

¿Cómo está actualmente la lectura, en 2018?

Tabla 9

Encuesta realizada en 2018 a 1.200 jóvenes y adultos, varones y mujeres, de entre 14 y 60 años.

FRECUENCIA de lectura de libros, periódicos, artículos o revistas*	POBLACIÓN española mayor de 14 años
Nunca ha comprado un libro	21,6%
Nunca ha leído que recuerde	24,2%
Lee menos de 1 vez al mes	8,5%
1 vez por semana	49,3%
2 o 3 veces por semana	6,3%
Casi diariamente	26,1%

* También en sus versiones digitales.

De las estadísticas publicadas en 2017 por el Ministerio de Educación, Ciencia y Deporte, se deduce que aumenta la lectura en formato digital (ya un 20 por ciento lee libros digitales), y un dato importante que indica quizá la tendencia futura es que en 2017 el 80 por ciento de los menores de 14 años leían ya con mucha frecuencia, si bien este porcentaje tiende a bajar a partir de los 14 años.

En definitiva, se lee más y mucho más los jóvenes; es, por lo tanto, el momento ideal para asegurar la calidad de nuestra lectura.

Mientras escribía este libro, sentí la curiosidad de saber qué resultados obtendríamos si lleváramos a cabo una investigación en diferentes ciudades de España y con distintas edades respecto a cómo leen hoy los niños, niñas, adolescentes, adultos y adultas de 2018. Con la ayuda de viejos compañeros de trabajo de las cuatro comunidades donde he tenido la fortuna de impartir clase y con otros docentes que en estos años han tenido la amabilidad de escribirme y con los que «hablo» por correo electrónico sobre docencia, llevamos a cabo una encuesta entre 200 niños y 200 niñas, 400 adolescentes entre chicos y chicas por igual y 200 personas adultas (100 hombres, 100 mujeres). El contenido de la prueba permitió medir cada uno de los aspectos que se defienden como indicadores de la buena o mala lectura en este libro, es decir:

- Velocidad.
- Comprensión.
- Imaginación.
- Conocimiento referencial.
- Lectura textual.
- Expresión: articulación, pronunciación y entonación.

- Hábitos posturales.
- Movimientos de los ojos (sacádicos y otros).
- Concentración.
- Retención.
- Acierto del proceso mental.

Así, con una muestra de 1.000 personas repartidas por igual en número en cuatro capitales de provincia de las comunidades del Principado de Asturias, Aragón, Andalucía y Madrid, el resultado fue el siguiente:

Tabla 10

Resultados de la calidad lectora en 2018, mediante la evaluación de su escala de puntuación por aspectos y el porcentaje en lectura global.

ASPECTO	200 niños	200 niñas	200 chicos	200 chicas	100 adultos	100 adultas	MEDIA de 1.000
Velocidad	2	2	2	4	2	2	2,3
Comprensión	2	2	2	4	2	4	2,6
Imaginación	2	2	1	2	2	2	1,8
Conocimiento ref.	2	2	2	5	5	5	3,5
Lectura textual	1	3	2	2	2	2	2
Expresión: a., p., e.	2	1	2	2	2	2	1,8
Hábitos posturales	2	2	3	3	3	5	3
Movimientos ojos	2	2	2	4	2	4	2,6
Concentración	2	2	2	5	2	5	3

Retención	1	1	1	1	4	4	2
Acierto p. m.	1	1	2	2	3	3	2
LECTURA GLOBAL	19*= 32%	20= 40%	22= 44%	34= 68%	27= 58%	38= 76%	26,6= 53,2%

* 16 representa el 32 por ciento de calidad lectora sobre 100, que sería la máxima calidad posible.

Las conclusiones son:

a) Las niñas, mujeres adolescentes y mujeres adultas leen mejor que los niños, varones adolescentes y hombres adultos.

b) Conforme se crece, se mejora la lectura gracias a la experiencia.

c) En contra de lo que muchos creen, lo que peor se ejercita al leer es la expresión (articulación, pronunciación comprensible, entonación adecuada) e imaginación. Aunque si tenemos en cuenta a los más jóvenes, la retención también es baja, igual que el acierto en el proceso mental y la lectura textual; no así la rapidez y la comprensión, donde parecen concentrarse los intentos de evaluar y mejorar la lectura.

d) Lo mejor que se hace al leer es conectar el conocimiento que se tiene de la realidad con aquella a la que el texto se refiere.

e) No llegan al aprobado (5 sobre 10) los niños, ni las niñas, ni los adolescentes masculinos, pero las adolescentes mejoran mucho al crecer.

f) Aprueban por los pelos la media de las 1.000 personas encuestadas. La nota de todos (media juntos) sería un 5,3 sobre 10.

g) Quienes mejor leen son las mujeres adultas y después las adolescentes.
h) Nadie lee bien del todo.
i) Solo 6 de cada 100 personas leen bien y de forma completa en los 11 aspectos que conforman la lectura.

Así leemos hoy. Podemos confirmar, por ello, lo mucho que necesitamos reaprender a leer: para leer mejor en la mayoría de los aspectos que conforman la lectura; para disfrutar y alcanzar todos los beneficios que esta conlleva, que son muchos, profundos y muy trascendentes, como veremos en el último capítulo de este libro.

18

¿Cómo leen los docentes que enseñan a leer?

Como profesor en un centro de Magisterio, atiendo a alumnos y alumnas que serán el día de mañana maestras y maestros de Educación pre-Infantil e Infantil (0-5 años) y Primaria (6-12 años), y que, por lo tanto, enseñarán a sus alumnos y alumnas a leer. Por ello, me preocupa saber orientarles bien como docentes en esta materia.

Cuando hace unos diez años comencé a dar estas clases en la Universidad de Córdoba, en un ejercicio rutinario que nada tenía que ver con esto directamente, confirmé que en los alumnos de aquel año, 2008, llamados a ser docentes de niños y niñas de cero a cinco años en Infantil, la calidad de la lectura era menor que la de los que serían docentes de Primaria. ¿Sería este un aspecto específico de aquel grupo de primer curso (eran aún universitarios de 17 y 18 años en su inmensa mayoría) o más bien que los docentes de Infantil leían peor que los de Primaria?

Quise encontrar la respuesta a este hecho tan curioso, y pocos años después obtuvimos el resultado de lectura (calidad lectora global: velocidad, comprensión, rozamiento, vocabulario, etc.) de 214 docentes en activo de Asturias, Aragón, Madrid y Andalucía, de colegios públicos, concertados y privados y de muy diversas edades, por si era un factor importante la juventud. Quisimos igualmente encuestar entre esos profesores y profesoras también a docentes de Educación Secundaria Obligatoria, Ciclos Formativos y Bachillerato. Finalmente, incorporamos en la encuesta a docentes sin estudios universitarios, de guarderías, que estaban enseñando a leer a su alumnado entre los dos y tres años.

El resultado fue interesante:

Tabla 11

Índices de calidad lectora o lectura global entre docentes.

DOCENTES	Docentes de pre-Infantil	Docentes de E. Infantil	Docentes E. Prim.	Doc. ESO	Doc. Ciclos Form.	Doc. Bac.	Total media
Velocidad	5	6	7	8	7	8	6,8
Comprensión	5	5	6	8	8	8	6,6
Imaginación	6	7	8	7	7	7	7
Conocimiento. ref.	4	4	6	7	8	8	6,1
Lectura textual	3	4	6	5	6	7	5,1
Expresión: a., p., e.	3	4	5	4	4	5	4,1
Hábitos posturales	5	5	6	8	7	8	6,5
Movimientos ojos	5	5	6	7	8	8	6,5

Concentración	6	6	8	9	9	9	7,8
Retención	4	4	6	8	7	9	6,3
Acierto p. m.	4	4	6	7	7	8	6
LECTURA GLOBAL	4,5	4,9	6,3	8,5	6,4	7,7	6,2

Es posible concluir, entre otras cosas, que:

a) Los docentes de pre-Infantil e Infantil leen peor.

b) Cuanto más alto es el curso en que se imparte docencia, mejor lee el profesor (los que mejor, los docentes de Bachillerato), pese a haber tenido la misma formación que otros (como los de ESO o ciclos): de dos filólogos formados en la misma clase de la misma facultad, uno puede estar dando clase en ESO y otro en Bachillerato. Parece como si los alumnos y lo que se les propone leer al impartir la docencia ayudara a leer mejor al docente.

c) La calidad lectora de docentes masculinos y femeninos no es superior a la de los adultos varones o mujeres cuya profesión no es la docencia. Las profesoras y profesores, pese a que deben enseñar a leer, no leen mejor que los demás adultos.

d) Los docentes ponen en juego más imaginación al leer que su alumnado.

e) Los docentes tienen menos conocimientos respecto a lo que ellos leen que su alumnado. Parece lógico porque el contenido de lo que lee un alumno y alumna es menos complejo de lo que lee un docente.

f) Los docentes tienen prácticamente la misma calidad lectora respecto a la lectura textual que su alumnado. Destaca por escasa la calidad de la lectura textual en todos.

g) Los docentes no universitarios leen peor.

h) Aunque no aparece en la tabla, la división por edades desveló que los docentes más jóvenes leían peor.

i) Los docentes sacaron una nota media de 6,2 sobre 10. Obtuvieron, pues, una media similar que los demás adultos y adultas, cuyos resultados fueron 5,8 en adultos varones y 7,2 en adultas: 6,5 de media sobre 10.

j) Los docentes debemos, como el resto, realizar el proceso de lectura de forma más completa y eficaz: mejor.

II

Cómo enseñar a un niño o niña a leer por primera vez

«No limitéis a vuestros hijos vuestro propio saber,
pues nacieron en una época distinta.»

Proverbio hebreo

19

Método completo para aprender a leer mejor

Todos los sistemas para enseñar a leer y las recomendaciones sobre la edad para empezar a hacerlo han sido criticados desde hace demasiado tiempo por muchos pedagogos de una forma inmovilista y con enfrentamientos. Los había que proponían empezar por enseñar palabras, los que sugerían enseñar letras primero; antes de los cinco años y después de los cinco. Se daban numerosos argumentos para cada postura, especialmente desde los años treinta hasta los ochenta del siglo XX. Fue quizá entonces cuando se fraguó esta situación heredada hasta nuestros días en que conviven métodos tan dispares, y cada uno defiende que el otro no conviene.

Lo extraño es que en algo tan importante como aprender a leer convivan metodologías tan contradictorias y argumentaciones que de forma seudocientífica y con demasiada ligereza difunden la inconveniencia neurológica (no conviene al cerebro se dice) y pedagógica (no conviene al aprendizaje) del método contrario. Se dice que el niño o la niña no puede aprender bien con un método, sin más, con premisas sin demostrar, del tipo: «El cerebro del niño no está maduro aún para comenzar el aprendizaje de la lectura». Se difunden ideas como esta sin más demostración; o la opuesta.

La verdad es que el cerebro del niño y la niña es tan extraordinario que cabe mucho más de lo que imaginamos, y los dos métodos pueden incorporarse dependiendo de la secuencia, de cómo se presenten al cerebro infantil y de la madurez del niño o niña.

No hay duda de que cualquier método ha de tener como referente al niño y la niña y la eficacia de su aprendizaje; como criterio de conveniencia o no, es preciso considerar el resultado: el mejor método es el que consiga que se aprenda bien, con gusto y sin demasiado rozamiento, leyendo con aprovechamiento, eficacia y beneficio intelectual, emocional y vital. El método que lo logre, es el mejor.

Debemos, por lo tanto, partir de los resultados que producen ambos métodos antes de optar por uno de ellos guiados por la costumbre o por las argumentaciones teóricas sin comprobación.

Se sigue defendiendo hoy un método contra el otro como si fueran antagónicos. Instituciones educativas y docentes de prestigio están optando por criterios poco claros, pese a que contamos con suficientes mecanismos y conocimientos para evaluarlos y elegir el que mejores resultados logra. Sabemos cuál es el más extendido, con el que aprenden la mayoría de los niños y niñas, y constatamos que adultos y adultas muy cultas, con gran formación e inteligencia, cuando leen en público cometen muchos errores: no leen bien los signos de puntuación; las interrogaciones son una incomodidad; repiten alguna palabra; cambian alguna sílaba, letra o palabra; se atascan en algunas sílabas; silabean incluso en algunos fragmentos, y equivocan la entonación; además, otros muchos aspectos se convierten en obstáculos para disfrutar de la propia lectura y la comprensión y el disfrute de los que la oyen. Que personas cultas e inteligentes, con intención de leer lo mejor posible, incurran en numerosos defectos, demuestra que ello está relacionado con el modo de aprender a leer de esa persona y de su evolución como lector. Por consiguiente, parece urgente establecer un método más eficaz que el más extendido actualmente: el sintético, el que empieza por enseñar las letras, luego las sílabas, después las palabras y al final las frases.

En cualquier método, el ser humano es capaz de superar sus defectos y acabar leyendo bien, pero en uno de ellos (el sintético) eso resulta más difícil, y en el otro (el analítico, el que empieza por palabras) se pierde mucho de la lógica necesaria y de la construcción mental que requiere también todo niño y niña en su formación.

Los dos aportan algo. Ya es hora de hacerlos compatibles. Nuestro siglo XXI debe ser, para lograr más eficacia y felicidad, el que una nuestros hemisferios cerebrales izquierdo y derecho, lo emocional y lo racional, la teoría y la práctica. El que asocie los beneficios de ambos métodos en un método mixto, pero con la forma y el tiempo que resulte más eficaz; como la buena cocina, no es solo cuestión de ingredientes, sino también de proporciones y tiempos.

Es preciso un método que tenga en cuenta la edad, la forma de ser, la personalidad y estimulación intelectual, la percepción, el vocabulario y otros factores que intervienen en el proceso lector, y combinarlos para aprender y para reaprender a leer bien de verdad.

Durante veintidós años como padre y profesor, he ido

configurando el sistema que a continuación describo. Es el producto del estudio de cada método empleado en nuestro entorno europeo y en el americano, de sus efectos en los niños de diferentes edades y de la opinión de muchos investigadores y docentes. Lo cierto es que, sobre todo, es el resultado de la práctica, la llevada a cabo con mis tres hijos y cinco hijas —únicos y únicas—, a quienes siempre deseé enseñarles lo mejor que sabía y como más convenía. Un padre no enseña para que su hijo aprenda sin más; sino para que todo lo que aprenda le sirva para defenderse y ser feliz. El método que se expone es el que he empleado con mis hijos —los niños y niñas que más querré siempre—, ahora que veo el resultado culminado. Es, además, el resultado de la experiencia también con mis alumnos y alumnas (veinticinco años de profesor) y de la puesta en práctica —de mi padre, psiquiatra y pediatra, y mía— de este método en niños y niñas con dislexia, con déficit de atención e hiperactividad y con otros problemas con la lectura o con el rendimiento escolar, así como con niños con síndrome de Down, entre ellos mi primo, o con otras faltas de comprensión lectora certificadas como retraso madurativo, algunas de ellas, quizá, de causa en realidad desconocida.

Consecuencia de todo ello, surge el método y la forma de aplicarlo que se propone, y en el que se distingue si se aplica a un niño o niña a la que se pretende enseñar por primera vez a leer o a niños, niñas, adolescentes, adultos y adultas que ya saben, pero que les conviene aprender a leer mejor en alguno de los aspectos que componen el proceso de la lectura (velocidad, comprensión, rozamiento, imaginación, conocimiento, lectura textual, expresión, hábitos, movimiento ocular, concentración, retención, acierto) o en todos.

¿Qué se puede hacer?

Como se ha dicho, las actividades que siguen son las que, tras años como padre, director de centro educativo, profesor de Lengua Española, asesor en rendimiento escolar y profesor de Magisterio, han dado resultados eficaces —sin estar muy seguro de por qué— y también resultados extraordinarios en niños y niñas con inteligencia media, aunque en todo caso extraordinaria, porque tratándose de inteligencia humana no cabe una inteligencia ordinaria.

De todos los ejercicios que aconsejaría a padres, madres, pedagogos y docentes, me quedaría especialmente, por sus resultados, con los siguientes:

DESDE LOS CUATRO MESES
HASTA LOS TRES AÑOS

1
Leerle ocho minutos

Resulta aconsejable, incluso desde que tiene cuatro meses y especialmente desde los catorce meses, al menos, y siempre que se lleve a cabo en un ambiente feliz, leerle en voz alta a un niño o niña. Tiene beneficios para su estructura mental, sobre todo si leemos bien, pero también aunque no leamos perfectamente.

A los dos años de edad (o antes como hemos dicho) y hasta los tres años es fácil lograr asegurar ese ambiente feliz, aunque estemos leyendo mientras le tenemos en brazos y él o ella esté jugando con otra cosa entre las manos, o bien esté en una tumbona distraído y parezca que no escucha lo que le leemos, en el parque jugando, o gateando incluso por el suelo o haciendo cualquier otra cosa. Se trata de que oiga la voz de su padre, madre, abuelos o quienes sean sus cuidadores al ritmo de una lectura en voz alta, que tiene una cadencia distinta de la conversación normal.

Conviene leerle durante un máximo de ocho minutos. Si en el transcurso de la lectura el niño o niña llorara o pidiera el reclamo del adulto o adulta, conviene que se le atienda enseguida. Si hubiera dos adultos, uno le atendería y el lector seguiría leyendo, de forma que entendiese que la lectura y sentirse atendido es compatible. Si solo estuviera con él o ella el lector, entonces, ante su reclamo de atención convendría interrumpir la lectura para atenderle y luego proseguir o no, según las circunstancias, a criterio del lector. Si se estuviera al inicio de los ocho minutos, se podría seguir; si hubieran pasado cinco minutos, podría dejarse o si hubiera sido larga la interrupción, también debería dejarse para el siguiente día u otro momento.

Conviene hacerlo en sesiones regulares, todos los días a una misma hora aproximada, o un día sí y otro no, por ejemplo. Para crear el hábito. Pero siempre ha de ser algo lúdico y hay que asegurarse de que el niño o la niña esté cómodo o cómoda.

2
Jugar con estructuras

Jugar con estructuras (llamadas también bloques o tacos en algunas zonas), de madera o plástico. Poner al niño o niña sobre una tela, manta, alfombra o directamente sobre el suelo, y dejar a su alcance las estructuras para que juegue con ellas.

3
Jugar con libros de plástico

Hacer lo mismo con algún libro de plástico de los que se venden *ad hoc* en cualquier tienda de juguetes o librerías infantiles.

4
Coger libros

El adulto tiene que estar sentado muy cómodo, coger el libro entre las manos y pasar las páginas lentamente, mientras lo mira delante de él o ella. Si tiene además al niño o niña en brazos, la atención se asegura más.

5
Poner libros a la vista

Desde los nueve meses, como parte de la decoración del cuarto infantil, hay que incluir en alguna estantería libros, aunque no estén a su alcance, y a ser posible de distintos tamaños y con los lomos de colores muy vivos: sobre todo rojos, pero también es bueno verdes y azules.

Conviene poner también algunos, si no los hay, en la habitación donde el niño o la niña pasen más tiempo al día.

6
Vocabulario en casa o en la escuela

Estaba desayunando con la profesora de la Universidad de Lund Inger Enkvist en la cafetería de Damián, en el recinto de la universidad donde doy clases, a la que había acudido esta prestigiosa pedagoga para dar unas conferencias. Enkvist comentó que un reciente estudio en Asia, Europa y América demostraba la relación que hay entre éxito escolar en Primaria y Secundaria y la cantidad de vocabulario utilizado por las profesoras de Educación Infantil con los niños y niñas que luego alcanzaban el éxito. A mayor número de palabras diferentes utilizadas por los docentes en Infantil, mayor rendimiento escolar del niño o niña en Primaria o Secundaria.

El vocabulario que el niño o la niña perciba no solo le ayudará a estructurar su mente con mayor espacio y amplitud, sino que además le hará percibir la realidad con mayor exactitud y será capaz de moverse cerebralmente en ella con mayor rapidez al razonar, deducir, leer, intuir, imaginar, calcular, comprender y acertar, entre otras operaciones.

Padres, madres y docentes deberían por ello ampliar el vocabulario que emplean ante sus hijos e hijas o alumnado todo lo que puedan de forma natural, aunque intencionada.

Así, por ejemplo, deberían esforzarse en nombrar las razas de perros junto con el término genérico «perro». De modo que cuando se encuentren con un dálmata, las dos primeras veces deberían decirle: «¡Mira, un perro dálmata!», para, a partir de la tercera vez, decir: «¡Mira, un dálmata!».

Lo mismo tendrían que hacer con todas las demás realidades: maderas, materiales, telas o tejidos, sensaciones, cabello, emociones, por ejemplo:

Acostumbrarse a decir:	En lugar de:
Vamos a cenar o desayunar	Vamos a comer
Esto es de madera de pino	Esto es de madera
Esto es de metal de aluminio	Esto es de metal
Sabe amargo	Sabe mal
Está soso	Está regular
Es áspero	No es gustoso
Es muy suave	Es muy gustoso
Es de colores fuertes	Es raro
Es de mediana estatura	Es normal
Tiene un pelo liso y castaño muy bonito	Tiene el pelo muy bonito
Este pijama es de algodón y por eso es suave	Este pijama es suave
Este tejido es licra	Esto es tela
Esta herramienta se llama destornillador	Esto es una herramienta
Libro de bolsillo	Libro
En el asiento del coche	En el coche
En el alféizar o el marco de la ventana	En la ventana
En las jambas de las puertas	En las puertas
Jugar al fútbol	Jugar
Zumo de naranja	Zumo
Garbanzos con arroz	Comida o garbanzos
Gris claro	Gris
Colegio de Primaria	Colegio

En el primer estante o balda	En la estantería
Panadero o dependiente	Hombre o señor
Responsable de admisión	Mujer que está allí
No me pareció oportuno preguntarle	Me dio cosa
Sentí vergüenza	Me dio corte
Me dio vértigo	Me dio miedo
Me sentí agradecida	Me gustó
Me sentí satisfecha	Me sentí bien
Leo un libro sobre animales del mundo	Leo un libro
Etc.	

Es decir, hay que emplear desde muy pequeño, lo antes posible, el mayor número de palabras que se conozcan. Con naturalidad, pero sin perder la oportunidad de empezar a enseñarle a nuestro hijo los matices que luego le van a proporcionar tanta riqueza de comprensión y expresión, y por extensión, a evitarle tantas imprecisiones, simplificaciones, incomprensiones y errores en su comunicación con los demás.

7
Primeras palabras diarias

Siguiendo el principio de Doman, aunque algo adaptado, en este punto 7 se trata de empezar a mostrarle al niño o niña muchas de las palabras que con el tiempo esperamos que lea bien y que emplee.

Con dos posibles modelos

Este punto del método se puede realizar:

- En un *powerpoint* para mostrarlo al niño o niña en una tableta o en una pantalla de ordenador.
- En folios y con un rotulador muy grueso de color rojo.

Las palabras y el procedimiento en sí es el mismo; lo único que varía es el soporte en el que ver las palabras y la elaboración por parte de los padres o educadores de estas secuencias. Es una decisión que pueden tomar quienes lo vayan a aplicar. Pondremos ejemplos de ambos modelos en cada fase.

Vamos a explicar primero cómo elaborar una sola palabra con el modelo en *powerpoint* y con el modelo en folios, para luego describir cómo proceder paso a paso.

- *Si el modelo escogido se realiza en un* powerpoint:

Abriremos un *powerpoint* con las diapositivas con fondo blanco y un solo recuadro para escribir el texto. En cada una anotaremos una palabra del mayor tamaño que nos permita la diapositiva y la palabra, de forma que quede centrada. Lo haremos en color rojo y letra Arial preferentemente, aunque también puede ser Times New Roman, según el gusto; pero siempre se empleará la misma.

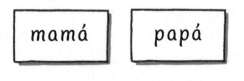

- *Si el modelo que escogemos se hace en folios:*

Cogeremos un folio y lo doblaremos en sentido vertical por la mitad, de forma que resulte un rectángulo de unos 10,5 centímetros de alto por 29,7 centímetros de ancho, con dos caras.

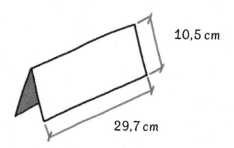

Entonces, con un rotulador rojo y muy grueso, escribiremos la primera palabra que vayamos a enseñar al niño o la niña, imitando una letra de imprenta en la «r» y «s», pero no en la letra «a», en cuyo caso emplearemos la forma corriente y habitual de escribirla que tiene un adulto.

r s a

Si se desea y se hace con destreza, puede emplearse la letra «a» de imprenta, pero solo si la destreza de quien la escribe permite hacer todas las «a» de las diferentes palabras de un modo tan parecido como para poder identificarlas sin problemas. De manera que quedará de una de las siguientes formas:

Dejaremos un margen por arriba, abajo, derecha e izquierda de aproximadamente 2,5-3 centímetros, de forma que la palabra, centrada, ocupe casi todo el espacio del papel.

A continuación, abriremos el papel y en la zona de arriba escribiremos la segunda palabra en el mismo sentido y dirección, tal y como muestra el dibujo:

Así obtendremos el primer folio doblado, con las dos primeras palabras que se enseñarán a leer al niño o niña.

El listado de las palabras que se escribirán en estos folios o en las diapositivas de *powerpoint* se indica más abajo. Se trata de una propuesta, aunque se señalan los criterios que se han seguido, por si se desea cambiar algunas de las palabras o incluir nuevas por razones familiares, afectivas o del tipo que se quiera. No hay problema, siempre que cumplan los siguientes criterios:

Características de las palabras por las que empezar

En esta primera fase, en cualquiera de los modelos, las palabras han de seguir estas pautas:

- El niña o niño debe oírlas mucho al cabo del día.
- Han de estar formadas al principio por letras parecidas en cuanto anchura, es decir, por ejemplo «ab», «co», «pu», mejor que «ai» o «ci», «pi, «cl» o «hilo», en la que la «h» y la «o» ocupan mayor anchura que la «i» y la «l». Después de las 48 primeras palabras, estas pueden empezar a mezclarse si resulta difícil mantener este criterio.
- Han de ser palabras corrientes que cuando el niño o la niña empiece a leer pueda encontrar en algún cuento.
- Han de ser palabras que queremos que diga cuando empiece a hablar.
- Han de estar escritas en minúsculas y correctamente (tildes incluidas, por lo tanto, y también en mayúsculas, claro). Solo irán en mayúscula la inicial de los nombres propios, tales como su nombre, el de sus hermanos si tiene, tíos o personas muy cercanos afectivamente si se incluyen.
- Deben escogerse primero sustantivos, después verbos,

adjetivos, adverbios, determinantes, pronombres, preposiciones y conjunciones. Aunque se podrán ir mezclando, este es el orden según su importancia, facilidad, retención y, por consiguiente, utilidad para el niño y la niña.

Lista posible de palabras

Deben excluirse aquellas que se refieran a cosas o personas que los niños o niñas no tengan a su alrededor o en su entorno afectivo positivo, por ejemplo, madre si no tienen, padre, abuelo, etc. En cada grupo de seis debe evitarse que haya dos que empiecen por la misma letra, pero si no fuera fácil evitarlo, al menos bastaría con hacer que no empezaran por la misma letra dos palabras seguidas en la secuencia de las seis.

mamá	sí	verde
papá	 18	azul
agua	cuna	blanca
biberón	ven	 36
María [su nombre]	bonito	rojo
. . . . 6	Po [el nombre de su	nariz
abuela	peluche preferido]	mano
casa	niña	pie
papilla	parque	ven
Marta [nombre de su	 24	oreja
hermana]	alto	 42
sueño	primo	ojo
dormir	niño	coger
. . . . 12	arriba	boca
perro	pelota	lengua
guardería	gato	grande
Luisa [su profesora o	 30	la
cuidadora]	beber	 48
baño	comer	beso
no	almohada	coche

el
plato
columpio
dedo
. . . . 54
cuchara
vaso
tele
caliente
frío
tableta
. . . . 60
tu
cuerpo
ese
tía
amarillo
juguete
. . . . 66
jugar
leche
más
de
pantalón
leer
. . . . 72
plátano
bolso
galleta
peine
los
con
. . . . 78
pan
y
una
mesa
silla
Conchita [nombre de
su madrina]
. . . . 84
zapato

colonia
jabón
guapo
salir
abajo
. . . . 90
papel
flor
árbol
un
dos
aquí
. . . . 96
dibujos
película
Frozen
león
peluche
chupete
. . . . 102
luz
Nicolás [su primo]
llorar
mira
calla
ventana
. . . . 108
muñeca
desde
cuna
feo
bueno
guapo
. . . . 114
grande
regalo
color
tres
suelo
pared
. . . . 120
mucho

tierra
dale
vamos
móvil
esta
. . . . 126
paseo
levántate
mío
tuyo
es
por
. . . . 132
apagamos
encender
ya
día
noche
bien
. . . . 138
Lara [su perra]
babero
lleva
para
cochecito
a
bañera
. . . . 144
pelo
quiero
lluvia
cielo
sol
puerta
. . . . 150
gusta
negro
limpio
ver
naranja
cara
. . . . 156

hermano	oír	calcetín
contenta	pato	despertar
pájaro	nube	chico
canta	pequeño	quiero
pera	dentro	mi
ella	fuera	cansado
. . . . 162	 174	 186
hijo	tenedor	conejo
foto	cuarto	lobo
malo	rubia	cuento
pijama	dormida	oveja
caballo	cabeza	cerdito
lámpara	bolso	del
. . . . 168	 180	 192

Se trata de unos ejemplos por los que podría empezarse. Pero cada casa y cada familia tiene su vocabulario principal por el que empezar a enseñar a leer, que es también el vocabulario por el que empezar a hablar y a escribir en el día de mañana. Si alguna se repitiera por error y se escribiera más de una vez y se mostrara, por tanto, más veces al niño o niña, no importaría, solo se reforzaría más, lo que nunca es malo.

Entre los sustantivos, se puede introducir

- Todos los que nombren lo que le circunda, en orden de afecto: un familiar, un juguete o peluche preferido, algo que le gusta mucho, una comida preferida...
- Todos los que deba saber o entender a su edad.
- Los que pueda encontrarse en los cuentos que lea o le lean.

Entre los verbos

- Los que se utilicen con él o ella durante el día y las órdenes que se le den, por ejemplo: comer, dormir, pasear, mira, ven, jugar, levántate...

Entre los adjetivos

- Los claros y cortos.
- Los más utilizados familiarmente y en especial los que se dirijan de forma cariñosa al niño o niña: bueno, malo, bonita, grande, feo (si se utiliza, por ejemplo, para decirle que algo no se dice o no se hace)...

Entre los adverbios

- Los claros y cortos, también.
- Los más recurrentes: más, no, sí, después, ahora, allí, lejos, cerca, aquí.

Entre los determinantes

- Los principales y distintos para retenerlos mejor.
- Los artículos primero: el, la, los.
- Después los demostrativos: ese, esta.
- Después los posesivos: tu, mi, su.
- Acabar con los indefinidos: una, un, algún.

Entre los pronombres

- Los que más tengan relación con él: tú, nosotros, él, ellos.

Entre las preposiciones

- Las más útiles y usuales: en, de, con, para, por, desde.

Entre las conjunciones

– Pocas y recurrentes: y, o, pero, que, donde.

Forma de proceder

Cada día se cogerán tres rectángulos hechos con los folios (o el ordenador o tableta si lo hicimos en *powerpoint*) y con seis palabras escritas que se aprenderán el primer día siguiendo la pauta descrita a continuación:

1. Hacemos que el niño o niña se siente en una tumbona o trona cómoda.
2. Poniéndonos delante de él o ella, a unos 60 centímetros aproximadamente, le mostramos el primer rectángulo escrito (o la primera diapositiva del *powerpoint* si se emplea ese modelo, en cuyo caso la distancia a la que se muestre la palabra en la tableta u ordenador será menor, unos 50 centímetros), mientras le decimos en voz alta y clara la palabra escrita, por ejemplo «mamá».
3. En cuanto comencemos, puede que el niño o niña parezca en algún momento distraído; no importa si sigue atento con la siguiente palabra. Si muestra desinterés e incluso incomodidad, será mejor dejarlo: aprender a leer ha de ser algo placentero. Tras la primera palabra, pasamos rápidamente (lo más deprisa que nos permita la mano y la pronunciación) a la palabra de atrás, girando el rectángulo (si es folio o pasando a la siguiente diapositiva en la tableta) mientras pronunciamos la segunda palabra: «papá».

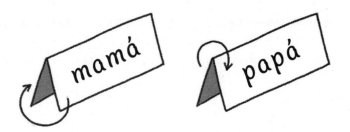

En el *powerpoint* se pasará digitalmente de una diapositiva a otra con una cadencia también rápida, y mantendremos solo la diapositiva lo que tardamos en leerla.

4. A continuación, le mostramos la tercera palabra cogiendo otro rectángulo, y así hasta las seis primeras palabras seguidas.

5. Al terminar la sexta palabra, repetimos la serie de seis, pero desordenándolas en caso de hacerse en folio. Y dejamos el ejercicio.

6. Antes de una hora, si es posible (si no, lo más cercano posible a esa hora), repetimos exactamente el mismo ejercicio volviendo a desordenar las palabras.

7. Por la tarde hacemos lo mismo de nuevo.

8. Si el niño tiene ya dos años y medio o tres, después de hacer este repaso de la tarde, podemos coger las seis palabras en el modelo de papel y colocar tres de ellas en una mesa ante el niño, que puede estar sentado en nuestros brazos.

Para el ejercicio en *powerpoint*, se creará una diapositiva con tres palabras separadas por una línea o recuadro para que el niño o la niña toque la que sea en la
pantalla.

Entonces le preguntamos:
«¿Dónde dice mamá?».
Para que el niño o niña señale la palabra que se le men-
ciona.
Si acierta, significa que la habrá leído y probará que ya
sabe leer esa palabra. Cuando identifique las tres, les
daremos la vuelta a los rectángulos y le preguntaremos
por las tres restantes.
Si no acierta, sacamos las dos palabras que no corresponden a lo que se pregunta y decimos con la que queda: «Aquí dice mamá». Y luego le preguntamos una de
las dos palabras que hemos retirado, poniendo solo dos
ante él. Las palabras que no reconozca se añadirán a las
que se muestren al día siguiente; si son muchas, solo
las más importantes.
9. Al día siguiente empezamos con esta misma serie y
   añadimos seis nuevas palabras.
10. A la hora repetimos las doce palabras.

11. Por la tarde, las doce de nuevo.
12. Después —si llega a los 2,5-3 años— volvemos a preguntarle por una palabra corta y cercana afectivamente a él o ella entre las seis (entre las doce), para que trate de identificarla, en dos filas de tres:

Esto mismo lo haremos cada día que mostremos palabras, si el niño tiene dos años o más. Se le ponen delante seis palabras de las más utilizadas en casa y las más familiares y, entre ellas, una o dos que siempre acierte, para aumentarle las probabilidades y la sensación de éxito.

13. Al tercer día se le muestran y se le leen las doce palabras ya enseñadas y se añaden seis más. Se le muestra cada una de ellas solo una vez y rápidamente, sin repetirla. Se repite el proceso con las 18 al cabo de una hora, aproximadamente, y por la tarde.

14. Al cuarto día se le muestran las 18 palabras y se suman seis nuevas. De igual forma, se repite el ejercicio a la hora y por la tarde.

15. El quinto día repasamos todas las palabras vistas y se le muestran las 24 de nuevo por la mañana, a la hora y por la tarde. Es, por lo tanto, el repaso de la primera serie de 24.

16. El sexto día comenzamos con una nueva serie de 24. Es decir, le enseñamos seis palabras nuevas (desde la palabra 25 hasta la 30) por la mañana, que se las repetimos dos veces en esta ocasión, e igual a la hora y por la tarde.

17. El séptimo día, a estas seis sumamos seis y repasamos las 12 (palabras 25 a 36) a la hora y por la tarde.

18. El octavo día (o la semana siguiente si se quiere hacer siguiendo las semanas) se enseñan estas 12, más seis nuevas (palabras 25 a 42). Igual que a la hora y por la tarde.

19. El noveno día continuamos con las palabras 25 a 48, de igual modo repasadas a la hora y por la tarde.

20. El décimo día, como hemos terminado otra serie de 24 palabras, toca repasar estas 24 sin añadir ninguna nueva.

21. Tras el último día en que se repase la última serie de 24 y, por lo tanto, ya se hayan enseñado las 192 palabras en total, comenzarán unos días de repaso, en los que, de forma desordenada, cada día mostraremos 24, distintas, de las 192, hasta terminarlas.

Importante

Recordemos que si el niño tiene 2,5-3 años o más puede pedírsele cada tarde que entre seis palabras nos señale dos: «¿Dónde dice leche?», por ejemplo, y luego «¿Dónde dice guapo?». Hay que manifestarle gran satisfacción si acierta. Si no acierta, basta con decirle que esa no es y quitarla de la vista como probabilidad y, por consiguiente, dejarle que elija a continuación entre las tres la que le hemos pedido de nuevo. Si vuelve a fallar, le señalaremos cuál es la correcta y la incluiremos al día siguiente en la serie para repasarla (de forma que al día siguiente en lugar de 12, habrá 13 o 14 si no ha acertado ninguna de las dos que le hemos pedido). Lo importante es saber cuál no identifica, pero sobre todo, identificar una palabra ha de convertirse en una sensación muy gratificante, afectiva y familiar, mientras que no acertar no debe resultar algo penoso.

22. Al día siguiente de terminar este repaso de las 192 palabras, se escogen de entre todas algunas para formar cuatro parejas, por ejemplo: «niño bueno», y se le enseña cada una en una mano, a la vez, como una pequeña oración. Si se practica el ejercicio con tableta u ordenador, se hará una diapositiva con esta combinación en recuadro:

23. El primer día se le enseñan cuatro combinaciones de dos palabras, repitiéndolas a la hora y por la tarde. Deben desordenarse, como siempre, aunque manteniendo las parejas, claro está.

24. Al día siguiente, se le muestran las cuatro parejas del día anterior y dos nuevas. El proceso se repite a la hora y por la tarde.

25. Al siguiente día, se continúa con las seis anteriores y cuatro nuevas (10 en total), lo que se repite como siempre a la hora y por la tarde.

26. Al cuarto día se repasan las 10 parejas.

27. Al quinto día se muestran cuatro nuevas solo; comienza así otra serie de 10 parejas.

28. El sexto día de parejas se enseñan las cuatro del día anterior y dos nuevas (en total seis). Así procedemos cada día hasta ver tres series de 10 parejas, o si ocurre antes, hasta que se acaben las parejas que hemos logrado hacer fácilmente entre las 192 palabras. Las parejas han de ser expresivas y significativas para el niño o niña, nada forzadas. Si no se encuentran, se termina esta fase de parejas y pasamos a la siguiente fase sin problemas.

29. Al terminar esta etapa, comenzamos con criterios semejantes a practicar las tres combinaciones que encontremos de tres palabras, cogiendo con una mano dos carteles seguidos como si estuvieran escritos en una oración (en una misma diapositiva si es en *powerpoint*). El primer día tres combinaciones de tres palabras; el segundo día tres nuevas, y en total por tanto seis; y el tercer día nueve en total. Repasamos las nueve el día siguiente.

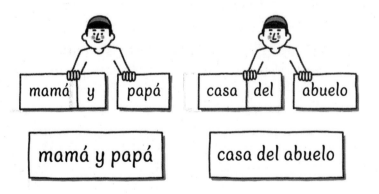

30. A partir de aquí se puede jugar como se quiera libremente con las palabras, enseñándole cada día tres distintas escogidas al azar entre todas.

Por si sirve de ayuda, incorporamos lo dicho en un cuadro-resumen:

Tabla 12

Esquema del modo de proceder en la muestra de las 192 primeras palabras del Método Completo de Aprendizaje de la Lectura.

DÍA	SERIE	PALABRAS*	DÍA	SERIE	PALABRAS*
1	1-24	1-6	16	73-96	73-78
2		1-12	17		73-84
3		1-18	18		73-90
4		1-24	19		73-96
5		Repaso 1-24	20		Repaso 73-96
6	25-48	25-30	21	97-120	97-102
7		25-36	22		97-108
8		25-42	23		97-114
9		25-48	24		97-120
10		Repaso 25-48	25		Repaso 97-120
11	49-72	49-54	26	121-144	121-126
12		49-60	27		121-132
13		49-66	28		121-138
14		49-72	29		121-144
15		Repaso 49-72	30		Repaso 121-144

31	145-168	145-150	49	1.ª	4 parejas
32		145-156	50		Parejas 1-6
33		145-162	51		Parejas 1-10
34		145-168	52		Repaso parejas 1-10
35		Repaso 145-168			
36	169-192	169-174	53	2.ª	Parejas 11-14
37		169-180	54		11-16
38		169-186	55		11-20
39		169-192	56		Repaso parejas 11-20
40		Repaso 169-192			
41	Repaso general de 1-192	24 desordenadas de las 192	57	3.ª	Parejas 21-24
			60		21-26
42		Otras 24 diferentes	61		21-30
			62		Repaso parejas 21-30
43		Otras 24			
44		Otras 24	63	4.ª	3 expresiones de 3 palabras
45		Otras 24	64		6 expresiones de 3 palabras
46		Otras 24			
47		Otras 24	65		9 expresiones de 3 palabras
48		Últimas 24	66		Repaso de las 9

* Hay que mostrárselas por la mañana, a la misma hora aproximadamente y por la tarde. Si el niño o niña tiene tres años o más, hay que pedirle a modo de juego que identifique, entre seis que se le muestran, cuál es la palabra (no una combinación, sino solo una palabra) que se le dice. Lo mismo con una segunda palabra. Conviene asegurar que el adulto manifiesta satisfacción y se la transmita al niño o niña si acierta y pasar sin penalización ni experiencia negativa a otra pregunta si yerra.

Como es lógico, en cualquiera de los modelos, a esta edad no tendremos conciencia de que el niño o la niña está aprendiendo las palabras, porque simplemente las oye y no tiene que repetirlas; si lo hace alguna vez, estupendo, porque demostrará motivación por su parte y nosotros le manifestaremos nuestra satisfacción, pero lo normal será que no lo haga aunque esté aprendiéndolas.

El resultado se notará en que empezará a leer sin silabear y con mayor soltura, sobre todo cuando se encuentre con algunas de esas palabras en el texto que lea, ya de mayor. La consecuencia directa será la adquisición de seguridad, rapidez, agilidad, satisfacción y motivación por la lectura.

De tres a ocho años o después si no se tiene una lectura media

1

Leer 15 minutos

Si el niño o niña ya sabe leer, puede leernos en voz alta si quiere, durante esas sesiones de 8-12 minutos, siempre que sea para quedar bien y no se sienta obligado. Él o ella puede seguir luego diez minutos más si lo desea. Más vale que se quede con ganas de seguir, poniéndole como excusa que ha de dejar de leer porque ha de dormir, cenar, comer u otra obligación, dependiendo de a qué hora tengan lugar estas sesiones.

Cuando se equivoque al leer en alto, será bueno dejarle pasar los primeros errores sin inmutarse. Si continúa errando, puede dársele alguna indicación, pero siempre con delicadeza y expresando lo difícil que es leer y lo habilidoso que es él o ella respecto a otros muchos de su edad, de modo que se asegure de que leer es algo placentero y una ocasión para quedar bien ante el adulto.

Ante la duda, no es este el momento de enseñarle a leer correctamente, sino de motivarle para que lea, y por ello no importa no corregirle; es preciso tener paciencia. Leer y equivocarse no ha de conllevar ningún mal trago. Hay que tener en cuenta si el niño o niña es muy sensible, si le afecta la corrección como algo personal y cree que se tiene de él un mal concepto como lector. Por el contrario, puede que se trate de alguien a quien le guste que se le diga cómo hacer las cosas y que se le enseñe cuál es la fórmula correcta. En función de cómo sea, se corregirá más a menudo o casi nunca, pero en todo caso pocas veces: el error es una excepción.

Si el lector se detiene por lo que sea, el adulto puede leer esa palabra o palabras o preguntarle si quiere que le sustituya y hacerlo en lo que queda de sesión.

De vez en cuando conviene, sin ser demasiado pesado o pesada, preguntarle por qué cree que un personaje hizo algo o por qué se siente de una forma determinada: estaremos trabajando la comprensión.

Se ha de habituarle a que pregunte todas las palabras de cuyo significado dude. El adulto deberá contestarle lo más rápido y espontáneamente posible, según el contexto; más vale una aproximación que tener que acudir a un diccionario. Nunca hay que hacer que el niño o niña busque en el diccionario la palabra cada vez que ignore su significado.

Si se está leyendo un libro y el niño o niña comete muchos errores, convendrá cambiar el libro, por clásico que sea; probablemente todavía no corresponde a su destreza: ya habrá tiempo de leerlo.

Si prefiere leer en voz baja y él o ella solo, sin adultos que le escuchen, no hay problema; mejor dejarlo así.

Lo más importante es que disfrute con ese rato leyendo y que adquiera seguridad y satisfacción con el modo como lo hace.

2
Letras de palabras

Se puede jugar a decirle una letra y que nos diga una palabra que comience con esa letra. Por ejemplo, se le dice: «a» y él o ella dice: «abuelo». Si se equivoca y dice una con «h», bastará con decirle muy rápido: «Esa empieza por h, otra, a ver... m». Es decir, pasar de puntillas sobre el error y cambiar de letra.

3
Coger libros

El adulto tiene que estar sentado muy cómodo, coger un libro entre las manos y pasar las páginas lentamente, delante de él o ella, mientras lo mira. Si se tiene además al niño o niña en brazos, la atención se asegurará más.

4
Poner libros a la vista

Como parte de la decoración de su cuarto, hay que incluir en alguna estantería libros, a ser posible de distintos tamaños y con lomos de colores vivos: atractivos.

Conviene poner también algunos, si no hay, en el salón o en la habitación donde sus padres pasen más tiempo al día en casa.

Las palabras diarias

Hacer aquí, en este punto, lo mismo que se ha descrito para los niños y niñas de catorce meses hasta tres años, siguiendo los pasos que se describen en los títulos: «Dos posibles modelos», «Características de las palabras por las que empezar», «Lista posible de palabras» y «Forma de proceder». Si la lista de palabras ya se hubiera hecho antes de los cuatro años, a partir de esta edad se podrá proceder igual, pero con 192 palabras de ampliación que están acordes a su evolución, desarrollo personal y entorno; en esta segunda serie de 192 palabras, pueden recuperarse muchas de las palabras anteriores que no consten como asimiladas. Si no se llevó a cabo este método antes de los cuatro años, debe empezarse por las 192 primeras palabras y, una vez terminada la serie, seguir con las que aparecen a continuación, más evolucionadas, pero que han de adaptarse a la realidad familiar de cada niño y niña, eliminando las que no se adecuen a su situación:

oreja		soñar		temprano	
uña		mirar		tarde	
oído		entra		ahí	
dolor		salir		después	
gracias		vamos		luego	
por favor		gris		antes	
. . . .	6	. . . .	18	. . . .	30
cariño		paloma		otro	
abrazo		lejano		aquel	
verdad		cercano		suyo	
generosa		hoy		nuestro	
listo		mañana		comida	
sonrisa		ayer		azúcar	
. . . .	12	. . . .	24	. . . .	36

obediente
detrás
delante
serio
alegre
ayudar
.... 42
prestar
tienda
roto
cena
pintar
lápices
.... 48
goma
borrar
papeles
jardín
colegio
tobogán
.... 54
gorra
tren
autobús
avión
traer
rápido
.... 60
huevo
salón
cocina
abrió
cerró
chocolate
.... 66
dormitorio
playa
mar
mirar
echar
pensó
.... 72

cada
guardar
hueco
tortuga
cigüeña
pintar
.... 78
acariciar
ordenador
tenía
al
juntos
separados
.... 84
desayuno
viaje
animales
esqueleto
mamífero
hueso
.... 90
calle
durmiendo
levantarse
vestirse
ayudó
llegó
.... 96
olores
calor
frío
despacio
rápido
voy
.... 102
llegar
tener
subir
bajar
entrar
salir
.... 108

quedarse
marchar
poner
quitar
traer
llevar
.... 114
importante
difícil
lleno
vacío
vivir
estar
.... 120
ganar
saber
encontrar
buscar
seguir
volver
.... 126
vas
hacer
llamar
ir
gatear
poner
.... 132
comiendo
barriga
sucio
ordenar
jugando
aprender
.... 138
mi
familia
padre
madre
ver
uva
.... 144

melón	menos	vio
pera	Cenicienta	vez
yogur	Blancanieves	era
manzana	rey	cenar
vista	muy	solo
quemar	reina	corriendo
. . . . 150	 168	 186
abrazarte	dijo	amiga
cogerte	árbol	fue
besarte	serio	encontró
limpio	hora	siete
iba	cisne	pasos
entonces	mujer	dentro
. . . . 156	 174	 192
camino	hombre	
entró	campo	
llegó	carro	
estaba	fuera	
Pedro	malo	
Luis	oyó	
. . . . 162	 180	

6
Fragmentos o frases cortas

Ahora se procederá igual, pero con oraciones. Primero se muestran cuatro frases al niño o la niña con cualquiera de los dos modelos (papel o *powerpoint*). Se repasan a la hora y por la tarde.

Al día siguiente, se muestran dos nuevas oraciones; en total, por tanto, seis. Durante seis días, cada día se añadirán a las anteriores dos nuevas frases; en total, 14. No se le pregunta dónde están para comprobar si las identifica o no.

Algunos ejemplo de estos fragmentos o frases cortas pueden ser:

la niña fue
al colegio
por la mañana
mi mamá
me da
muchos besitos
.... 6
mi papá me quiere
yo a él
me gusta hablar
con él
mi madre y mi padre
me quieren mucho
.... 12
paseamos juntos
jugamos juntos
yo quiero
me gusta estar
con ellos
mi familia
.... 18

me gusta leer
juego con ella
quiero ir
tengo sueño
vamos a comer
es muy buena
.... 24
como bien
bebo agua
el sol calienta
la luna es bonita
mi madre me ama
mi padre me ama
.... 30
te quiero mucho
vamos al parque
estamos bien
tengo hambre
quiero agua
leo muy bien
.... 36

7
Alfabeto

Cuando hayamos terminado de mostrarle las expresiones anteriores, haremos lo mismo con las 28 letras del alfabeto:

- Le leemos y mostramos (con el sistema de folios o de *powerpoint*) las seis primeras letras del alfabeto en minúsculas.
- Al día siguiente comenzamos con las mismas seis letras y después le decimos: «Ahora las mismas seis letras pero en mayúsculas»; se las enseñamos y le pedimos que lea desde la A hasta la F.
- El tercer día le enseñamos las seis primeras letras intercalando minúsculas y mayúsculas (con los folios o el

powerpoint, uno por cada letra): a, A, b, B, c, C..., además de seis nuevas, también intercalando sus minúsculas con mayúsculas, para llegar hasta «l» y «L».

– Al cuarto día, le mostramos las 12 primeras letras del alfabeto, que él o ella debe leer, intercalando minúsculas y mayúsculas en el mismo orden y siguiendo el esquema del día anterior, solo que añadiendo seis más para llegar hasta la «q» y «Q».

– El quinto día, continuamos con las 18 primeras letras y cuatro más: hasta la «v» y «V».

– El sexto día seguimos con todas, desde la «a» hasta la «Z».

Hay que pronunciarlas todas como se pronuncian solas, es decir: «ele», «efe», «ge», «eme», etc. Conviene usar la misma grafía de imprenta, pudiendo optar en «a», como antes, por una más infantil, al igual que con la «f», «p», «q», escogiendo para ello una que se considere sencilla de identificar y de poder escribir el día de mañana.

Es importante no hacer letras mayúsculas como minúsculas pero más grandes, como algunas personas hacen en el caso de la A, de la J, de las U, o incluso de la Y, G y M o N, etc. De forma que no son correctas como mayúsculas letras como, por ejemplo:

a, j, u, y, g, m, n

8
Escribir con un solo trazo las letras

Se trata de unos ejercicios muy sencillos y, sin embargo, muy importantes, especialmente para corregir muchos obstáculos en la lectura y escritura (lateralidad cruzada, dislexia, entre otros), como veremos. Por eso conviene iniciarlos a una edad temprana, para evitar la virulencia de sus consecuencias. No cambiaremos la lateralidad cruzada si la tiene a partir de los seis o siete años, ni la dislexia, pero sí que se minimizarán mucho sus consecuencias negativas en la escritura y lectura, en especial en la lateralidad cruzada, como es lógico, fenómeno menos complejo que la dislexia, pero que trae de cabeza a millones de alumnos y alumnas y sus familias debido a la falta de rendimiento escolar aunque el alumno o la alumna muestre una gran capacidad y trabajo; no obstante, precisamente gracias a ese trabajo y capacidad, se trata de un obstáculo fácil de solucionar.

Consiste en escribir, como se indica a continuación, con un solo trazo, sin pasar dos veces por la misma línea (algo que se hace más habitualmente de lo que sería lógico):

Hazle escribir las letras como sigue

- Hay que tener en cuenta la dirección que se señala en el dibujo mediante las flechas, y que el inicio se indica con una de ellas y el final con un punto.
- Primero ha de practicar escribir a gran tamaño sobre un folio o papel en sucio (reciclado) una sola letra por hoja.
- Luego escribirla a tamaño normal, es decir, el que le suelen pedir a su edad en la escuela, o bien en cualquier tamaño que nos parezca adecuado a su edad si va a escribir algo para presentarlo.

a b c d e f g h i

j k l m n ñ o p q

r s t u v w x y z

A B C D E F G H

I J K L M N Ñ O

P Q R S T U V W

X Y Z

- Por último, hay que hacer el ejercicio en el espacio. Para ello se ha de poner de lado respecto a la pared, como si estuviera escribiendo sobre ella la letra que le toque con un tamaño tan grande como se lo permita el movimiento del hombro y el brazo extendido.
- Hay que hacerlo diariamente con las letras que se vean cada día al aprender el alfabeto.

9
Sílabas

Finalizadas las series de palabras y del alfabeto, tras practicar también con el trazo recomendado para todos los niños (pudiendo cambiarse la f a gusto), se pasará ahora al listado de algunas de las sílabas más habituales ordenadas por combinaciones alfabéticas y sueltas, que se le mostrarán al niño o niña, igual que se hizo con las demás series:

- Primer día: 12 primeras sílabas ordenadas.
- Segundo día: añadir 12 nuevas, es decir, desde la 1 hasta la 24.
- Tercer día: desde la 25 hasta la 42.
- Cuarto día: se comienzan las 12 primeras de la serie suelta.
- Quinto día: 24 nuevas sílabas, es decir, en este quinto día se muestra desde la 13 hasta la 36.

- Sexto día: 24 nuevas, es decir, desde la 37 hasta la 48.
- Séptimo día: desde la 49 hasta la 72.
- Octavo día: desde la 73 hasta la 90.

Serie ordenada

al

ar

arde

as	barra	se
hasta	 18	ne
ab	ca	necesita
. . . . 6	casa	ni
habitación	na	so
ac	nariz	sola
acto	el	 36
an	es	or
Antonio	 24	comedor
la	er	os
. . . . 12	hermano	un
ra	en	ro
rana	le	rosa
sa	re	 42
sapo	reino	
ba	 30	

Serie suelta

dad	des	brazo
verdad	desde	bi
ción	 12	bigote
solución	ti	ble
sal	por	amable
bar	tra	 24
. . . . 6	trapo	les
ter	cas	me
tercero	par	menos
vir	 18	pro
Virgen	bra	profesora

que	ma	estar
. . . . 30	mayor	mar
be	ha	 72
bella	tres	cos
cir	ce	acostar
circo	 54	ten
ga	cero	tengo
gata	hi	ras
. . . . 36	hilo	rascar
tan	pe	 78
cia	pero	can
ambulancia	ner	canto
gus	 60	len
gusta	nervioso	lengua
ja	hue	men
. . . . 42	huele	mensaje
jarrón	cu	 84
per	cuna	lla
perdón	dor	llano
pre	 66	na
preparado	dormida	nad
pri	rio	pla
. . . . 48	armario	plano
primero	tar	 90

10
Guarismos

Ahora es el turno de los guarismos, los números. Se mostrarán haciendo lo mismo que se hizo con las primeras palabras y el abecedario, preguntando al niño o niña cuando se indica para confirmar que los identifica.

- El primer día se comenzará con los números del 0 al 12.
- El segundo día, los números del 13 al 24.

- El tercero, del 25 al 90 de la serie que aparece a continuación.
- El cuarto, del 91 al 102.
- El quinto, del 103 al 114.
- El sexto, del 115 al 1.010 de la serie que se propone.

1	25	103
2	26	104
3	27	105
4	28	106
5	29	107
6	30	108
.... 6	 30	 52
7	40	109
8	50	110
9	60	111
10	70	112
11	80	113
12	90	114
.... 12	 36	 58
13	91	115
14	92	116
15	93	120
16	94	130
17	95	140
18	96	150
.... 18	 42	 64
19	97	200
20	98	300
21	99	500
22	100	1.000
23	101	1.001
24	102	1.010
.... 24	 48	 70

11

Escribir ahora los números con un solo trazo

Con la misma pauta que se siguió con el alfabeto, se ejercitarán a continuación los números.

Recordemos que:

- Hay que tener en cuenta la dirección que se señala en el dibujo mediante las flechas, y que el inicio se indica con una de ellas y el final con un punto.
- Primero ha de practicar sobre un papel, en gran tamaño: un solo número por cara.
- Luego hacerlo a tamaño normal.
- Por último, hay que hacer el ejercicio en el espacio. Para ello se ha de poner de lado respecto a la pared, como si estuviera escribiendo sobre ella el número que le toque con un tamaño tan grande como se lo permita el movimiento del hombro y el brazo extendido.
- Hay que hacerlo diariamente con los números nuevos que se vean, siguiendo el siguiente modelo:

1 2 3 4 5 6 7 8 9 0

12

Cuadro resumen de palabras que se le muestran

En el siguiente cuadro resumen, por si resulta práctico, indicamos cómo se podría distribuir el trabajo con niños y niñas de más de cuatro años:

Tabla 13

Esquema del modo de proceder tras las 192 primeras palabras del Método Completo de Aprendizaje de la Lectura

DÍA	SERIE	PALABRAS*			
1	1-24	1-6		Repaso	24 desordenadas de las 192
2		1-12	32	General	
3		1-24		de 1-192	
4		Repaso 1-24	33		Otras 24 diferentes
5	25-54	25-36	34		Otras 24
6		25-48	35		Otras 24
7		25-54	36		Otras 24
8		Repaso 25-54	37		Otras 24
9	55-72	55-66	38		Otras 24
10		55-72	39		Últimas 24
11		Repaso 55-72	40	Fragmento	4 fragmentos
12	73-102	73-84			
13		73-90	41		1-6
14		73-102	42		1-8
15		Repaso 73-102	43		1-10
16	103-126	103-114	44		1-12
17		103-120	45		1-14
18		103-126	46	Alfabeto	1-6 minúsc
19		Repaso 103-126	47		1-6 min y may
20	127-150	127-138	48		Hasta L
21		127-144	49		Hasta Q
22		127-150	50		Hasta V
23		Repaso 127-150	51		Hasta Z
24	151-174	151-162	52	Sílabas	1-12 ordenadas
25		151-168	53		1-24
26		151-174	54		25-42
27		Repaso 151-174	55		1-12 sueltas
28	175-192	175-180	56		13-36
29		175-186	57		37-48
30		175-192	58		49-72
31		Repaso 175-192	59		73-90

60	Guarismo	0 a 12
61		13 a 24
62		25 a 50
63		91 a 102
64		103 a 114
65		115 a 1010

* Hay que mostrárselas por la mañana, a la misma hora aproximadamente y por la tarde. Si el niño o niña tiene tres años o más, hay que pedirle a modo de juego que identifique, entre las seis que se le muestran, cuál es la palabra (no una combinación, sino solo una palabra) que se le dice. Lo mismo con una segunda palabra. Conviene asegurar que el adulto manifiesta satisfacción y la transmita al niño o niña si acierta y pasar sin penalización ni experiencia negativa a otra pregunta si yerra.

III

Cómo aprender a leer mejor si ya se sabe leer

Cuando uno ya sabe algo,
se abre la posibilidad de aprender
lo más importante sobre eso.

20

De los ocho a los doce años

1
Lo anterior, si no se tiene ya una lectura excelente

Los niños y niñas que ya tengan esta edad y no lean bien, pueden empezar aplicando todo lo descrito anteriormente para los menores (primero desde catorce meses a tres años y después de cuatro a ocho), para continuar como explicamos a continuación.

2
Listado de palabras por campos

Buscar en la red con el niño o niña, si precisa ayuda, una imagen al menos de las siguientes, que representan colores, perros, pájaros, gatos, caballos, vacas, flores, maderas o árboles.

Materiales
Madera, metal, plástico, piedra, tela, cerámica, vidrio.

Maderas o nombres de árboles de los que se extrae:
Caoba, naranjo, cerezo, nogal, castaño, haya, pino, roble, álamo, acacia, ébano, encina, olivo, cedro, abedul.

Flores
Clavel, rosa, margarita, azucena, gladiolo, orquídea, jacinto, nardo, clavellina, crisantemo, gerbera, lilium, lirio, gladiolo, anturio, ave del paraíso, cala, estátice, hortensia, tulipán.

Colores
Rojo, rosa, naranja, amarillo, verde, púrpura, azul, marrón, añil, beis, fucsia, blanco, lila, magenta, caqui, celeste, turquesa, salmón, sepia, esmeralda, carmesí, escarlata, zafiro, malva, jade, gris, carmín, ámbar, bronce, cerúleo, cian, coral, crudo, granate, ocre, negro, siena, oro, violeta, terracota.

Pájaros y aves
Gorrión, canario, mirlo, paloma, golondrina, tórtola, jilguero, petirrojo, verdecillo, perdiz, codorniz, abubilla, zorzal, colibrí, cuervo, halcón, águila, buitre.

Accidentes geográficos
Isla, península, continente, cabo, bahía, golfo, lago, laguna, mar, océano, río, catarata, llanura, meseta, valle, cañón, cueva, desierto, montaña, cordillera, colina, volcán.

Continentes
Europa, América, África, Asia, Oceanía, Antártida.

Océanos
Índico, Atlántico, Pacífico, Antártico.

Planetas del sistema solar
Mercurio, Venus, Tierra, Marte, Júpiter, Saturno, Urano, Neptuno.

Razas de perros
Pastor alemán, dálmata, husky siberiano, galgo, mastín, yorkshire, caniche, chihuahua, bichón maltés, labrador, beagle, golden retriever, bóxer, pug, bulldog, cocker, collie, border collie, braco, spaniel bretón, basset, doberman, west highland, schnauzer, pastor inglés.

Razas de gatos
Angora, persa, siamés, bengala, himalayo, bobtail americano.

Razas de caballos
Árabe, andaluz, purasangre, morgan, frisón, percherón, mustang, poni, tennessee, lipizzano, lusitano, anglo-árabe, apalusa, quarter horse, paint horse.

Razas de vacas
Holstein, jersey, normanda, charolesa, simmental, angus, hereford, pasiega, maine.

Herramientas manuales
Alicate, tenaza, llave inglesa, llave, tornillo, cincel, tijeras, sierra, lima, broca, buril, cizalla, destornillador, martillo, cinta métrica, calibre, escuadra, tacos, berbiquí.

Algunos países de la Unión Europea
España, Francia, Portugal, Alemania, Dinamarca, Italia, Países Bajos, Austria, Finlandia, Irlanda, Luxemburgo, Grecia, Suecia, República Checa, Rumanía, Bélgica, Portugal, Polonia, Malta, Lituania, Letonia, Hungría, Estonia, Eslovaquia, Eslovenia, Croacia.

Algunos países de América
Canadá, Estados Unidos, México, Panamá, Paraguay, Colombia, Argentina, Chile, Brasil, Bolivia, Cuba, Ecuador, Guatemala, Perú, Uruguay, Venezuela.

Algunos países de África
Angola, Argelia, Egipto, Camerún, Kenia, Sudáfrica, Guinea, Marruecos, Mozambique, Nigeria, Senegal, Sudán.

Algunos países de Asia
China, Corea, Afganistán, Filipinas, India, Arabia Saudí, Israel, Irán, Japón, Pakistán, Jordania, Rusia, Siria, Singapur, Turquía, Vietnam, Tailandia.

Provincias españolas
Asturias, Madrid, Barcelona, Cantabria, Navarra, Alicante, Málaga, Murcia, Vizcaya, Almería, Guipúzcoa, Castellón, Sevilla, Córdoba, Cádiz, Huelva, Granada, Zamora, Huesca, Zaragoza, Lugo, Pontevedra, Orense, Islas Baleares, La Rioja, Valencia, La Coruña, Gerona, Tarragona, Toledo, León, Álava, Ávila, Jaén, Burgos, Badajoz, Las Palmas, Cáceres, Salamanca, Ciudad Real, Lérida, Valladolid, Cuenca, Guadalajara, Tenerife, Albacete, Teruel, Segovia, Soria, Palencia.

Ríos importantes del mundo
Misisipí, Colorado, Amazonas, Orinoco, Ganges, Indo, Nilo, Zambeze, Murray, Danubio, Rin, Sena, Támesis, Volga, Tajo, Duero, Ebro, Miño, Guadalquivir, Júcar, Segura, Guadiana.

Hacer lo mismo que con los listados de palabras anteriores (de catorce meses a seis años), pero ahora con las razas de perros, materiales, metales, maderas, flores, accidentes geográficos, etc. Es decir, con el posible listado y la pauta que a continuación se propone:

materiales	encina	estátice
madera	olivo	hortensia
metal	 24	tulipán
plástico	cedro	colores
piedra	flores	rojo
tela	clavel	 48
. . . . 6	rosa	rosa
cerámica	margarita	naranja
vidrio	azucena	amarillo
maderas	 30	verde
árboles	gladiolo	púrpura
caoba	orquídea	azul
naranjo	jacinto	 52
. . . . 12	nardo	marrón
cerezo	clavellina	añil
nogal	crisantemo	beis
castaño	 36	fucsia
abedul	gerbera	blanco
haya	lilium	lila
pino	lirio	 58
. . . . 18	gladiolo	magenta
roble	anturio	caqui
álamo	ave del paraíso	celeste
acacia	 42	turquesa
ébano	cala	salmón

sepia
.... 64
esmeralda
carmesí
escarlata
zafiro
malva
jade
.... 70
gris
carmín
ámbar
bronce
cerúleo
cian
.... 76
coral
crudo
granate
ocre
negro
siena
.... 82
oro
violeta
terracota
pájaros
gorrión
canario
.... 88
mirlo
paloma
golondrina
tórtola
jilguero
petirrojo
.... 94
verdecillo
perdiz
codorniz
abubilla

zorzal
colibrí
.... 100
cuervo
halcón
águila
buitre
accidentes
geográficos
.... 106
isla
península
continente
cabo
bahía
golfo
.... 112
lago
laguna
mar
océano
río
catarata
.... 118
llanura
meseta
valle
cañón
cueva
desierto
.... 124
montaña
cordillera
colina
volcán
continentes
Europa
.... 130
América
África
Asia

Oceanía
Antártida
océanos
.... 136
Índico
Atlántico
Pacífico
Antártico
planetas
Mercurio
.... 142
Venus
Tierra
Marte
Júpiter
Saturno
Urano
.... 148
Neptuno
razas de perros
pastor alemán
dálmata
husky siberiano
galgo
.... 154
mastín
yorkshire
caniche
chihuahua
bichón maltés
labrador
.... 160
beagle
golden retriever
bóxer
pug
bulldog
cocker
.... 166
collie
border collie

braco
spaniel bretón
basset
doberman
.... 172
west highland
schnauzer
pastor inglés
razas de gatos
angora
persa
.... 178
siamés
bengala
himalayo
bobtail americano
razas de caballos
árabe
.... 184
andaluz
purasangre
Morgan
frisón
percherón
mustang
.... 190
poni
tennessee
lipizzano
lusitano
angloárabe
apalusa
.... 196
quarter horse
paint horse
razas de vacas
holstein
jersey
normanda
.... 202
charolesa

simmental
angus
hereford
pasiega
maine
.... 208
herramientas
alicate
tenaza
llave inglesa
llave
tornillo
.... 216
cincel
tijeras
sierra
lima
broca
escuadra
.... 222
martillo
tacos
buril
cizalla
destornillador
cinta métrica
.... 228
calibre
berbiquí
países
España
Francia
Portugal
.... 234
Alemania
Dinamarca
Italia
Países Bajos
Austria
Finlandia
.... 240

Irlanda
Luxemburgo
Grecia
Suecia
República Checa
Bélgica
.... 246
Polonia
Hungría
Croacia
países de América
Canadá
Estados Unidos
.... 252
México
Panamá
Paraguay
Colombia
Argentina
Chile
.... 258
Brasil
Bolivia
Cuba
Ecuador
Guatemala
Perú
.... 264
Uruguay
Venezuela
países de África
Angola
Argelia
Egipto
.... 272
Camerún
Kenia
Sudáfrica
Guinea
Marruecos
Mozambique

.... 278
Nigeria
Senegal
Sudán
países de Asia
China
Corea
.... 284
Afganistán
Filipinas
India
Arabia Saudí
Israel
Irán
.... 290
Japón
Pakistán
Jordania
Rusia
Siria
Singapur
.... 296
Turquía
Vietnam
Tailandia
provincias españolas
Asturias
Madrid
.... 302
Barcelona
Cantabria
Navarra
Alicante
Málaga
Murcia
.... 308
Vizcaya
Almería
Guipúzcoa
Castellón
Sevilla

Córdoba
.... 314
Cádiz
Huelva
Granada
Zamora
Huesca
Zaragoza
.... 320
Lugo
Pontevedra
Orense
Islas Baleares
La Rioja
Valencia
.... 326
La Coruña
Gerona
Tarragona
Toledo
León
Álava
.... 332
Ávila
Jaén
Burgos
Badajoz
Las Palmas
Cáceres
.... 338
Salamanca
Ciudad Real
Lérida
Valladolid
Cuenca
Guadalajara
.... 344
Tenerife
Albacete
Teruel
Segovia

Soria
Palencia
.... 350
ríos
Misisipí
Colorado
Amazonas
Orinoco
Ganges
.... 356
Indo
Nilo
Zambeze
Murray
Danubio
Rin
.... 360
Sena
Támesis
Volga
Tajo
Duero
Ebro
.... 366
Miño
Guadalquivir
Júcar
Segura
Guadiana
Pisuerga
.... 402

Tabla 14

Pauta de aplicación de la lectura del vocabulario por campos

DÍA	SERIE	PALABRAS*
1	1-24	1-6
2		1-12
3		1-18
4		1-24
		Repaso 1-24
6	25-48	25-30
7		25-36
8		25-42
9		25-48
10		Repaso 25-48
11	49-72	49-54
12		49-60
13		49-66
14		49-72
15		Repaso 49-72
16	73-96	73-78
17		73-84
18		73-90
19		73-96
20		Repaso 73-96
21	97-120	97-102
22		97-108
23		97-114
24		97-120
25		Repaso 97-120
26	121-144	121-126
27		121-132
28		121-138
29		121-144
30		Repaso 121-144
31	145-168	145-150
32		145-156
33		145-162
34		145-168
35		Repaso 145-168
36	169-192	169-174
37		169-180
38		169-186
39		169-192
40		Repaso 169-192
41	193-216	193-198
42		193-204
43		193-210
		193-216
44		Repaso 193-216
45	217-240	217-222
46		217-228
47		217-234
48		217-240
49		Repaso 217-240
50	241-264	241-246
51		241-252

52		241-258	77		363-380
53		241-264	78		363-386
54		Repaso 241-264	79		Repaso 363-386
55	265-290	265-270	80	387-402	387-392
56		265-276	81		387-402
57		265-284	82		Repaso 387-402
58		265-290		Repaso general de 1-402	24 desordenadas de las 402
59		Repaso 265-290	83		
60	291-314	291-296			
61		291-302	84		Otras 24 diferentes
62		291-308	85		Otras 24
63		291-314	86		Otras 24
64		Repaso 291-314	87		Otras 24
65	315-338	315-320	88		Otras 24
66		315-326	89		Otras 24
67		315-332	90		Otras 24
68		315-338	91		Idem
69		Repaso 315-338	92		Idem
70	339-362	339-344	93		Idem
71		339-350	94		Idem
72		339-356	95		Idem
73		339-362	96		Idem
74		Repaso 339-362	97		Idem
75	363-386	363-368	98		Otras 24
76		363-374	99		Últimas 18

* Hay que mostrárselas por la mañana, a la misma hora aproximadamente y por la tarde. Hay que pedirle al niño o niña por la tarde, a modo de juego, que identifique, entre las seis que se le muestran, cuál es la que se le dice. Lo mismo con una segunda palabra. Conviene asegurar que el adulto manifiesta su satisfacción y la transmita al niño o niña si acierta y pasar sin penalización ni experiencia negativa a otra pregunta si yerra.

3
Primeras impresiones

Abrir el cuento, el libro o el texto con el que se trabaje y mirar los títulos, los dibujos, gráficos u otras ilustraciones. Sin leer aún el texto, preguntar al niño o niña para que intente responder según su primera y distante impresión:

- ¿De qué hablará el texto?
- ¿Qué dirá?

Después, comenzar a leer desde el principio buscando las respuestas a estas cuatro preguntas:

- ¿Quién o quiénes?
- ¿Cuándo?
- ¿Qué?
- ¿Dónde?

De forma que, bien al final de la lectura o a medida que descubra las respuestas, vaya respondiendo o anotándolas. Para ello, según se prefiera, podemos:

- Leerle en voz alta nosotros.
- Acompañarle mientras él o ella lee en voz alta.
- Acompañarle mientras lo hace en voz baja.
- Dejarle que lea a solas.

21

Desde los doce años en adelante

1
Por el principio

Sería conveniente comenzar por hacer los ejercicios propuestos para niños y niñas de seis a doce años si no se hicieron ya en su día o si no se lee bien. A partir de ellos, se puede continuar con los propios de su edad, sea cual fuere esta, hasta la adultez.

2
Ampliación de campos

Como se supone que ya se ha realizado, según hemos sugerido, el visionado de palabras de campos como materiales, maderas o árboles de donde se extraen, océanos, planetas, flores, algunos países, colores, ríos, razas de perros, gatos, caballos, vacas, etc., podrían ampliarse estos campos a los siguientes:

- Palabras de capitales de países europeos, africanos, asiáticos y americanos.
- Ciudades importantes del mundo.
- Deportes.
- Cualquier otro campo, según las aficiones del chico o la chica, por ejemplo.

Se han de escoger también teniendo en cuenta su forma y lo que esta aporta a la habilidad lectora. Por ejemplo:

países europeos	Argel	países americanos
Bruselas	El Cairo	Buenos Aires
Copenhague	Nairobi	Quito
París	Rabat	San Salvador
Helsinki	Trípoli	La Habana
Dublín	Kinshasa	Bogotá
. . . . 6	 30	 54
Budapest	Dakar	Managua
Berlín	Túnez	Lima
Viena	Kampala	Caracas
Ámsterdam	Yibuti	Asunción
Varsovia	países asiáticos	Brasilia
Praga	Kabul	Washington
. . . . 12	 36	 60
Madrid	Beirut	ciudades importantes
Lisboa	Katmandú	Nueva York
Moscú	Islamabad	Los Ángeles
Bucarest	Moscú	Londres
Oslo	Seúl	Osaka
Estocolmo	Damasco	Chicago
. . . . 18	 42	 66
Berna	Abu Dabi	Boston
Kíev	Manila	Estambul
Mónaco	Ankara	Yakarta
Zagreb	Jerusalén	San Francisco
países africanos	Tokio	Venecia
Luanda	Pekín	Milán
. . . . 24	 48	 72

Toronto	ciclismo	voleibol
Sídney	esgrima	tiro
Monterrey	 84	béisbol
Mánchester	gimnasia	motociclismo
Calcuta	fútbol	patinaje
Ginebra	balonmano	 96
.... 78	hockey	rugby
deportes	natación	automovilismo
atletismo	tenis	aficiones
remo	 90	 99
baloncesto	vela	

Siguiendo con la misma pauta para su aplicación

DÍA	SERIE	PALABRAS*		DÍA	SERIE	PALABRAS*
1	1-24	1-6		11	49-72	49-54
2		1-12		12		49-60
3		1-18		13		49-66
4		1-24		14		49-72
5		Repaso 1-24		15		Repaso 49-72
6	25-48	25-30		16	73-90	73-78
7		25-36		17		73-84
8		25-42		18		73-93
9		25-48		19		Repaso 73-93
10		Repaso 25-48				

* Hay que mostrárselas por la mañana, a la misma hora aproximadamente y por la tarde. Hay que pedirle al niño o niña por la tarde, a modo de juego, que identifique, entre las seis que se le muestran, cuál es la que se le dice. Lo mismo con una segunda palabra. Conviene asegurar que el adulto manifiesta satisfacción y la transmita al niño o niña si acierta y pasar sin penalización ni experiencia negativa a otra pregunta si yerra.

3
Procesos según tipo de lectura

Lectura recreativa:
Lee el texto sin más, disfrutando de la lectura y de todos los beneficios directos e indirectos que aporta, se sea consciente o no.

Lectura para un trabajo o estudio:
- Lee los titulares o epígrafes.
- Mira las fotografías, los esquemas, los gráficos o cualquier otra ilustración. Intenta responder sin leer el texto a las preguntas:
  - ¿De qué hablará el texto?
  - ¿Qué dirá?

- Intenta adivinar ahora, durante unos segundos y todavía sin leer el texto, cuál será la respuesta a las preguntas:
  - ¿Quién o quiénes?
  - ¿Cuándo?
  - ¿Qué?
  - ¿Dónde?

- Tras intentar adivinar la respuesta a estas preguntas, busca en el texto la respuesta real de cada una con una lectura rápida, comenzando por el principio.
- Pregúntate después, buscando la respuesta en el texto:
  - ¿Cómo?
  - ¿Por qué?

4
Ejercicios para mejorar la calidad lectora

En este punto, conviene realizar los ejercicios que se proponen en los capítulos 22 a 27 para:

- Leer evitando malos hábitos.
- Leer más rápido.
- Leer comprendiendo más.
- Mover mejor los ojos.
- Concentrarse más.
- Leer de una vez.

Tal y como se expone a continuación.

22

Leer evitando malos hábitos

Cada persona presenta una serie de hábitos al leer, algunos beneficiosos y otros perjudiciales para la propia lectura. Algunos de ellos, muchos, restan eficacia y calidad a la lectura, por lo que sería un progreso notable lograr eliminarlos sustituyéndolos por otros buenos. No es tan preciso eliminar lo que se hace como acostumbrarse a hacer algo beneficioso. Si simplemente se intenta eliminar un hábito, primero va a ser difícil y después va a dejar un vacío que puede sustituir al azar otro hábito no muy adecuado. Ante un hábito que resta eficacia, se trata de crear otro que lo compense y que sea positivamente adecuado para la lectura.

Se dan malos hábitos lectores en cada uno de los aspectos que conforman la lectura: la velocidad, la comprensión, la imaginación, la concentración, el movimiento de los ojos, el rozamiento, el acierto de pensamiento, la lectura textual, la expresión, etc.

Entre los principales malos hábitos que suelen haberse

adquirido de una forma accidental al leer y restan más eficacia a la lectura, destacan los siguientes:

1. Leer todo a la misma velocidad es ineficaz: un mal hábito lector. Ha de leerse más despacio lo que entrañe mayor dificultad comprensiva. También ha de leerse más despacio lo que está mal estructurado, peor escrito o tiene un vocabulario menos conocido.

2. Volver a leer lo que se ha leído ya por si la falta de concentración que se sospecha y percibe claramente hubiera hecho saltar algo importante para la comprensión, es decir, regresar sobre el texto.

   A menudo, un lector puede tener que regresar sobre una palabra, varias, toda una oración, un párrafo o incluso una página entera si la desconcentración ha sido intensa y larga. Pero cuando se vuelve sobre lo leído siendo consciente de la distracción, no es un hábito malo; de cara a la comprensión, es un acierto en un momento en que, por preocupaciones o por tedio ante el texto, uno se evade durante la lectura: algo puntual, pues regresamos voluntariamente. No nos referimos en este apartado de malos hábitos a esta regresión voluntaria.

   El hábito malo al que aludimos aquí es más bien esa regresión que hacemos involuntariamente cuando volvemos sobre una palabra sin querer, sin darnos apenas cuenta, a veces para frenar la velocidad que se lleva en la lectura. La mayoría de los adultos regresan en una palabra de cada diez que leen.

3. Movimientos de los ojos sobre toda la página, no sobre la línea que se ha de leer. En concreto, esto se hace cuando se está muy cansado.

4. Detención al final de línea. Cuando el ojo termina de leer una línea, ha de buscar enseguida la primera palabra de la línea que sigue justo debajo, pero a veces es un hábito detenerse en el vacío tras la última palabra de la línea, como si se descansase o se pensara que encontrar el inicio de la siguiente línea exige una concentración mayor que la que se tiene al final de la línea. Se calcula que, en la mayoría de los lectores adultos, este hábito supone casi el tercio del tiempo que se desperdicia al leer inadecuadamente.

5. Leer solo tres palabras cada vez que fijamos los ojos sobre la línea. Así se aprende a leer, pero con la práctica lo adecuado es aumentar el número de palabras que se capturan en cada golpe de los ojos. Es una sola cuestión de hábito. Por ejemplo, si se coge una revista o libro impreso y se fija la atención en una palabra, se puede intentar delimitar hasta dónde llega nuestra percepción sin que veamos borroso hacia la derecha, la izquierda, arriba y debajo de la palabra enfocada; si a continuación se cuentan las palabras que se captan sin volverse borrosas, lo normal es que se perciban entre cuatro y seis palabras. Sin embargo, si le damos la vuelta al libro o la revista, o cogemos un escrito en un idioma que no conocemos, y hacemos el mismo ejercicio, resultará que captamos muchas más palabras antes de que se vuelvan borrosas. Ello se debe simplemente a que al no entender una palabra se relaja nuestro enfoque y abarca más. Podemos abarcar más de seis palabras cada vez que paramos la mirada en un punto de la oración.

6. Pronunciar las palabras que leemos aunque sea muy bajito. Es un residuo del aprendizaje de pequeños,

cuando debíamos leer al docente en voz alta para que este supiera que nuestra lectura era correcta. Entonces, no se sentía satisfacción hasta que el niño o niña oía la lectura y le sonaba correcta. Suprimir este hábito conlleva eficacia lectora y no resta nada de comprensión, aunque nos provoque inseguridad al principio.

7. Desconcentración. Es cada vez más frecuente en la cultura occidental, la que se extiende en los 34 países de la OCDE, desconcentrarse a los seis, siete u ocho minutos de estar haciendo algo, también leyendo. Entonces es habitual perder la comprensión y la motivación, y sorprenderse de golpe leyendo palabras sin pensar qué están diciendo y aportando realmente. Cuanto más despacio se lea, menos cabe la concentración porque el cerebro se aburre con tantas pausas y busca distraerse con otros problemas que tiene que resolver. Leer más rápido ayuda a concentrarse.

8. Escasa retención. Una cosa es comprender un texto, lo que se puede hacer con miles de detalles y con una gran profundidad y obteniendo de él una gran carga intensiva y extensiva respecto a lo que dice, y otra cosa es lograr al mismo tiempo retener mucho de cuanto se lee. Si se lee despacio, lo que se lee se fragmenta más y es más difícil recordar, de retenerlo como una unidad. Se tiende así a recordar detalles o la línea importante, pero no ambas cosas. Leer mejor haría percibir muchos detalles y retener también mucho.

A continuación, para cada uno de estos malos hábitos iremos proponiendo posibles remedios.

23

Leer más rápido

A menudo se oye decir: «¡Ojalá tuviera tiempo para leer!». Leer exige tiempo. Es cierto. Por eso leer bien permite aumentar el disfrute y los beneficios y que, en suma, compense mucho más el hacerlo, pero si además de leer bien se lee rápido, las posibilidades de disfrutar de la lectura y sus beneficios se multiplican.

Además de libros recreativos, cada día se presentan muchas ocasiones en las que interesa leer deprisa: un folleto publicitario, un informe profesional, una notificación administrativa, unas condiciones de compra, un contrato, un manual de consulta, una sinopsis de una película o un libro en una tienda, un diario de noticias impreso o digital, artículos de opinión... Compensa leer rápidamente para poder descartar pronto aquello a lo que no interesa dedicar mucho tiempo.

Una lectura rápida es muy útil para leer todo lo que hay que leer y que no apetece. También para lo que compense extraer su esencia.

Los buenos lectores leen unas cuatro o cinco veces más rápido que aquellos cuya lectura es normal, media, y leen a velocidad distinta en función del texto.

Antes de proponer ejercicios prácticos para leer con más agilidad conviene advertir que, al inicio, solo al inicio, es decir, en los primeros ejercicios, se sacrificará la comprensión ante la velocidad, al tener que combatir el hábito adquirido de comprender leyendo despacio. En poco tiempo la comprensión seguirá a la velocidad, como es necesario.

Ejercicios

A. *Líneas por minuto*

1. Escoge un libro cualquiera con texto y sin ilustraciones.
2. Ábrelo por cualquier página.
3. Cuenta las palabras de tres líneas y, dividiéndolas por tres, saca la media por línea.
4. Elige una página izquierda cualquiera del libro.
5. Busca a alguien que te pueda ayudar, si es posible. Prepara un cronómetro o reloj y empieza a leer lo más rápido que puedas, pero comprendiendo el texto.
6. En cuanto llegues al minuto, deja de leer y haz una marca en la línea en la que te has quedado.
7. Cuenta las líneas que has leído en un minuto y multiplícalas por la media de palabras que has calculado en el paso 3; así obtendrás el número de palabras aproximado que has leído en un minuto.
8. Ahora señala en el libro, en cualquier página, el doble de líneas que las leídas en este primer minuto. Por

ejemplo, si has leído 10 líneas, marca un fragmento de 20 líneas.

9. Intenta llegar a las 20 líneas comprendiendo lo que lees en un minuto. Probablemente no llegues a esta marca, pero si pasas de 10 ya habrás progresado.

10. Repite este ejercicio con un fragmento distinto de 20 líneas (siguiendo el ejemplo) hasta que te llegues a leer en un minuto unas 15-17 líneas.

11. Selecciona otro fragmento del libro con 30 líneas e intenta leerlo, comprendiendo lo que pone, en un minuto.

12. Anota los avances, y, sobre todo, no te importe cuánto tardas en lograrlo o no, si progresas.

B. *Mirar velozmente*

Vamos a acostumbrar al ojo a mirar más rápido, esperando que con el tiempo sea capaz de ver, leer y, por lo tanto, comprender también más rápido.

1. Elige una revista sobre cualquier tema: coches, naturaleza, cotilleos, actualidad...

2. Escoge un artículo o entrevista que tenga al menos dos páginas.

3. Coge el cronómetro y, con ayuda de alguien si es posible, mide cuánto tiempo tardas en pasar los ojos por todas las palabras de sus dos primeras páginas (si eres adolescente o adulto) y de cuatro párrafos (en el caso de un niño o una niña). No se trata de leer esta vez, y por consiguiente mucho menos de comprender, solo de mirar rápidamente, sin identificar las palabras siquiera. Al principio se identificarán solo algunas de

cada línea, pero, conforme el ojo se acostumbre a la velocidad, cada vez serán más las identificadas.

4. Intenta explicar lo máximo posible de lo que dice el texto. Puede que solo sepas mencionar el tema porque no has captados nada más que tres o cinco palabras sueltas, inconexas y ninguna idea más allá del título.

5. Anota las palabras que recuerdas haber mirado, si recuerdas alguna.

6. Descansa.

7. Repite este ejercicio a la máxima velocidad que puedas, a ver si cuando terminas la segunda página (o el cuarto párrafo) de la revista has logrado hacerlo en el mismo tiempo como mínimo, si no con menos. Comprueba si al mirar todo de nuevo has conseguido ver más palabras o captar alguna idea incluso.

8. Habrás hecho un progreso si miras las dos páginas en menos tiempo o identificas más palabras: las dos cosas suceden normalmente a la vez.

9. Busca más ocasiones para repetir este mismo ejercicio con otros artículos y revistas.

24

Leer comprendiendo más

Al leer, nuestros ojos envían lo leído al cerebro. Este relaciona la forma percibida con un concepto o idea, y esta idea, con las demás ideas captadas con lo leído antes en la oración, de modo que va comprendiendo una idea mayor: la del texto. Así, la idea de una palabra en el cerebro se relaciona con la idea de la palabra anterior (incluso con la que se prevé posterior), y estas, con la idea mayor (la de la oración que se está leyendo), y esta idea mayor, con la idea del párrafo, y esta, con la gran idea del texto; finalmente, se relaciona el texto con todo lo que se guarda en el cerebro y puede asociarse con la idea de sus palabras (incluso poniéndola en conexión con otras informaciones que se albergan y que nada tienen que ver con el contexto en que se lee aquella palabra), así como también con la idea de sus oraciones, párrafos y texto completo. Ser capaz de relacionar las ideas con ideas que se tienen ya es comprender; cuantas más y más importantes y vitales, mejor comprensión.

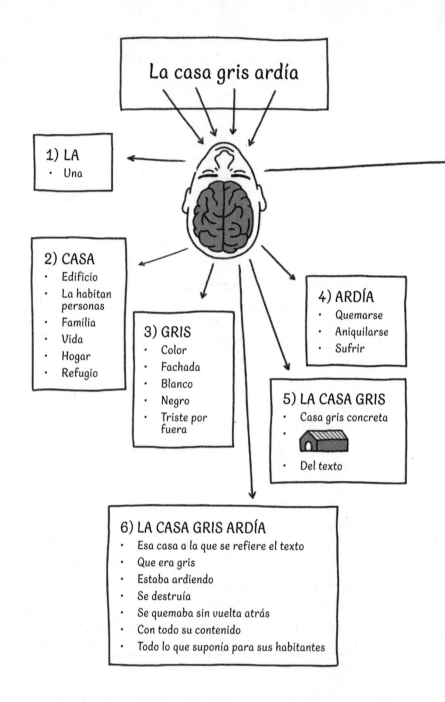

La casa gris ardía

1) LA
· Una

2) CASA
· Edificio
· La habitan personas
· Familia
· Vida
· Hogar
· Refugio

3) GRIS
· Color
· Fachada
· Blanco
· Negro
· Triste por fuera

4) ARDÍA
· Quemarse
· Aniquilarse
· Sufrir

5) LA CASA GRIS
· Casa gris concreta
·
· Del texto

6) LA CASA GRIS ARDÍA
· Esa casa a la que se refiere el texto
· Que era gris
· Estaba ardiendo
· Se destruía
· Se quemaba sin vuelta atrás
· Con todo su contenido
· Todo lo que suponía para sus habitantes

7)
- Esa casa: sus recuerdos se quemaron
- Sus juegos en ella
- Sus grandes momentos en ella
- Mi hogar, el de mis padres y hermanos, donde tanto disfrutamos, destruido
- Me quedo sin nada, nos quedamos sin nada
- Mi niñez, mi adolescencia
- Lo vivido por todos juntos
- Destruido sin esperanza
- De gris pasó a negro irremediable
- Quedó reducido a cenizas
- Se destruyó lo vivido
- ...

Cuanto más se relaciona, más se comprende, más se experimenta, más se siente, más se aprende y más se enriquece.

Comprender un texto es una tarea humana más compleja y difícil de lo que a veces se piensa.

- Primero, porque a menudo la idea principal no se incluye en el texto de una forma explícita, sino mezclada con otras secundarias.
- Segundo, porque a menudo quien lee no tiene el hábito de sintetizar y resumir una idea principal que sí ha entendido, pero que resulta confusa con otras ideas, y no es capaz de expresarla desligada de estas.
- Tercero, porque muchos textos están pobremente escritos. Esto ocurre demasiado a menudo, en especial en libros de texto de Primaria y Secundaria. En cinco de las principales editoriales de libros escolares, hay obras

cuyos textos no siguen la estructura de los textos expositivos: la idea no está claramente expresada o, si lo está, las ideas de un párrafo no refuerzan la supuesta idea principal. En los libros de las áreas de Lengua, Naturales, Sociales y Biología, según el estudio que llevamos a cabo entre 2016 y 2017 en el equipo de asesoramiento en rendimiento escolar que coordino, hay muchos cuadros resaltados en color para indicar que su contenido es importante y que hay que recordarlo, pero los textos que incluyen no cumplen las normas lexicográficas de una definición, ni siquiera de una descripción. De forma que lo que se apunta sobre el contenido de muchos recuadros que contienen supuestamente lo más fundamental puede aplicarse a muchas otras realidades. Otros textos están simplemente escritos con tantos hiperbatones que, si no se conoce la materia previamente, es muy difícil saber qué es esencial y qué accidental en la descripción. Es difícil poner un ejemplo sin ofender a autores y editoriales, pero resulta muy fácil encontrar muchos casos. En todos los libros. Casualmente, los peores escritos son aquellos sobre los que un niño o niña —o adolescente— dice que no se entera o en los que para estudiar un solo párrafo tarda mucho.

Con todo, resulta imprescindible comprender lo máximo posible cualquier texto. Si está bien escrito, el autor facilita su comprensión; si está mal, la dificulta, y el lector ha de enmendar los defectos para llegar a entenderlo; y si está muy mal, simplemente no se comprende el texto. Los que abundan son los segundos: los intermedios. Pero, en cualquier caso, leer bien exige comprender el texto lo mejor posible en función de lo que su autor nos permita.

Lo cierto es que hoy muchos textos académicos resultan difíciles de entender simplemente porque el propio sistema hace que sus autores los redacten deprisa, con la presión de un plazo y poco tiempo para repasar, o bien porque los autores se han acostumbrado, por esa exigencia, a escribir como hablan. Y esto dificulta la comprensión de un texto escrito, cuyo esquema es sensiblemente diferente al oral. (A mí me pasa a menudo esto, solo ruego que me disculpe el lector.)

De forma habitual y básica hay que tener en cuenta que un texto contiene una idea distinta en cada párrafo. Dentro de cada párrafo puede haber varias oraciones, y cada una de ellas dice algo diferente, pero sobre la misma idea del párrafo. Si unimos todas las ideas de los diferentes párrafos, nos sale la idea principal de un texto. Algo así como se indica a continuación:

> Iré a mi casa. Es la cuarta casa a la derecha que se encuentra al entrar en la calle central, llamada Calle de Enmedio, en el barrio antiguo de la ciudad. Allí estará mi madre, que me abrirá.
> Cogeré el regalo que te compré, y espero que te guste.
> Volveré aquí contigo.

El texto tiene tres párrafos y por lo tanto tres ideas. Los dos primeros a su vez tienen otras ideas (donde hay un verbo hay una idea), pero están dentro de la del párrafo, y el párrafo solo tiene una. De forma que podríamos hacer este esquema:

1. Voy a mi casa
   a) Es la cuarta casa a la derecha de la Calle de Enmedio.
   b) Allí está mi madre, que me abrirá.

2. Cogeré el regalo
   c) que te compré,
   d) espero que te guste.
3. Volveré contigo.

Para sacar la idea principal de todo el texto (una sola idea), lo que he de hacer es unir las ideas que resumían cada párrafo. Es decir:

Iré a mi casa + Cogeré el regalo + Volveré contigo

Y se redacta con el menor número posible de palabras, pero sin perder ninguna idea porque estas son distintas:

Iré a casa, cogeré el regalo y volveré contigo o
Iré a casa para coger el regalo y volver aquí o
Iré a por el regalo y volveré.

Los textos se comprenderían mejor si, antes de escribirlos, el autor hiciera un esquema, desarrollara un plan expositivo, comenzando con la idea principal, y configurara los párrafos siguientes al primero como explicativos, argumentativos, reforzadores de esa idea que luego puede repetirse en el último párrafo con otras palabras como conclusión.

Todo esto lo apuntamos aquí, en este libro, porque a veces alguien puede leer bien y no comprender bien debido a la redacción del texto. No obstante, lo más común, en realidad, es que los textos estén defectuosamente escritos, pero que sean lo bastante correctos como para que los comprendamos si aprendemos a leer mejor, es decir, a entender mejor también, a través de ejercicios concretos que lo faciliten.

Ejercicios de comprensión

1. Mira la imagen.

2. ¿Cuál es la idea principal?
   a) El niño tiene un perro.
   b) El perro y su dueño están contentos.
   c) Un niño cuida un perro.
   d) Un perro y su amo se cuidan.

3. Si tienes más de ocho años, haz este ejercicio; si no, sáltatelo si quieres:

Lee este mensaje publicitario y di cuál es la idea principal:

> La mejor sed se quita con un vaso de agua.
> Mejor que con un vaso, con una botella,
> y la mejor botella es la de Aguabella.

   a) La sed se quita con agua.
   b) Se quita más sed con una botella que con un vaso.
   c) La mejor forma de quitarse la sed es con una botella de Aguabella.
   d) Aguabella es la mejor agua para la sed.

4. Responde a las siguientes preguntas según tu edad:

Para menores de ocho años
Si la idea principal de «El cachorro se alimenta de su madre» es que «el cachorro se alimenta de su madre»,

a) ¿Cuál sería la idea principal de «El cachorro de pantera se alimenta de su madre»?
b) ¿Y la de «El cachorro de pantera, de osa y de loba se alimenta de su madre»?

Para mayores de ocho años
Si la idea principal del siguiente texto: «La casa es azul», es «la casa es azul», y la misma idea principal tiene el texto: «La casa de madera es azul»,

a) ¿Qué idea principal tendría el texto: «La casa de madera de mi primo Joaquín que ahora no vive en ella, pero que ha sido su residencia habitual al menos durante los últimos diez años, es azul»?

5. Cita una idea secundaria, y que, por lo tanto, no sea la idea principal del siguiente texto:

El profesor entró en la clase. Como siempre, aquel día también vestía con una corbata que no estaba de moda y una chaqueta cómoda. Había llegado al colegio en su coche de doce años. «Algún día tendré que comprarme otro», se decía cada mañana cuando se sentaba en él, y al arrancarlo, pensaba: «Este año no será».
Al llegar a clase, miró a los alumnos y alumnas y les

dijo: «Hoy es un gran día para aprender algo que no olvidéis nunca, espero».

Los alumnos le escucharon y pensaron que algo importante les iba a decir.

6. ¿Por qué crees que el profesor no se comprará aún un coche?

7. Lee el texto que te corresponda según tu edad:

Para niños y niñas de cinco a ocho años
«Los perros se comunican con su dueño sobre todo mediante sus orejas y cola. Así, le dicen que están contentos, enfadados, inquietos o que tienen miedo. Cuando un perro ve a su dueño y se alegra, mueve la cola y se pone nervioso hasta que el dueño le acaricia y tranquiliza.»

Para adolescentes (preadolescentes si se prefiere)
de nueve a doce años
«Al atardecer, las leonas cazan gacelas, cebras y animales más grandes. Cazan al rececho porque no pueden correr largas distancias, por lo que han de ser muy eficaces en sus ataques. Gracias al color de su piel, parecido al de la tierra y el pasto seco tras el que se ocultan, pasan desapercibidas y se pueden aproximar a sus presas sin ser vistas; sin que nadie a su alrededor lo espere, inician una repentina carrera cuando están suficientemente cerca de su presa y la cogen desprevenida y se abalanzan sobre ella.

Viven en praderas, así como en sabanas, en manadas de cinco a diez hembras, con sus cachorros y con uno, dos o tres machos.

De la caza se encargan sobre todo ellas, mientras los leones defienden el territorio de la manada.»

Para adolescentes y adultos o adultas,
desde los trece años
«Se llaman de esta curiosa forma los animales mamíferos cuyos dedos los protegen las pezuñas mediante una funda dura de queratina, el mismo material de sus garras, pelos y uñas: son los ungulados. Al principio de su historia, todos tenían cinco dedos, que fueron limitándose en muchos animales a solo dos, lo que les permitió adquirir así mayor velocidad al correr. Si los ungulados tienen dedos impares en cada pata, entonces se dice que son perisodáctilos, y si tienen dedos pares, artiodáctilos. El pecarí, el hipopótamo y el jabalí, por ejemplo, son ungulados. Dentro de estos se pueden situar los subungulados, como los elefantes, que mantienen cinco dedos y pezuñas incompletas.
Otra cosa curiosa, cambiando ya de animales, es que todos, sean del tipo que sean, se comunican de una forma u otra al menos con los demás individuos de su propia especie. Algunos emiten un variado repertorio de sonidos, como las aves, las ballenas, los monos o los cánidos. Cada sonido emitido tiene un significado diferente, y toda la especie a la que pertenece el animal conoce su significado. Otros se comunican mediante los olores que emiten, o a través de la vista, con sus gestos, posturas o colores. Un ejemplo podría ser la comunicación que emplean muchas aves anunciando así que están preparadas para el apareamiento; u otro, los múltiples gestos que hace cualquier cánido, con sus orejas, cola, cabeza o patas, para

comunicar espera, alerta, satisfacción, enfado, nerviosismo o miedo.»

8. Ahora contesta cuál es la idea principal del texto (según tu edad) entre las cuatro opciones que se dan.

Para niños y niñas de cinco a ocho años
a) Los perros se comunican con las orejas y la cola, sobre todo.
b) Los perros se comunican con su dueño.
c) El perro se comunica sobre todo con sus movimientos.
d) El perro transmite a su dueño si está contento mediante su cuerpo.

Para adolescentes (preadolescentes si se prefiere) de nueve a doce años
a) Las leonas cazan al rececho al atardecer y viven en manada con los cachorros y machos.
b) Las leonas son las encargadas de cazar al rececho al atardecer en la pradera y la sabana donde viven en manada junto a los cachorros, mientras los machos cuidan del territorio.
c) Las leonas viven y cazan en las praderas y sabanas en manada, junto a los cachorros y machos.
d) Las costumbres de las leonas: dónde viven y cómo y cuándo cazan.

Para adolescentes y adultos o adultas, desde los trece años
a) Los ungulados son animales mamíferos con dedos que pueden ser pares o impares, protegidos por pe-

zuñas hechas de queratina, como su pelo, uñas y garras, y todos los animales tienen la capacidad de comunicarse con los de su especie al menos mediante sonidos, olores, gestos y posturas.

b) Los ungulados son mamíferos con pezuñas de queratina, y estos y todos los animales se comunican con los de su especie.

c) Dos curiosidades del mundo animal.

d) Se llama ungulados a los animales que tienen pezuñas para recubrir sus dedos, pares o impares, y subungulados si son como los elefantes, y todos los animales se pueden comunicar a través del sonido, el olor o los movimientos.

9. Contesta a continuación las siguientes preguntas:

Para niños y niñas de cinco a ocho años

a) ¿Qué movimiento hace el perro si está alegre?

b) ¿El perro se comunica con algo además de hacerlo con su cola y sus orejas?

c) ¿Por qué el perro que está nervioso se tranquiliza si el dueño lo acaricia?

Para adolescentes (preadolescentes si se prefiere) de nueve a doce años

a) ¿Por qué las leonas cazan al rececho?

b) ¿Cuántos integrantes como máximo forman una manada sin contar los cachorros?

c) ¿Siempre cazan las hembras?

d) ¿Qué hacen las leonas para ser más eficaces en su cacería?

e) ¿Por qué crees que los tigres tienen su piel a rayas?

Para adolescentes y adultos o adultas desde los trece años
   a) ¿Por qué los ungulados evolucionaron de cinco a dos dedos?
   b) ¿Cómo se llaman las fundas de los dedos?
   c) ¿Qué diferencia hay entre espera y alerta?
   d) ¿Los elefantes son entonces ungulados?
   e) ¿De qué material estará formado el pico de las aves?
   f) ¿Qué significará —dáctilos?

Respuestas correctas: *Ejercicio 2: b. Ejercicio 3: c. Ejercicio 4: Menores de 8 años: a) El cachorro se alimenta de su madre; b) igual: El cachorro se alimenta de su madre; Mayores de 8 años: La casa es azul. Ejercicio 5: Cualquiera que no sea la principal (El hombre llegó a clase y dijo a los alumnos que explicaría algo importante y estos le atendieron), por ejemplo: vestía de corbata y chaqueta, o su coche tenía doce años... Ejercicio 6: Porque aún arranca bien. Ejercicio 8: Para niños: c; de 9 a 12 años: b (la d faltaría con quién y en las demás le falta la idea de algún párrafo); 13 años y más: b (la c no contiene las ideas, es más un titular periodístico; las demás incluyen ideas secundarias). Ejercicio 9: Para niños: a) Mueve la cola; b) Sí; c) Cualquier respuesta que se dé será válida, incluso «no sé» o un gesto que lo indique (se trata de ponerse en lugar del perro e intentar describir la razón). Para 9 a 12 años: a) Porque no pueden correr largas distancias (se les escaparían las presas); b) 13 años; c) No (el texto solo dice «sobre todo»); d) Cazar al rececho (y al atardecer, si se quiere); e) Porque donde cazan les permite confundirse con la vegetación. Para 13 o más años: a) Para correr más velozmente; b) Pezuñas; c) Se puede esperar distraído, mientras que alerta exige concentración; d) Sí, los subungulados son un tipo de ellos; e) Queratina; f) Dedos.*

25

Mover mejor los ojos

Los ojos captan, como media, tres palabras en cada golpe de vista. Así, si una línea tiene de 10 a 12 palabras, normalmente se lee con tres golpes de vista. La media de los adultos es mover tres o cuatro veces los ojos, desplazándolos para captar porciones de línea de tres o cuatro palabras. Esos movimientos de los ojos se llaman movimientos sacádicos y constituyen uno de los once aspectos importantes de la lectura, porque solo a través de los ojos (para invidentes el sustituto será el tacto, en braille) llega la idea de lo escrito al cerebro del lector. Lo ideal es que se vean en un solo golpe cinco o al menos cuatro palabras.

Los lectores que leen mejor mueven siempre los ojos con suavidad; lo hacen rítmicamente y solo una vez en cada línea. Es decir, si, como confirman los niños, niñas, adolescentes, adultos y adultas encuestadas para este libro, lo normal es que la media lea una línea desplazando dos o tres veces sus ojos, captando en cada golpe tres o cuatro palabras, en cambio, quienes leen mejor, leen cinco palabras de un golpe, y por eso con un movimiento de ojos les basta: fragmentan la línea en dos trozos solo.

Cuantas más palabras se capten en un solo golpe de vista, más rápido se leerá y menos se cansarán los ojos y el cerebro. Los detalles no se pierden si realmente los ojos se acostumbran a captarlos. Cuando los ojos sienten inseguridad en la percepción y el cerebro considera que quizá se puede escapar algo importante, se lee con más lentitud, lo que a veces, debido a la importancia o afectividad que conlleva lo que leemos, puede estar justificado paladearlo; sin embargo, en la mayoría de las ocasiones, esta necesidad de captar menos palabras en cada golpe de vista y leer así más despacio solo es signo de inseguridad lectora y de un hábito adquirido involuntariamente e inadecuado en el movimiento de los ojos.

Para corregir este mal hábito y adquirir un mejor movimiento de ojos y una buena lectura, se pueden hacer los siguientes ejercicios, que acostumbrarán a los ojos a captar más en menos tiempo y en mayor superficie, y sus resultados se notarán en todo lo que se perciba a través de los ojos, pero especialmente en la lectura.

Ejercicios para mejorar el rendimiento ocular y los movimientos sacádicos en la lectura

1. Fija tu mirada en una palabra de una revista; sin dejar de mirarla, intenta ver también el mayor número de palabras a izquierda, derecha, arriba y abajo. Anota el número de palabras que logras ver no borrosas.
2. Pon bocabajo la revista y ahora vuelve a intentarlo con otra palabra (aunque esté al revés) de cualquier página;

vuelve a anotar las palabras percibidas. Probablemente, serán más que las del texto que se lee al derecho.

3. Hazlo de nuevo con otra palabra y página, intentando aumentar el número de palabras percibidas que no están borrosas.

4. Lee lo más rápido que puedas las siguientes líneas de izquierda a derecha: es decir, empezando por «Las abejas son animales muy necesarios para la vida». Luego anota lo que tardas en hacerlo.

Las abejas son animales   muy necesarios para la vida.

Los leones de la sabana   viven en una manada grande.

La madre lleva hasta el agua varias crías a la vez en la boca.

Se alimenta principalmente de orugas y otros insectos.

Come semillas e insectos sobre todo y anida en las coníferas.

Cuando quiere lo hace mejor que la media.

Los hámsteres son roedores excavadores con dieciocho especies.

Acecha en el agua con sus ojos asomando sobre la superficie.

Cuando falta poco para la eclosión las crías son muy sensibles.

Es un pájaro extremadamente común y adaptable en todo el mundo.

Quería saber cuánto tiempo permanecería en aquel lugar.

Desde donde estaba no podía ver la playa que le había dicho.

Tropezaban unos con otros tratando de alcanzarle como fuera.

Era la única seguridad de aquel mundo inseguro.

Era increíble que se hubiera almacenado allí todo aquello.

Quería decirte que me dijo que no te preocuparas por él.

Dile que se lo agradezco mucho y gracias a ti por esperarme.

Lo sé,   no debí hacerlo.

Al mal tiempo   mejor será prevenirlo.

A los dieciocho años   ignoraba su existencia.

A los siete y a los nueve años se da un salto madurativo.

Nadie tiene derecho a impedir que alguien intente lo que debe.

Uno, dos, tres, cuatro, cinco,   doce, a, nadie, barco.

Levantó la cabeza de golpe y oyó crujir una tabla.

Dímelo tú y entonces   lo creeré por quien lo dice.

¿Te gustaría acompañarme   a ver elefantes por la selva?

¡Qué viejo parecía Eulalio Gómez a la luz de la mañana!

5. Tras un descanso o al día siguiente, vuelve a intentar hacer el ejercicio 4, pero en menos tiempo. Y así, hasta que lo reduzcas un tercio del tiempo empleado la primera vez.

6. Ahora calcula cuánto tardas en hacer esta lectura. Repítelo hasta que lo hagas en menos tiempo que el empleado en la primera vez que leíste el ejercicio 4, según tus anotaciones.

Si es así, haga el favor   de decirle que no ha llegado.

Esperanza, Pedro, Rocío y Carmen llegarán a su casa esta noche.

Inés le dio una bienvenida llena de cariño y afecto.

A Blanca le habría gustado comprar ese cuadro tan bonito.

Búscate una afición provechosa a la que dedicar tu tiempo.

A las dos menos cuarto me dijo que llegarían a casa.

Los cisnes posados sobre guijarros se limpiaban las plumas.

Se levantó penosamente y se volvió a la cama.

Poco antes de llegar a donde estaban se detuvo pensativo.

Las lágrimas de risa   corrieron por su cara.

Caminaba como un autómata   con la cabeza vacía.

La pequeña botella resbaló repentinamente sobre el sillón.

De repente la voz que oyó le tranquilizó por un segundo.

La próxima vez será mejor   que se lo lleves tú.

El menor paso en falso podría acabar con él.

Siguió sentada un buen rato sintiendo la misma desesperación.

Hasta que oyó el suspiro de Luis no se quedó tranquila del todo.

Desde una gran distancia oyó la misma voz que gritaba.

Vivimos en las afueras de la ciudad y no cambiaríamos la casa.

Petra se había dejado engañar por la angustia y oscuridad.

Apretó furiosamente el dedo   sobre el interruptor de la pared.

Ojalá hubiera llegado antes para intentar remediarlo.

No le he visto de nuevo hasta hoy al llegar a la casa de Ana.

En los alrededores del hotel se oyó un inquietante alarido.

A todos les gustaba la idea   de tener que viajar a Inglaterra.

¿No pudiste reconocer a nadie de los que viajaban en el tren?

¡Es imposible hacerlo   está usted gravemente herido!

7. Coge una revista y elige una foto que ocupe una página entera. Mírala atentamente. Sin prisa. Cuenta las formas más o menos triangulares que pueden descubrirse en la foto.

8. Ahora haz lo mismo con las formas más o menos cuadradas o rectangulares.

9. Cuenta los colores distintos que hay en la foto. Puedes ayudarte de un papel para poner una marca cada vez que identificas un tono de color distinto, o incluso, si quieres, puedes ponerle nombre para saber que no lo has apuntado ya.

10. Busca en la revista una cara humana. Fíjate en los ojos; tapa con la mano o una hoja la nariz, la boca y la barbilla; deja solo sus ojos a la vista. Intenta imaginar si está triste y cuánto lo está (puede que mucho, poco o nada) o cualquier otra emoción que creas ver en el gesto de sus ojos. Luego tapa los ojos y mira atentamente la nariz, la boca y la barbilla para hacer lo mismo. Si no coinciden las emociones que identificas una y otra vez o bien la intensidad de la emoción es normal, elige otra foto en la que la modelo esté sonrien-

do. En este caso, seguro que hay diferencias: mira hasta percibirlas.

11. Repite este ejercicio con varias personas de una misma foto de grupo.

12. Ahora fíjate en un brazo de una fotografía y saca todas las conclusiones que puedas (al menos diez) de la vida que lleva el hombre, mujer, niña o niño, chica o chica del brazo.

13. Haz lo mismo con una pierna.

14. Ahora con un peinado.

15. Por último, mira un objeto (coche, casa, moto, herramienta, aparato...) que tenga alguien y deduce lo máximo que puedas de él o ella.

16. Mira un teclado de ordenador o móvil y fija la vista en la letra H. Sin dejar de mirar la H.

Mira también la G y la J.

Cuando tengas las tres y no te cueste nada verlas a la vez, fíjate también, arriba, en la Y.

Luego, abajo, en la B.

Después, arriba, en la U.

Abajo en la V.

Arriba en la T.

Abajo en la N.

Y así, sin dejar de ver fijamente la H y las demás, intenta ampliar cada vez más tu visión, sin perder la fijación de las que ya tienes. Es decir, viendo cada vez más espacio en un solo golpe de vista.

26

Concentrarse más

Como hemos visto, la concentración es uno de los once aspectos de la lectura.

Si nos desconcentramos, leer se hace más difícil en velocidad, comprensión, buenos hábitos, facilidad, proceso mental, etc.; es decir, leer estando desconcentrados dificulta la eficacia lectora y el disfrute.

La desconcentración llega cuando en la lectura se encuentran obstáculos que la dificultan (malos hábitos lectores), y requiere un sobreesfuerzo para dirigir nuestro pensamiento fuera del mismo; también se produce cuando lo que ocurre durante el día nos hace tener el pensamiento ocupado debido al estrés generado. Precisamente, en esos momentos conviene distraernos de tanta preocupación leyendo, y así evitar seguir pensando obsesivamente en lo que sea. Pero, para lograrlo, es preciso aprender a concentrarse en la lectura, al menos tanto que nos permita evadirnos de lo que nos inquieta mientras estemos leyendo. Entonces, leer se convierte en una extraordinaria terapia contra el estrés, las complicaciones y las obsesiones; sirve para relajarnos, distraernos y hacernos disfrutar en momentos de máxima tensión, perjudiciales, con consecuencias negativas, que la evasión de la lectura contrarresta.

Por otra parte, cuando la lectura es necesaria en los estudios, esta concentración hace que en menos horas se aprenda más, que cundan enormemente más las horas de trabajo y esfuerzo; por lo tanto, la concentración en esta función de la lectura también resulta crucial.

Como lo resulta, igualmente, cuando se ha de hacer una lectura rápida de cualquier documento profesional, de instrucciones domésticas o de carteles, en que también la concentración posibilita la comprensión eficaz de lo más esencial.

La concentración es también una cuestión de predisposición: poner el cuerpo y todos sus sentidos en predisposición de concentrarse. Es cuestión, además, de hábito, empezando por hacer pequeños ejercicios.

Se trata de una facultad que no va desde el exterior hacia el interior, sino más bien al contrario. De hecho, puede haber condiciones externas opuestas a la concentración, y viceversa. Esta empieza, pues, por una predisposición y decisión interior. Comienza por un razonamiento y un deseo racional.

Es cierto que, al menos en los últimos veinte años, la cultura, el consumo de información, el entretenimiento y el ocio predominante en los 34 países integrantes de la OCDE han hecho que la desconcentración sea un hábito extendido a toda la población, y sobre todo en los más pequeños: la inmensa mayoría de la gente se desconcentra después de ocho minutos si no llega algún tipo de emoción para reforzar la voluntad y la satisfacción, si no se proyecta un posible resultado exitoso y no hay, por consiguiente, compensación del esfuerzo.

En una cultura así, es preciso, especialmente, saber cómo compensar esta desconcentración con ejercicios que nos hagan poder acceder a la concentración que exige leer, pero también poder disfrutar de la vida y de las relaciones personales en ella. De esta necesidad surgen algunos de los ejercicios que se describen a continuación a modo de ejemplo. Cuanto más se realicen estos u otros parecidos, más se beneficiarán muchas facetas del lector y en general de todo niño, niña, adolescente, adulto o adulta.

Ejercicios para concentrarse más al leer o en cualquier actividad

1. Busca un sitio muy cómodo para leer. Acomódate en él.
2. Respira hondo (inspiración profunda, retención y expiración larga) hasta diez veces.
3. Respira ahora cinco veces con profundidad y expira con lentitud, pero sin retener el aire.
4. Abre el libro por donde vayas a empezar a leer. Detente en la primera palabra del texto que vas a iniciar: da igual qué tipo de palabra sea.
5. Ahora imagina el concepto o la idea de esa palabra, o sus posibles significados si tiene varios, y escoge el más probable.
6. Si no es un sustantivo, céntrate en el primero que encuentres en la frase e imagina ese concepto con el mayor número de detalles.
7. Ahora piensa en un lugar que te guste y en los pasos que tendrías que dar hasta encontrarte allí y qué sensaciones percibirían cada uno de tus sentidos princi-

pales, en este orden: olfato, gusto, oído, tacto y vista por último.

8. Imagina el cajón izquierdo de tu nevera y ahora, con tu imaginación también, saca de la bolsa que acabas de traer del supermercado dos naranjas grandes. Imagina su apariencia, su tacto, su olor y las diferencias entre una y otra, y cómo las depositas en la nevera, para acabar imaginando cuál es, dentro del cajón, su tacto, su olor, su apariencia y las diferencias entre ambas.

9. Mira ahora el primer párrafo que has de leer y cuenta las letras «e» que tiene. Bastan seis líneas; si es más largo, puedes dejarlo en la quinta línea.

10. Escoge una de esas palabras con «e» y piensa a qué palabra se parecería si cambiaras la «e» por «a».

11. Cuenta las palabras que hay en las tres primeras líneas.

12. Ahora fíjate en el libro, en su papel, en si es más blanco que gris o que beis; si su composición tiene mucho, poco o nada de plástico; fíjate en su tacto. Mira si su letra es una letra con remate o sin él, tal y como explicamos en el capítulo 14 de este libro sobre qué letras se leían más fácilmente.

13. Lee en el primer párrafo palabra tras palabra, de una vez, sin pausa salvo que haya comas o puntos. Fíjate en cada palabra que lees.

14. Lee siguiendo las indicaciones de cómo leer de una vez, que incluimos a continuación.

27

Leer de una vez

Uno de los malos hábitos adquiridos por muchos niños, niñas y adolescentes, y que mantienen también numerosos adultos y adultas, es leer fragmentadamente lo que no se debe fragmentar al leer bien.

Así, muchos niños y adolescentes aún silabean al leer en público o para sí mismos, y son bastantes los adultos que también lo hacen. Si se fragmentan palabras o frases, separando lo que no ha de separarse, la comprensión del oyente se hace muy difícil. Porque ha de adivinar el texto con los trozos que oye, y se cansa o se pierde.

Muchos niños le-en a-sí, en lugar de leer cada unidad de una sola vez.

En la lectura de un simple texto por parte de veintisiete niños de segundo de ESO, todos lo fragmentaron indebidamente al leerlo. Un alumno sobresaliente, que se quejaba del mucho tiempo que le requería aprender todo para obtener un diez, hizo la siguiente transcripción:

«A Joa - quín - no le - había gustado - aquella - película. - Un niño - que parecía - ton - to - y que lo tomaban
- como si real - mente - lo fuera. - Ningún - ser humano
- es - tan tonto - como para que - otro - pueda con - side-
rar - lo así, - pen - saba - Eu - la - lia. - Todos - tenemos
- días buenos - y - días - en los que - los más - inte - ligen-
tes no saben - resolver los problemas - más simples, - sobre todo - con las personas.»

Ningún alumno de segundo de ESO hizo las pausas en la
lectura donde debía:

«A Joaquín no le había gustado aquella película. - Un
niño que parecía tonto - y que lo tomaban como si realmente lo fuera. - Ningún ser humano es tan tonto - como
para que otro pueda considerarlo así, - pensaba Eulalia.
— Todos tenemos días buenos — y días en los que los más
inteligentes no saben resolver los problemas más simples,
- sobre todo - con las personas.»

Ninguno lo leyó del todo bien.
Debían haber fragmentado o detenido su lectura 31 veces
menos que aquel alumno de sobresaliente en todas las áreas.
Es preciso adquirir el hábito de leer las palabras como
palabras enteras. No leer «ab-solutamente» ni «im-perfecto»,
sino «absolutamente» e «imperfecto», porque se trata, en los
dos casos, de una sola unidad. También hay que leer «casa de
madera» de forma seguida, sin hacer una pausa mayor entre
«casa» y «de» como si hubiera entre ambas una coma, y mucho menos un punto y seguido. Si se tuviera en cuenta esto
en la lectura pública, sería muchísimo más fácil de entender
para quien lo oye y también para quien lo lee, que a menudo

lee sin enterarse por malos hábitos adquiridos con la ruptura de las unidades que no deben romperse al leer si se quiere leer fácil, eficaz y comprensivamente: es decir, leer bien.

Para contrarrestar el hábito de fragmentar las unidades, proponemos a continuación una serie de ejercicios que permitirán adquirir el buen hábito de leer de una vez.

Ejercicios para leer de una vez

Lee sin silabear, es decir, sin dejar espacio alguno entre las sílabas que componen las siguientes palabras (si en alguna lo haces, vuelve a repetirla hasta leerla de una vez, sin pausa en medio, sin separar letras o sílabas):

sobre	huésped
tener	vértice
claro	lápices
luces	señales
serán	tornillos
alto	verano
rapto	extraño
venta	sensato
pelo	transporte
verte	tenedor
señal	conciencia
néctar	diálogo
verja	lejano
boca	señaló
lápiz	hélices
estos	envidia
aquel	horizonte

atropelló	maquinista
barbacoa	estupendo
avaricia	abreviado
atardecer	electrónico
optimista	habitualmente
aéreo	arreglándolo
equipaje	extraordinario
murciélago	estupendamente
cercanías	circunstancia
carnívoro	circunstancial
apéndice	circunstancialmente
subterráneo	imperfectamente
habilidoso	subterráneamente
espléndido	intranquilizadora

2. Lee igualmente las palabras que siguen y pon todo tu empeño en no hacer entre las palabras de las siguientes expresiones una pausa mayor que las pausas que hagas entre las demás palabras, como si lo que hubiera entre ellas fuera una coma o un punto:

la casa azul
las casas de madera
los amigos de Juan
a Joaquín no le había gustado
no le había gustado aquella película
un niño que parecía tonto
parecía tonto y lo tomaban por tal
como si realmente lo fuera
ningún ser humano es tan tonto
como para que otro pueda
considerarlo así

pensaba Eulalia
todos tenemos días buenos
y días en los que los más inteligentes
no saben resolver
los problemas más simples
sobre todo con las personas

3. Ahora haz lo mismo que en el ejercicio 2, pero pausando las palabras separadas por comas con el doble de espacio, aproximadamente, que se ha dejado en el espacio entre palabras sin comas, y sabiendo que si fuera un punto y seguido habría que dejar el doble de espacio que con una coma:

compraron lápices, gomas y cuadernos
había muchos caballos, cebras, jirafas y elefantes
si tú me lo pidieras, iría contigo
a mí no me gustaba desde el principio, te lo dije
a Joaquín no le había gustado aquella película
ningún ser humano es tan tonto, es un hecho
como para que otro pueda considerarlo así, pensaba Eulalia
todos tenemos días buenos y días en los que los más inteligentes
un niño que parecía tonto y que lo tomaban como si realmente
    lo fuera
no saben resolver los problemas más simples, sobre todo con
    personas

4. Lee igual, pero ahora dejando el doble de espacio que en las comas para los puntos y seguidos

a Joaquín no le había gustado aquella película. Un niño que
    parecía tonto

que lo tomaban como si lo fuera. Ningún ser humano es tan
    tonto
para que otro pueda considerarlo así, pensaba Eulalia. Todos
    tenemos
problemas más simples, sobre todo con las personas. Es un
    hecho

5. Y ahora cuatro veces más que en una coma en el punto y aparte.

    No le había gustado aquella película. Un niño que parecía tonto y que lo tomaban como si realmente lo fuera.
    Ningún ser humano es tan tonto, pensaba Eulalia.
    Todos tenemos días malos, sobre todo con las personas.

6. Ahora léelo todo seguido, intentando leerlo sin más fragmentación que la separación que corresponda a los espacios entre palabras, al doble en las comas y al doble de estas en los puntos y seguido:

    «A Joaquín no le había gustado aquella película. Un niño que parecía tonto y que lo tomaban como si realmente lo fuera. Ningún ser humano es tan tonto como para que otro pueda considerarlo así, pensaba Eulalia. Todos tenemos días buenos y días en los que los más inteligentes no saben resolver los problemas más simples, sobre todo con las personas.»

IV

Cómo actuar en algunos casos específicos

Cada niño y niña es un mundo
que merece ser reconocido, valorado y atendido,
da igual cuál sea su diversidad,
porque todos somos irrepetiblemente diversos.

28

Las dificultades de los zurdos al leer y escribir

Cerca del 25 por ciento de la población mundial es zurda, y la mitad de ellos van dejando de serlo funcionalmente y acaban escribiendo con la derecha, eso sí, con lo que muchos llaman con una letra «fea» o «agarrotada», y es lógico que la tengan así.

Por eso, una cosa es escribir con la mano derecha y otra ser predominantemente diestro en el cerebro. Porque el cerebro se manifiesta mucho más que con solo la mano; habría que observar al menos también el pie, el oído y el ojo, lo que tradicionalmente se mira para saber qué lateralidad (predominancia de lado) tiene una persona, pero además debería estudiarse su forma de procesar, de pensar, deducir, imaginar, retener, pensar, soñar, creer, expresarse, sobreponerse a los problemas, decidir, analizar, sintetizar, encajar los fracasos, para saber si tiene predominancia diestra o zurda.

Algunas personas escriben con la derecha siendo zurdas.

Pero también hay quienes escriben con la izquierda y son diestros. En cualquier combinación, con un sentido del cuerpo tendente al predominio parcial derecho o izquierdo y otro sentido con el predominio contrario, veremos manifestaciones claras en su lectura, pero estas sobre todo serán más notables en la escritura.

Por ello, cuando alguien escribe con la mano izquierda, no sabemos si es predominantemente zurdo en su cerebro o solo en su mano. Si su letra es agarrotada o poco armoniosa, quizá no sea del todo zurdo, una cuestión sobre la que volveremos más adelante.

Los zurdos no son más inteligentes o creativos por el mero hecho de serlo, ni siquiera aquellos que lo son del todo y con todos los sentidos. Pero se suelen volver más inteligentes y creativos a causa de su ejercicio zurdo en un mundo predominantemente diestro, que es algo muy distinto. Como consecuencia de ser zurdo, más que como causa, el niño, adolescente o adulto se ve obligado a desarrollar una serie de estrategias que lo hacen más completo, y la flexibilidad y conexión de sus hemisferios cerebrales derecho e izquierdo le proporciona más agilidad y más amplitud, así como la oportunidad —que no todos aprovechan— de ser más completo, más imaginativo y práctico, más analítico e intuitivo, más genial en definitiva: la posibilidad, al menos.

Asimismo, predominan los zurdos, más que los diestros, entre los más aclamados actores, actrices, creativos y artistas en general: por ser completos y por su mayor variedad de registros. Porque así se han hecho en un mundo parcial, predominantemente diestro e incompleto.

No obstante, los zurdos se enfrentan desde pequeños a dificultades extras también en el ámbito del aprendizaje, y concretamente en el de la lectura y escritura.

El ejemplo que ven siempre suele ser diestro, ya sea en docentes e incluso en padres y madres. Imitarlos se convierte en un esfuerzo extraordinario para su cerebro, lo que se vuelve doblemente complicado cuando los tienen enfrente. Pensemos en la dificultad que encontrará un niño o niña de seis años, en primero de Primaria, si ve a su profesor zurdo coger el lápiz, el ratón, el rotulador o el libro y situarse en la clase con su predominancia cerebral natural. La imitación del ejemplo se le complicará enormemente. Por ello, muchos profesores y profesoras zurdas, de forma más o menos subconsciente o consciente, sin grandes reflexiones, tienden a hacer las cosas como si fueran diestros y diestras. Igual que hay profesores que en ese primer curso se ponen el reloj bocabajo, para que lo pueda leer el alumno que le pregunte por la hora con solo enseñárselo.

Esto solo es un ejemplo de cómo la imitación, que es el modo más fácil de aprender, se hace más compleja, y por ello más difícil, en niños y niñas zurdos o zurdas.

Todos hemos oído cómo, en el pasado, se obligaba a los zurdos a escribir con la mano diestra. Hoy ya no se hace, al menos en el entorno de los 34 países de la OCDE. Pero lo hace solo el niño o niña, forzándose a menudo él o ella misma sin que nadie lo advierta. Forzarle era un error muy extendido, pero no efectuar nada también lo es, porque se le puede ayudar con algunos de los consejos que apuntamos en otros capítulos y aquí, como acompañarlo con motivación, estímulo, reconocimiento, método, paciencia, constancia por parte del docente, optimismo, valoración, conocimiento del hecho de ser zurdo, ventajas de este, etc.

Los niños y niñas manualmente zurdos, y sobre todo aquellos que tienen otros sentidos de su cuerpo diestros (ojo, pie, oído), manifiestan lo que llamamos lateralidad cruzada; es decir:

- Tienden a escribir con un notable sobreesfuerzo, dificultad y aparente torpeza.
- Se cansan mucho más al leer y al escribir.
- Leen más despacio y también escriben más lentamente.
- Comprenden menos y captan menos matices cuando leen.
- Retienen menos datos y menos porciones de una información muy amplia.
- Van tapando lo que escriben sin poder adelantarse en su visión o haciéndolo con más dificultad.
- Al escribir, su mano se ve obligada a adoptar una postura muy forzada que no solo dificulta que la letra esté bien engarzada, que sea proporcionada, clara y sin borrones, sino que además implica un mayor cansancio.

Los movimientos de un niño o niña zurda al escribir hacen más difícil que el resultado sea tan legible, proporcionado y estético como esperan el docente o el padre y la madre, que, por el contrario, deberían tener en cuenta esta complicación objetiva, al menos en su reconocimiento, si consideran que aun así se le debe exigir ese resultado.

Lo difícil que sea realizar algo no importa; hay muchas cosas complejas que deben exigirse a un niño o niña, y hacerlo es un signo de reconocimiento, de que se le valora, y si es de verdad bueno y conveniente para él o ella, se le ha de exigir precisamente por lo mucho que se le quiere. Pero hay que jugar limpio, con justicia y con astucia, y arropar esa demanda de un esfuerzo adicional por su parte con un extra de motivación, de estimulación —que son dos cosas distintas—, reconocimiento, satisfacción ante el logro, mayor claridad en la explicación de los pasos que ha de dar y mucho más optimismo. Además es preciso que docentes, padres y madres aseguren de forma extra el método más adecuado en nuestros días a tenor de los conocimientos de la neuro-pedagogía. Si se hace así, ser zurdo o zurda se convertirá en una suerte, porque pondrá en movimiento muchos recursos y cualidades humanas que, de lo contrario, no se activarían tanto, al menos en docentes y familiares. En consecuencia:

- Es preciso ser muy positivos en la exigencia que se le plantea. El niño o niña está haciendo un sobreesfuerzo fruto de su gran inteligencia, agilidad y acierto; por lo tanto, no puede juzgarse solo el resultado como si no existiera ese cansancio, esa postura zurda, esa dificultad para retener y para seguir un orden determinado sin perderse con sus propias disquisiciones y comprender detalles menores, por ejemplo.

- No puede juzgarse a un niño zurdo o niña zurda con criterios diestros. No puede esperarse un producto diestro, convencionalmente diestro.

- Hay que tener presente que la mano del zurdo, al pasar las páginas de lo que está leyendo, adopta una postura más dificultosa, por ser la contraria a su posición y movimiento natural que si fuera diestro. Esto que parece poco problemático, comporta que se acumule con el paso de los minutos un cansancio perceptible en el hecho de leer que incide en todo el proceso: el de la velocidad, la comprensión, retención, etc.

Los zurdos leen bien, pero necesitan, para hacerlo, especialmente ellos, aprender con destreza los once aspectos que engloba el proceso lector, como venimos describiendo. Si nos quedamos, como tradicionalmente se ha hecho, en solo algunos aspectos (por ejemplo: velocidad, comprensión, articulación y expresión), los zurdos o zurdas incrementarán las diferencias del resultado lector con respecto a los diestros. De modo que un zurdo que aprenda a leer solo teniendo en cuenta estos cuatro aspectos y no los once existentes, leerá mal y peor que un diestro, salvo que haga un sobreesfuerzo. Solo aprender completamente le permitirá aprender bien, a él y al diestro. Pero podríamos decir que, en su caso, con mucho menos esfuerzo del que se ve obligado a poner en un método tradicional.

29

Cómo enseñar a leer a un niño con lateralidad cruzada para que se canse menos

La lateralidad cruzada está incrementándose en la actualidad entre los alumnos de Educación Primaria; no sé aún por qué y no he encontrado ninguna investigación actualizada que lo explique. De modo que hay más alumnos con lateralidad cruzada en una clase de 25 niños y niñas en tercero de Primaria que en quinto, y más también en este curso que en una clase de 21 alumnos de ESO. Asimismo, he observado, como profesor y orientador de centro donde imparto clase de Secundaria, que el gran aumento de esta lateralidad cruzada coincide con la globalización de la cultura digital en todos los alumnos; no sé si tendrá alguna relación significativa, se trata tan solo de una intuición.

Pero ¿qué es la lateralidad cruzada? Dicho de una forma práctica, es no ser solamente diestro o solamente zurdo con todos los órganos sensoriales pares: pie, mano, ojo y oído, sino ser con algunos diestro y zurdo con otros; por ejemplo, tener predominancia —más seguridad y destreza— en el ojo izquierdo y escribir con la mano derecha, o escribir con la zurda y jugar al fútbol con la pierna diestra, etc.

Pues bien, ahora en tercero y cuarto es muy común encontrarse en una clase de 25 alumnas y alumnos unos seis con esta predominancia lateral o lateralidad cruzada.

Le pasa a los niños y niñas muy inteligentes y se consolida a los 7 años y no cambia a partir de ahí.

Su consecuencia objetiva es el cansancio al leer y al escribir, salvo que se esté emocionado al hacerlo. Junto a este cansancio verdaderamente justificado, no tendría por qué aparecer, como aparece con gran frecuencia, la sensación de torpeza, lentitud e indecisión.

Estas sensaciones solo se dan porque los chicos y chicas se confunden con esta lateralidad. Alguien sin lateralidad cruzada haría dos caminos en dos tiempos. En cambio, alguien con lateralidad cruzada debe hacer los dos caminos al mismo tiempo, y tarda menos en realidad en los dos, pero más que quien solo hace uno; por eso se cree lento, y los lentos parecen torpes. Además, el hecho de estar al mismo tiempo en dos escenarios —uno lógico y otro emocional— le provoca también la sensación de indecisión, porque ha de cambiar de hemisferio a cada paso, por eso se fatiga, pero se confunde al creer que es indecisión.

Además, los niños zurdos y zurdas suelen rendir poco debido a su esfuerzo por la manera de procesar cruzada y a la forma unilateral de quien los evalúa. Equivocadamente, creen que su ineficacia en los resultados, si estos no son positivos, es consecuencia de su torpeza, cuando en realidad esta se solucionaría con facilidad y en poco tiempo si se dieran tres condiciones:

– Una buena técnica de estudio.

– Que se los hubiera educado el orden.

– Que tuvieran una adecuada autoestima.

Se trata de factores que no suelen aplicarse de forma acertada en nuestros días, ni en la escuela ni en la familia.

Lo normal es que un niño o niña mayor de siete años y con lateralidad cruzada se canse mucho (seis veces más que quien no la tiene) al leer y escribir, y tienda a leer poco, pero si ha aprendido a leer bien (es decir, si lee sin un rozamiento excesivo, sin obstáculos extraordinarios y comprendiendo bien), dejará vía libre a la emoción que le provocará el autor de lo que lee. En definitiva, si la lectura emociona lo suficiente y se sabe leer bien, la lateralidad cruzada no se manifiesta como dificultad; por el contrario, hace imaginarse y comprender lo que se lee desde más ángulos y puntos de vista y, por lo tanto, la lectura puede incluso ser más completa.

¿Cómo saber qué lateralidad se tiene?

Es muy fácil saber si alguien tiene una predominancia lateral global o cruzada. Ya hemos comentado algo a este respecto al hablar de los zurdos, incluso con el niño menor de siete años. Recuperamos a continuación algunos ejercicios fáciles de hacer para determinar la lateralidad, sobre todo si se tiene más de seis o siete años. En todo caso, ha de tenerse en cuenta la fórmula que propusimos para los casos de menores de siete años al referirnos a los zurdos.

1. Para conocer la predominancia lateral de la mano

Para conocer la predominancia manual se pueden emplear los ejercicios que propusimos como ejemplo para averiguar si alguien es zurdo y que recordamos aquí:

a) Darle una baraja de cartas y pedirle que la reparta. La mano con la que reparte es su predominante.

b) Tirarle una pelota y comprobar con qué mano la recoge; será su mano más segura. Pedirle que nos la lance. Si es mayor, pedirle que la haga rebotar contra la pared y que la coja para volverla a lanzar sucesivamente. La mano que escoja para todo ello es la predominante, en especial si la usa en el ejercicio de rebote en la pared.

c) Colocarle justo enfrente (no a la izquierda ni derecha) un papel y unas tijeras. Pedirle que recorte dos círculos con una y otra mano. La mano con la que demuestre más destreza será su predominante.

d) Decirle que dibuje lo que le dé la gana durante más de cinco minutos. La mano con la que lo haga durante los cinco minutos, sin cambiarse el lápiz o bolígrafo de mano, es la predominante.

2. Para conocer la predominancia lateral del pie

a) Pedirle que salte a la pata coja sobre un solo pie, haciendo un círculo amplio. La pierna con la que lo haga es su predominante.

b) Pedirle que imagine que está en un campo de fútbol y ha de tirar un penalti decisivo. Que haga el gesto de chutar aunque no haya pelota. Con la que lo haga, es su pierna predominante.

c) Decirle que suba el pie lo más alto que pueda para intentar alcanzar el escalón más alto posible de una escalera. El pie con el que lo intente es el que predomina.

d) Decirle que se ponga un pantalón. El primer pie que introduzca en su correspondiente pernera es el predominante.

e) Pedirle que arrastre una pelota hecha con papel por la habitación hasta llevarla a donde se le diga. La pierna con la que lo haga es su predominante.

3. PARA CONOCER LA PREDOMINANCIA LATERAL DEL OJO

a) Darle un papel con un agujero en medio y pedirle que lo coja con las dos manos y que nos mire a través del agujero, acercándose el papel a su cara. El ojo por el que mire será el predominante.

b) Darle un cilindro hueco por el que pueda mirarnos. De cartón o cualquier material. Si no se dispone de ninguno, puede hacerse enrollando un papel. Pedirle que nos mire con un ojo a través de él, tapándose el otro con la mano. El ojo con el que mire predomina en él.

4. PARA CONOCER LA PREDOMINANCIA LATERAL DEL OÍDO

a) Darle un reloj cuyo segundero suene y decirle que se lo acerque al oído para oírlo mejor. La oreja a la que se lo acerca es la de su oído predominante.

b) Pedirle que se ponga detrás de una puerta porque vamos a decirle algo muy bajito, a ver si lo oye. Con la puerta entreabierta para observar su postura, al hablarle bajo, él o ella pegará uno de sus oídos a la puerta para escuchar mejor. El que pegue es su predominante.

c) Si tenemos una caracola, decirle que se la pegue al oído para oír el sonido del mar. Sabremos así su predominante. Se puede hacer exactamente igual con un vaso, para que oiga «su vacío», que se podrá comprobar que se parece al sonido del mar.

Además, los niños y niñas que tienen lateralidad cruzada al escribir suelen:

1. Repetir el trazado al escribir una palabra: por ejemplo, como se indica en la figura de abajo, quien la escribe adopta una dirección (derecha), se para de pronto y se vuelve en sentido contrario (izquierda), de modo que el trazo pasa por el mismo trazo hecho anteriormente de forma inútil antes de seguir con el trazado de la letra. Suele hacerse en las letras redondeadas: es como si quien va hacia la derecha y hacia la izquierda (los niños y niñas con esta lateralidad cruzada), se metiera en una rotonda y no se decidiera en qué sentido conducir.

Los espacios entre las palabras a menudo son desiguales, sobre todo cuando se tiene predominancia distinta de ojo y mano.

Lateralidad y lenguaje

Se piensa normalmente que el hecho de ser zurdo o diestro, es decir, la predominancia lateral, tiene que ver con la mayor maduración de uno de los hemisferios cerebrales y con la posición fetal del niño o niña en el seno materno.

Sabemos hoy que existe una correspondencia entre cómo evoluciona esta predominancia lateral y la evolución del lenguaje. Pero lo cierto es que al nacer no se tiene una clara predominancia izquierda o derecha.

A los nueve meses, el niño o niña (quizá esta poco antes) comienza a imitar lo que oye; a los 18 meses comienza las construcciones de 10-15 palabras con sentido en su pensamiento, y a los 36 meses, el lenguaje ya es notablemente más maduro y articulado.

Curiosidades respecto a la lateralidad y los problemas con la lectura

Las causas por las que una niña o un niño se decanta por utilizar más la mano derecha o la izquierda son:

1. Por causa hereditaria.
2. Por mayor madurez de un lado provocada por un mayor ejercicio del mismo.

Hay que tener en cuenta que muchos zurdos iniciales ejercitan más su lado derecho por imitación de la mayoría y acaban madurando más su parte diestra o convirtiéndose en diestros.

De las encuestas hechas para este libro se puede deducir que:

1. Si de los once elementos que intervienen en la lectura y que hay que tener en cuenta para evaluarla hiciéramos tres grandes grupos de personas (los que leen bien, regular y mal), en los lectores y lectoras que leen mal la lateralidad que más se da es la zurda de mano.
2. El 36 por ciento de los niños y niñas tienen lateralidad cruzada, y en el 64 por ciento todos sus órganos pares indicaban una misma lateralidad.
3. Hay más niños que niñas que presentan dificultades lectoras con lateralidad zurda del ojo.
4. A las niñas les afecta más la lateralidad cruzada en cuanto a la lectura que a los niños.
5. La lateralidad cruzada que parece afectar más es la del predominio cruzado de la mano y el ojo. Sobre todo si tiene mano diestra y ojo zurdo: un 60 por ciento de los que la presentan leen mal, y si la mano es la zurda y el ojo diestro, leen mal un 40 por ciento.
6. Los zurdos, ambidiestros y niños y niñas con lateralidad cruzada tienen mayor cociente intelectual estadísticamente hablando que los niños y niñas diestras.

¿Qué hacer cuando se confirma que se tiene lateralidad cruzada, del tipo que sea?

Con los ejercicios anteriores podemos confirmar que predomina una lateralidad en uno o unos órganos pero otra distinta en otro u otros órganos. Por ejemplo, si todos los ejercicios realizados para determinar la lateralidad ocular nos han indicado lateralidad derecha, mientras que los de la mano nos han dado lateralidad manual zurda, deben practicarse los ejercicios que se describen en el capítulo siguiente, propuestos para los niños y niñas que presenten alguna dislexia. La lateralidad cruzada, al final, es la hermana pequeña de la dislexia y sirve su forma de compensarla. No es que se elimine, pero sí que se compensan sus efectos negativos.

30

¿Cómo leer mejor con dislexia?

La dislexia es la perturbación en la adquisición de la lectura (y escritura); por eso es lógico que, en un libro que habla de cómo leer mejor, le dediquemos un apartado específico.

Además se trata de una perturbación muy común, frecuente. Supone el 80 por ciento de los trastornos que afectan al aprendizaje, y la padecen el 5 por ciento de los niños y niñas escolarizados. En torno al 70 por ciento de los diagnosticados son niños o varones (tres chicos por cada chica), pero parece ser que no afecta tanto a unos como a otros, lo que ocurre es que en varones la dislexia viene asociada con problemas de conducta y se hace notar antes y más, y se diagnostica más por ello.

El niño o niña que tiene algún tipo de dislexia muestra:

– Dificultades para percibir el todo, y por eso intenta defenderse encontrando algunos detalles que le permitan intuir lo que el resto no percibe.

- Pobre memoria a corto plazo.
- Dificultades en la interpretación de los signos de la lengua escrita.
- Mala planificación.
- Poca habilidad para seguir el ritmo.
- Lateralidad cruzada o sin definir.
- Dificultades con las tareas que se mandan en una secuencia.

Se trata de procesos que desempeñan un importante papel en el proceso completo de la lectura, de la lectura correcta al menos, y por eso la dislexia conlleva dificultades al leer.

Los errores que derivados de estas dificultades se cometen con más frecuencia son:

- *Rotación*: la letra se confunde con otra parecida, horizontal o verticalmente. Por ejemplo: se confunde «p» con «q», «u» con «n» o «b» con «d».
- *Reversión*: se cambia la secuencia. Por ejemplo, se lee o escribe «los» cuando pone «sol», «la» por «al», «las» por «sal» o «pro» en lugar de «por».
- *Confusión*: se confunde una pronunciación con otra parecida. Por ejemplo, se lee o escribe «laro» por «lado», «pero» por «pelo».
- *Omisión*: se dejan de leer o escribir alguna letra o letras. Por ejemplo: «setado» por «sentado», «por faor» en lugar de «por favor», «chocoate» por «chocolate».
- *Agregación*: se añade una letra o letras. Por ejemplo: «arire» en lugar de «aire», «laa» por «la».
- *Deformación*: lo leído o escrito es ininteligible. Por ejemplo: «prierr» por «perro».
- *Contaminación*: se lee o se escribe una palabra mezclan-

do varias. Por ejemplo: «armarío», mezcla de «armario» y «río»; «salca», mezcla de «salva» y «saca».

- *Disociación*: se asocian incorrectamente fragmentos de palabras vecinas. Por ejemplo: escribir o leer «mees ali do» en lugar de «me he salido»; «ma mamea ma» por «mi mamá me ama» o «cas oce rrado» por «caso cerrado».
- *Escritura en espejo*: es la que se podría leer perfectamente y tendría una forma correcta si se leyera en un espejo. Esta escritura puede aparecer o no en la dislexia: solo se da en 22 niños y niñas de un total de 4.400.
- *Escritura enmendada*: con inseguridad en su dirección.

Los disléxicos son niños y niñas muy inteligentes que suplen con agilidad sus dificultades de interpretación visual o auditiva. Están muy motivados e intentan disimular con esfuerzo y concentración su dificultad. Reaccionan muy bien al entrenamiento que puede hacérseles para compensar su dislexia (los ejercicios que propondremos, por ejemplo) y alcanzan las más altas metas si nos centramos más en lo mucho que tienen de bueno que en sus obstáculos, pese a la realidad de estos, por supuesto.

Entre los obstáculos, se encuentran las dificultades de acomodación, que son las que más afectan a su proceso lector, pero también tienen dificultades con el color y el contraste de blanco en los espacios entre palabras y negro impreso, que les suelen provocar efectos visuales extraños. Por eso leen mejor letras muy grandes y de color, cuyo contraste es menor.

La memoria mediata y de lo abstracto se dificulta en estos niños y niñas con dislexia, y la lectura y el estudio se llenan de trampas, que con facilidad pueden no saberse interpretar bien y confundirse con voluntariedad, apatía, dejadez, torpeza, ignorancia, cuando precisamente son niños y niñas llenos de voluntad, empeño, agilidad, rapidez, inteligencia, deseo, que intentan, simplemente, disimular lo que no ven.

Tendremos que recordar de qué hablamos cuando tratamos sobre la dislexia, así como qué tipos de afecciones la conforman y qué causas tiene. Después, habrá que precisar los ejercicios que podemos emplear para compensarla en niños y niñas que muestren sus síntomas. Hemos de saber, por otra parte, que estos mismos ejercicios benefician también a niños o niñas sin dislexia, pues simplemente refuerzan su lateralidad.

¿Qué es?

Como hemos dicho en el capítulo 6, una de las causas específicas que existen para que un niño o niña no aprendiera bien a leer es la «dislexia», que es preciso comprender mejor y analizar para poder acertar efectivamente con el alumnado que la presenta, tanto en Primaria como en Secundaria, e incluso en los estudios terciarios universitarios o de ciclos superiores.

Hemos comentado que en la confusión acerca de lo que es la dislexia tiene que ver la evolución de su concepto y el hecho de que la medicina no ha divulgado intencionadamente su saber a los docentes y a todas las familias, ni tampoco lo han hecho las leyes educativas, que por otra parte sí exigen —lo que es, sin duda, un acierto— que la dislexia sea tratada como una dificultad del aprendizaje y, por lo tanto, que haya la obligación de atender esta diversidad para que el alumnado que la sufre pueda mantener su éxito escolar en todas las etapas con una adaptación suave, no significativa, que no le impida poder sacar sobresaliente ni determine un itinerario curricular debido a esta dislexia.

La dislexia consiste en una perturbación que altera la adquisición y desarrollo de la lectura y escritura. De forma que un niño o niña con dislexia es el que manifiesta una gran dificultad para aprender a escribir o leer en el mismo tiempo que sus compañeros lo consiguen, y dedicándole el mismo empeño el docente. No es que sea disléxico porque no ha aprendido a leer bien, sino que tenía dislexia mucho antes de empezar el proceso de aprendizaje, que normalmente, según la costumbre pedagógica, se da entre los cuatro y los siete años.

Si su origen está en la genética, en el esquema corporal y postural desde su desarrollo en los primeros meses de vida, o más tarde, en el oído (como afirman Tomatis, Molina y más investigadores), o se debe a otras causas, para nosotros es menos importante que saber qué hacer cuando se da o si conviene enseñar a leer al niño disléxico antes o de otra forma.

En esta misma dirección, antes de pasar a tratar cómo puede aprender a leer mejor un niño o una niña con dislexia, parece necesario explicar qué tipos de dislexia hay y sus manifestaciones para valorar los ejercicios que propondremos e interpretar las reacciones ante los mismos de cada hijo o hija, de cada alumno o alumna.

El grupo de las dislexias es un conglomerado de diferentes afecciones que se caracterizan porque quienes las padecen presentan externamente grandes dificultades para leer y escribir, a pesar de que no se ve ninguna causa que las justifique. Los niños y niñas son inteligentes, están bien dispuestos, no tienen problemas fono-articulatorios en el habla, no son sordos... Se les enseña, pero no aprenden bien; no aprendieron bien nunca o simplemente siguen sus estudios sin escribir ni leer bien y nadie sabe qué hacer, salvo poner más tiempo y esfuerzo.

En 1887 el profesor Berlin, de Stuttgart, creó el término «dislexia» como sinónimo de «ceguera verbal» (término este último que había acuñado diez años antes Kussmal). En 1920, ya con el concepto médico establecido, se difundió el término creado por Berlin. Ello fue posible gracias a que en los años veinte surgieron numerosas carreras universitarias relacionadas con la psicología y la pedagogía, y hubo un gran interés por el fenómeno de la dislexia, que muchos confundieron con otras dificultades que también presentaba el intento de aprender a leer y a escribir, pero cuyas causas eran muy diferentes. A partir de los años setenta y ochenta la medicina volvió a interesarse por estos problemas y empezaron a poner de nuevo algo de claridad, pero aún arrastramos mucha confusión.

El grupo de lo que se llama médicamente «dislexias» incluye afecciones psico-neurológicas que solo a veces son genéticas y que inciden sobre las posibilidades biológicas de la adquisición del lenguaje leído y escrito.

Las más graves son disfasias, pues el niño o la niña se retrasa al aprender al hablar o habla mal. Cuando se acude al médico con estos síntomas, lo más frecuente, según las estadísticas, es que este indique a la familia que hay que esperar; como consecuencia, solo varios años después, en tercero de Primaria o en primero de ESO, se destapa el problema mayor. En las afecciones más leves, solo se nota cierto retraso en el aprendizaje al leer o escribir; por ello, no se lleva al niño o la niña a ningún especialista hasta que se produce el fracaso escolar con la lectura, escritura o en los estudios en general, si es a partir de nueve años: edad en la que el fracaso académico comienza, en la inmensa mayoría de las ocasiones, según mi experiencia, debido a que no se ha aprendido a leer bien.

Las alteraciones que conlleva la dislexia pueden darse en

la percepción visual, en la discriminación auditiva o ser mixta, produciéndose fallos tanto visuales como auditivos. Esta afecta a la comprensión lectora, a la discriminación nítida de sílabas, de letras y palabras y a una escritura agarrotada y poco armónica.

Asociadas a las dificultades en el aprendizaje de la lectura y de la escritura están las del cálculo, llamadas «discalculia», pero que en realidad encierran varios fenómenos:

a) *La disgrafía numérica*: Consiste en escribir números modificados en su interpretación o cambiados de posición. Por ejemplo: 35 por 53; 2001 por 201; 69 por 96; la separación de un número de varias cifras como si sus elementos fueran independientes, por ejemplo, escribir o leer 10013 como 113; o la escritura en espejo al escribir el 3 con los semicírculos a la derecha, el 5 o el 7, etc.

b) *La dislexia numérica*: Es la falta de reconocimiento visual o auditivo de los números.

c) *La dificultad del cálculo aritmético*: Al no saber colocar las cifras una debajo de otra en su posición correcta, sumar o restar en el mismo sentido en que se escribe en lugar de al contrario, que es como se hace, o incapacidad de retener en la memoria por dónde se iba en la operación o de retener algunas reglas para calcular, olvidándose continuamente de ellas.

d) *La dificultad lingüística del cálculo*: En la que un niño o niña no identifica la cantidad que hay detrás de un símbolo numérico o no entiende los enunciados de los problemas o el significado de las palabras de los mismos y el orden de las operaciones que ha de hacer. Presenta dificultades para entender un enunciado donde aparecen palabras como «mayor», «menor», «más», «menos», «después», «delante».

A menudo, alguna de estas afecciones se confunde con lo que simplemente son dificultades de otro tipo: desconcentración, apatía, mala visión, etc. Muchos niños y niñas tienen, no obstante, que aguantar que se los considere torpes, cuando su inteligencia es superior a la media de la clase y solo sufren lo que el docente o familia no ha detectado y la ley obliga a atender en el aula ordinaria.

¿Qué hacer?

En primer lugar, hay que saber que un niño o niña con dislexia (como ocurre con los niños y niñas con TEL: trastorno específico del lenguaje, antes englobado en disfasias) puede aprender a leer mejor de lo que lee (y a escribir) con acierto del método y paciencia. Sobre todo con las nuevas herramientas que nos ofrece la tecnología.

Parece importante percatarse de qué errores cometen más los niños y niñas con dislexia para no dar tanta importancia a los más llamativos pero poco frecuentes, como son la inversión y la rotación. De este modo podemos centrar nuestros ejercicios de compensación en otros errores más habituales, y así lo hemos tenido en cuenta en los ejercicios que proponemos más adelante.

Podemos hacer muchos ejercicios diseñados para trabajar la dislexia, que son fáciles de encontrar en páginas especializadas en la red y en webs de asociaciones de familias con hijos e hijas con dislexia, así como en cuadernos de ejercicios para niños y niñas con dislexia, como los elaborados por las autoras en equipo Fernanda Fernández, Ana María Llopis y Carmen Pablo.

Junto a toda la bibliografía a la que cualquiera puede acceder hoy, a continuación propongo algunas ideas que he ido recogiendo a lo largo de mi experiencia en el colegio como orientador y profesor de alumnos y alumnas con dislexia, así como en el ámbito del asesoramiento, dentro del equipo e=happy center (motivación & método) que coordino, al que muchos niños y niñas de todas las edades han acudido en los últimos años. Además, teniendo en cuenta la naturaleza de las dislexias más frecuentes, podemos hacer ejercicios como los que siguen (para niños disléxicos, pero también resulta convenientes para la fijación espacial de niños y niñas no disléxicos), según la edad:

Desde los cuatro años

1. Hacer que aprenda a montar en bicicleta, aunque haya que empezar usando rodines.
2. Jugar a «Simón dice», juego inglés consistente en que los niños o niñas deben mandar a los demás hacer algo como, por ejemplo, tocarse la oreja, pero para que los obedezcan deben empezar la orden con la expresión «Simón dice que...»; por ejemplo: «Simón dice que te toques la oreja», y entonces los demás jugadores deben tocarse la oreja. Pero no hay que hacerlo si el niño o la niña no se acuerda de decir «Simón dice» o si dice otra cosa por error. Se le puede dar un punto a quien mande bien y obedezca bien. Luego le toca al siguiente con otra orden. Cuando le toca al adulto, puede decir: «Lirón dice que te toques una rodilla», y no obtendrá un punto quien se toque

la rodilla, puesto que no ha dicho «Simón», sino «Li-rón». Cuando le vuelva a tocar al adulto puede dar la orden correctamente con Simón, pero en otra ronda volver a cambiarla y decir: «Sifón dice que te toques el ojo». O bien puede complicar el juego ordenando, por ejemplo: «Simón dice que te toque el ojo derecho con la mano izquierda» o «Simón dice que saltes a la pata coja con la pierna izquierda».

3. Pedirle que identifique «delante», «detrás», «arriba» y «abajo» teniendo como referencia a él mismo (¿qué tienes delante de ti?) y respecto de un objeto u otra persona (¿qué hay delante del sofá?, ¿qué hay delan-te de Elena?).

4. Pedirle que responda preguntas del tipo: «¿El desa-yuno se hace por la mañana, tarde o noche?».

5. Preguntar: ¿Cuándo almorzamos, de día o de noche?

6. Preguntar: ¿Cuándo se cena, de noche o de día?

7. Preguntar: ¿Qué día fue ayer?

8. Preguntar: ¿Qué día fue antes de ayer?

9. Preguntar: ¿Qué día es el anterior al de pasado ma-ñana?

10. Preguntar: ¿Qué hay delante de ti?

11. Preguntar: ¿Qué hay detrás de ti?

12. Pedirle que levante la mano derecha.

13. Pedirle que levante el pie derecho.

14. Ahora la mano izquierda.

15. El pie derecho

16. La mano derecha.

17. Pedirle que continúe esta serie con un dibujo suyo:

18. Pedirle que haga lo mismo con esta nueva serie:

 ....

19. Pedirle que en una oración identifique una determinada letra. Por ejemplo: «Señala la b en la frase: *Los dos pájaros del balcón son dos mirlos*».

Desde los siete años

20. Intentar que recuerde la calle donde vive, el piso y puerta si tiene.
21. Intentar que memorice el número de teléfono de la madre o el padre.
22. Pedirle que identifique la izquierda y la derecha.
23. Pedirle que responda preguntas del tipo: «¿Qué día viene después del martes?».
24. Preguntar: «¿Qué día está antes del lunes?».
25. Decirle que salte cinco veces sobre un mismo pie («a la pata coja»).
26. Decirle que salte ahora dos veces sobre un pie y otras dos sobre el pie contrario; de nuevo dos veces sobre el primero y dos veces más sobre el segundo.
27. Decirle que, con los ojos abiertos, ponga los brazos a diferentes niveles, que cierre los ojos y nivele los brazos.
28. Hacer que complete una palabra de la que solo se ve una parte. Por ejemplo, *campa_ _; timbr_; a_igo; telé_ _ _ _; móv_ _; sue_ _; _ _ñana.*

29. Preguntar: ¿Qué mes es el tercero después de marzo?
30. Preguntar: ¿Qué mes es anterior a enero?
31. Preguntar: ¿Qué estación viene después del verano?
32. Preguntar: ¿Qué estación es anterior al invierno?
33. Poniéndonos delante del niño o niña, pedirle que nos imite cuando nos tocamos la nariz con la mano izquierda (esperando que lo haga con su izquierda también).
34. Lo mismo, pero ahora tocándonos la oreja izquierda con la mano derecha.
35. Y por último la oreja izquierda con la mano izquierda.
36. Pedirle que continúe esta serie con un dibujo suyo:

37. Y la serie:

38. Asegurarse de que sabe nombrar y distinguir los colores amarillo, rojo, azul, verde, blanco, negro, gris, marrón, naranja.
39. Darle al niño o niña cuatro cuadrados recortados en papel con una diferencia cada uno de ellos de un centímetro en los lados y pedirle que ponga el mayor debajo y los demás encima de este de mayor a menor.

40. Decirle cuatro conceptos para que construya una oración. Por ejemplo: niña, helado, señor, hoy; o bien más complicados, según la edad: casa, noche, antes, sé.

41. Poniéndonos delante de él o ella, pedirle que haga lo contrario que nosotros cuando nos tocamos la nariz con la mano izquierda (esperando que se la toque con la mano derecha).

42. Lo mismo (que haga lo contrario) pero nosotros nos tocamos la oreja izquierda con la mano derecha.

43. Igual, pero nosotros nos tocamos la oreja derecha con la mano izquierda.

44. Igual, pero nosotros nos tocamos la oreja derecha con la mano derecha.

45. Igual, pero nosotros nos tocamos la oreja izquierda con la mano izquierda.

46. Se enumera en la habitación cuatro puntos. Por ejemplo: 1, el sofá; 2, la puerta; 3, la ventana, y 4, el suelo. A continuación decirle: «Toca en orden: 4-3-1-2». Después pedirle: «Ahora 3-1-4-2». Por último: 3-1-4-2-3-2.

47. Pedirle que continúe la serie con un dibujo suyo:

48. Pedirle que dibuje la continuación de esta serie:

△△△△◁△△◁△◁......

49. Y:

....

50. Pedirle que dé una palmada cuando, en una serie de palabras, digamos una palabra distinta a las dos primeras. Decirle muy despacio, dejando más o menos un segundo entre cada palabra, y en alto: «PEPA, PEPA, PEPA, PEPA, PEPA, PEPA, PEPE, PEPA, PEPA, PEPA, PEPA, PEPA, PEPE, PEPA, PEPA», esperando que el niño o niña dé una palmada en la 7.ª y 13.ª palabra.

51. Enseñarle a distinguir y a saber nombrar los colores: azul marino, azul celeste, gris claro, gris oscuro, granate, beis, salmón.

Desde los diez años

1. Pedirle que continúa con un dibujo suyo la serie:

....

2. Pedirle que continúe con un dibujo la serie:

....

3. Pedirle que dé una palmada cuando, en una serie de palabras, digamos una distinta a las primeras. Decir muy despacio —dejando un segundo entre cada palabra— y en alto: «PERO, PERO, PERO, PERO, PERO, PERO, PARA, PERO», esperando que el niño o niña dé una palmada en la séptima palabra.

4. Pedirle que señale, entre las siguientes figuras, cuál quedaría en medio si metiéramos una dentro de otra:

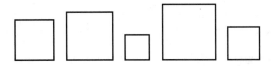

5. Enseñarle a distinguir y nombrar los colores: rosa, púrpura, añil, beis, fucsia, lila, magenta, caqui, turquesa, sepia, esmeralda, carmesí, escarlata, zafiro, malva, jade, carmín, ámbar, bronce, cerúleo, cian, coral, crudo, ocre, siena, oro, violeta, terracota.

6. Si tiene más de once años, pedirle que identifique hacia dónde debe caminar (indicando «izquierda» y «derecha») hasta llegar a un objeto fuera de la habitación.

31

Lectura y TDAH

Como aprender a leer y leer bien exige concentración, atención, memoria y retención, reflexión y control, muchos niños y niñas con trastorno por déficit de atención e hiperactividad presentan dificultades al iniciarse en la lectura o al leer en público o a solas.

En la lectura hay que hacer muchos pequeños e importantes procesos: unir letra-sonido, por ejemplo, o letras-significado, memorizar significados o vocabulario, y si el niño o la niña se distrae cuando se enfrenta a estos procesos, perderá buena parte de la comprensión y de los beneficios de la lectura, con lo que la lectura no será completa y eficaz. Con la distracción llega el cansancio, y con el cansancio, la pérdida de rendimiento y la desmotivación al final. Además, el exceso de movimiento (en los ojos, por ejemplo) dificulta la lectura eficaz y la retención comprensiva. Aunque, como en el resto de las actividades, si el niño o niña con TDAH mantiene una mayor actividad motora que la que exige la propia lectura, puede leer con mayor eficacia. Cuando un niño o niña con TDAH está moviendo sus piernas o manos, puede concentrarse mejor al leer.

Muchos niños y niñas con TDAH, además, pueden presentar dislexia, pero son dos trastornos diferentes. En primer lugar, deben hacerse las pruebas pertinentes de TDAH, y después de la dislexia para no confundir esta segunda con la primera.

Ejercicios y prácticas que conviene hacer a un niño o niña con TDAH

En primer lugar, a un niño o niña con TDAH le conviene practicar los ejercicios que se aconsejan en todos los niños. Por lo tanto, le convendrá hacer los que se proponen en cada capítulo de este libro. Pero de una forma específica, para compensar precisamente las dificultades antes descritas, le resultarán beneficiosas las siguientes actividades:

1. Aprenderse un poema de palabras comprensibles, aunque no entienda el poema, y de extensión media (por ejemplo, sonetos: 14 versos); si se quiere, se puede empezar por fábulas. Resultan muy útiles: *Subió la mona a un nogal*, de Samaniego; *Anoche cuando dormía* o *A un olmo seco*, de Antonio Machado; *Cuentan de un sabio que un día* (fragmento de *La vida es sueño*), de Calderón de la Barca; *El mar. La mar*, de Alberti.
2. Refranes:

   El que tiene boca se equivoca; Dos no discuten si uno no quiere; A buen entendedor pocas palabras bastan...

3. Contar sílabas de palabras fáciles (en las que se eviten diptongos e hiatos):

Cosa, caballo, cama, lejos, madera, mermelada, salir, mirándote...

4. Resolver sopas de letras.
5. Resolver crucigramas.
6. Para estos niños y niñas es muy importante también aumentar el vocabulario para facilitar la comprensión.
7. Jugar al ahorcado:

A _ _ _ _A _ _

8. Jugar a «Alto al boli». Con este y otros nombres, como el de «Las categorías», se conoce un popular juego de mesa, papel y lápiz consistente en que cada jugador ha de rellenar una cuadrícula a la mayor velocidad posible con palabras que empiezan con una letra elegida al azar; las categorías de la cuadrícula se habrán pactado antes, por ejemplo: un nombre, una ciudad, un país, una comida, animal, un objeto, un verbo, adjetivo...

LETRA	NOMBRE	CIUDAD	PAÍS	COMIDA	ANIMAL	OBJETO	VERBO	ADJETIVO
C	Carlos	Cuenca	Colombia	Chorizo	Caimán	Coche	Caer	Cojo
S	Sonia	Soria	Senegal	Sopa	Sapo	Sartén	Salir	Sabio
M	Miguel	Málaga	Mónaco	Morcilla	Marmota	Martillo	Mirar	Miedoso
L	Luisa	Lisboa	Libia	Lechuga	Lagarto	Lámpara	Liar	Liado
J	Julián	Jerusalén	Japón	Jamón	Jabalí	Joya	Juntar	Japonés
...								

En cuanto alguien termina de rellenar la fila (horizontal) dice «Alto» y los otros jugadores deben dejar de escribir en su papel, que ocultan a los demás. El jugador que ha acabado primero empieza a decir lo que ha puesto en su categoría; cada vez que se haya escrito algo no repetido por los demás se obtienen 10 puntos, cuando sea repetido 5 y si no se ha llegado a escribir la palabra entera, 0. Gana el que más puntos obtenga después de sumar tantas letras (filas) como se desee.

9. Palabras encadenadas:
Jugar a decir alternativamente una palabra uno y otro jugador; la palabra siempre ha de empezar por la última letra de la anterior palabra.

Comida-avestruz-zapato-oso-oruga-almacén-nariz-Zaragoza-aula...

Si alguien se queda sin palabras o se equivoca ortográficamente, obtiene un punto; pierde el que más puntos obtenga al final.

10. Trabajar la ortografía con el método visual que se propone en el capítulo «La ortografía fácil» del libro *Todos los niños pueden ser Einstein*.

11. Evitar lecturas con muchas descripciones.

12. Empezar con las lecturas más estimulantes, que serán las que presenten una maquetación variada: títulos, colores, juegos tipográficos, espacios blancos. Más adelante, se puede ir pasando a textos más uniformes, pero, si es posible, de capítulos cortos o no muy largos, al menos.

13. Empezar leyendo alternándonos con el niño o niña, para ir dejando cada vez fragmentos más largos a su lectura.

14. Si el niño o niña debe leer para estudiar, le ayudará que le señales las palabras claves o le acompañes en su elaboración de un esquema visual y preparado para grabar (como se indica en *Tu hijo a Harvard y tú en la hamaca*).

15. Manifestar la satisfacción que se siente cuando un hijo lee: es una actividad propia de niños inteligentes, maduros, curiosos, y de personas que disfrutan con una vida emocionante y rica.

32

Lectura y altas capacidades

Los niños y niñas con alta capacidad son, sobre todo, niños y niñas normales. Es decir, niños o niñas a los que conviene lo mismo que a todos los niños y niñas. Por eso, todos los ejercicios propuestos en los diversos capítulos de este libro también serán adecuados para ellos. Aunque eso no quita, como en el caso de quienes tienen cualquier diversidad, y esta sin duda lo es, que pueda irles bien, además, hacer algunos ejercicios especialmente beneficiosos para ellos, y así los recomendamos al final.

Empecemos por aclarar lo que es la alta capacidad hoy en día y qué diferencia hay con la superdotación o talento.

Todos los niños y niñas tienen talento, algunos lo desarrollan y otros incluso lo hacen brillar, pero muchos de ellos no tienen alta capacidad. La alta capacidad conlleva talento, aunque se puede tener mucho talento sin alta capacidad. Se puede tener una capacidad superior a la media, lo que constituye una excelencia de la inteligencia, y no llegar a superdotación, que es una rareza.

El cociente intelectual que tiene cada ser humano es distinto desde el nacimiento. Apenas varía con los años, la inteligencia, en cambio, el desarrollo de ese cociente intelectual sí que cambia conforme se va aprendiendo. Cuanto más se aprende y cosas más importantes, más inteligente se vuelve uno o una. En el año 2017, la mayoría de los españoles testados dieron un C.I. entre 85 y 115; a partir de esta cifra (115 o 120 prefieren algunos) se considera alta capacidad. De forma que un niño o niña cuyo cociente intelectual sea entre 120 y 135 es un niño o niña de alta capacidad. Entre 135 y 160 podría aplicarse el término de superdotación (aunque hay quienes emplean alta capacidad y superdotación como sinónimos). Sin embargo, un niño o niña con alta capacidad no es solo un niño o niña con un cociente intelectual por encima de la media, sino mucho más: es superior en creatividad, en expresión, en comprensión, en asociación de ideas, en procesos y comportamientos.

Quienes tienen alta capacidad son muy sensibles, curiosos y difícilmente saciables. Se distraen también con mucha facilidad por el poco interés que les genera lo que tienen delante; fruto del aburrimiento, pueden distraerse y parecer que presentan dificultades para concentrarse o atender, cuando simplemente se aburren. Si a eso le añadimos que pueden haber aprendido a respirar entrecortadamente, a no respirar bien y con profundidad, como la mayoría de los infantes, es posible que lean entrecortadamente, con errores en la expresión y articulación, aunque comprendan bien. Los niños y niñas con alta capacidad efectúan muchas operaciones complejas muy ágilmente al leer, como con otras actividades cerebrales. Se cansan más en menos tiempo. Tienden a desconcentrarse, desean correr aún más y la tensión provoca mayor cansancio y una respiración más entrecortada;

pueden confundirse segmentos de la lectura con atropello, saltos o aceleración.

El 4 por ciento de los niños y niñas tienen alta capacidad, y el 14 por ciento de estos presentan problemas de aprendizaje, muchos de ellos y ellas con dificultades en el proceso completo de lectura. De hecho, es frecuente en niños y niñas etiquetados como disléxicos que no se les descubra su alta capacidad, mientras que en algunos etiquetados de alta capacidad se justifican las manifestaciones de una dislexia que no se acaba de descubrir en ellos.

Ejemplos de ejercicios

Los ejercicios más convenientes para niños y niñas con alta capacidad en el ámbito de la lectura son los mismos que los propuestos para los demás niños y niñas, adolescentes y adultos, y en especial la lectura, pero adaptada a la que se recomienda para niños que tienen dos años más que ellos. Es decir, que se han de adecuar los ejercicios que siguen a dos años más de la edad cronológica que tiene el niño o niña receptor:

- Vocabulario lo más rico posible: razas de perros, tipos de flores, materiales, tipos de tejidos, estilos arquitectónicos, estilos decorativos, idiomas, monedas, países, ciudades...
- Lecturas más complejas emocionalmente, que acaben bien.
- Lecturas a solas y junto con el adulto.
- Preguntarle la relación de lo que lee con la vida de su entorno, la historia y otras áreas del conocimiento.

Acostumbrarle a asociar lo comprendido con lo que ya conoce o a relacionar por analogía lo que lee con lo que puede aprender, para que entienda, por ejemplo, algunas metáforas o fábulas infantiles.

- Ocultarle tres palabras al final del verso con más de un verso en medio entre ellas y pedirle que intente adivinar las palabras que faltan. Por ejemplo, en el poema de Lope de Vega, «Los ratones»:

> *Juntáronse los ratones*
> *para librarse del ......to*
> *y después de largo ...to*
> *de disputas y opiniones*

- Leer fábulas de Samaniego.
- Leer poesías infantiles de Gloria Fuertes.
- Leer libros de ciencias naturales, de geografía, historia y de música.
- Leer adivinanzas para que intente acertarlas.
- Pedirle que explique refranes.
- Preguntarle por detalles que solo ha construido con su imaginación y no vienen explícitos en el texto. Por ejemplo, si un texto habla de un niño, preguntarle con qué ropa se lo imagina, cómo es su pelo, cómo es su piel, altura, etc.
- Preguntarle por las emociones que intuye si se pone en el rol de un personaje de su libro.
- Practicar ejercicios de entrenamiento en cada una de las destrezas relacionadas con los once aspectos que conforman la buena lectura.
- Pedirle que escriba sus propias historias para la lectura de otros.

33

Veintiuno y más: la lectura cuando se tiene síndrome de Down

Los niños y niñas con la alteración en el cromosoma 21, lo que les hace tener tres cromosomas en el par 21, el conocido como síndrome de Down, pueden aprender a leer y a escribir mejor, como pueden aprender a leer y escribir mejor todos los otros niños. Como a los demás, esta destreza no solo les abrirá horizontes y estimulará su inteligencia, sino que además facilitará su relación, sociabilidad, adaptación y aceptación por parte de una sociedad lectora y escritora.

Hoy sabemos que un niño o niña con esta alteración cromosómica puede leer en público grandes discursos ante personajes célebres y un público multitudinario, como puede escribir conmovedores relatos. Pero veamos algunas peculiaridades que deben tenerse en cuenta en la relación con la lectura de niños y niñas con este síndrome.

Como ocurre en el resto de las destrezas, en estos niños y niñas la lectura se adquiere con enorme variabilidad si comparamos unos con otros. Las diferencias individuales marcan la forma, la permanencia y la rapidez de su aprendizaje.

Igual que con todo lo que se pretende enseñar a un niño o niña con esta peculiaridad, es preciso instruirle con la paciencia y la perseverancia que necesite cada uno y una. A veces los resultados tardan en verse, pero se avanza mucho antes de notarse.

Muchos han opinado durante años que un niño o niña con estas características podía aprender a leer y leer en público con soltura y agrado, pero sin llegar a comprender lo que leía. Hoy sabemos que pueden aprender de verdad a leer y, por lo tanto, a comprender lo que leen como un aspecto más, y muy importante, del proceso lector humano. Para que esto pueda completarse, hay que perfilar una manera de enseñarle que lo permita como resultado, al igual que se hace con los niños y niñas que carecen de este síndrome.

Así, es importante que los niños y niñas con este síndrome aprendan a leer de una manera global, como proponemos con todo el mundo, si queremos que lleguen a comprender lo que leen. Si un niño o niña con síndrome de Down (SD) aprende mediante el método silábico o empezando por las letras, para seguir con sílabas, palabras y frases, es muy probable que se quede en una lectura articulatoria y que, aunque parezca que está leyendo, no incorpore la comprensión habitualmente o cuando esta requiera algún esfuerzo extra, porque sencillamente no se le habrá enseñado a entender palabras en frases al mismo tiempo que a pronunciar letras y fragmentos de palabras.

Si, además, no se le ha enseñado a leer con el resto de 11 aspectos y con la articulación (por ejemplo, si no se le ha enseñado más vocabulario), un niño o niña SD leerá como cualquiera al que se le haya instruido igual. Todos somos capaces de leer un texto de física con descripciones intramoleculares o la descripción semiótica o parasemiótica de un poema dadaísta, pero sin entender nada en un campo u otro. Si no nos enseñaron el vocabulario que leemos en una frase, no leemos realmente esa frase, solo leemos letras, espacios y otros signos. Esto es más notable en un niño o niña con síndrome de Down, como todo en él o ella lo es.

Requieren, por consiguiente, como todos los niños y niñas, aunque de una forma más notable, que se les enseñe a leer de verdad, completamente, para poder beneficiarse de todas las ventajas de la lectura, no solo de algunas.

Los ejercicios para los demás niños y niñas son válidos para ellos y ellas, tan solo hay que acompañarlos de más motivación, más paciencia, flexibilidad y tiempo.

Con todo, hay que tener en cuenta que un niño o niña con SD memoriza a corto plazo mejor y que lo que escucha lo interpreta con más dificultad que un niño o niña sin este síndrome. Por ello es preciso asegurarse de que no haya muchas indicaciones orales importantes o que estas se den por sobreentendidas cuando aún no se han expresado.

Algunas investigaciones recientes confirman que los niños y niñas con síndrome de Down aprenden a articular su lectura más fácilmente que a comprenderla, algo que quizá no les ocurra a todos los niños y niñas sin este síndrome.

Todo pasa porque se sepa hablar a cada niño o niña con SD. Para ello es preciso:

- Mostrar alegría por los logros conseguidos.
- Prepararlos para que se sientan movidos a aprender a leer (motivación).
- Acompañarlos hasta que expresen que quieren aprender a leer (voluntad).
- Aplicar el método que se propone en este libro para los

demás niños, pero empezando cuando sea manifiesta la motivación y voluntad del niño o niña, y, por lo tanto, se asegure la alegría de sus primeros resultados mediante la satisfacción y el reconocimiento del adulto como primera recompensa.

- Seleccionar en los ejercicios de vocabulario las palabras que ellos emplean familiarmente, rebajando la edad lo que sea necesario para asegurar lo gratificante del proceso.

- Enseñarles expresiones que contengan el mayor significado posible, con frases de dos palabras primero y de tres después. Cuando se enseña a leer, a veces se emplean expresiones que solo buscan hacer el ejercicio de leer determinados fonemas (sonidos) o grafemas (letras), por ejemplo: «Mi hermano Ramón». Sin embargo, para un niño o niña con SD que no tenga ningún hermano llamado Ramón esta frase será mucho menos eficaz que: «Quiero mucho a mi mamá», porque la quiere y le hace conectar de una forma vital lectura, comprensión, emoción, agrado, implicación, protagonismo y cariño: el suyo y el de su madre.

- Debe protegérseles especialmente de la adicción digital respecto a los niños y niñas sin este síndrome para que las dificultades de reflexión y concentración no se agranden. Lo demás todo es igual: hay que leerles textos, tener libros en casa, leer delante de él, etc.

El caso de Luis

Tenía el síndrome de Down y un cociente intelectual de 60. Quería aprender a leer mejor y a leer en público, como los demás niños de su clase, en un aula ordinaria. Le había enseñado a leer de pequeño y lo hacía articulatoriamente más o menos bien, sin la correcta expresión unas veces, sin la correcta articulación otras y sin apenas comprender casi siempre. Quería aprender más a leer cuentos como los que su padre le contaba, decía. Tenía entonces dieciséis años.

Le enseñamos como defendemos en este libro, con los matices que acabamos de apuntar en este capítulo, y el resultado supuso un cambio vital en Luis. Ahora atesora libros, lee y graba en una grabadora sus propias historias, narraciones y reflexiones. Su vocabulario le ha abierto enormemente sus relaciones interpersonales y todos lo consideran más maduro, diestro, habilidoso... y fiable incluso, llegó a decir algún compañero. Tardó. Porque cada niño y niña tiene su propio tiempo y si tiene este síndrome, el tiempo se alarga hasta que el enseñante pierde la prisa. Enseñarle fue el objetivo, pero nadie sabía al principio lo que para Luis, para su familia y para todos nosotros podría suponer enseñarle.

34

Leer mejor todos los problemas de matemáticas, física y ciencias sociales

Muchos profesores dicen a los niños y niñas: «Es que no has leído bien el problema». Es verdad que cuando uno no ha aprendido a leer bien, no ha aprendido a leer bien los problemas de matemáticas, de física, las instrucciones de un aparato que acaba de comprar, de un cartel, de un anuncio, una canción... Pero ¿es posible leer correctamente y no leer problemas de matemáticas bien?: la lógica nos basta para decir que no. Pero entonces ¿qué quiere decir el profesor cuando dice que no lee bien el problema?

En efecto, algo de razón lleva el profesor o profesora y mucho de razón el alumno o alumna no leyéndolo bien; la mayoría de las veces la culpa es del propio enunciado del problema, como veremos; otras veces, las menos, aunque las hay, el alumno no se ha fijado bien en lo que el problema sí dice correctamente; para esto también daremos unos consejos.

Cada contenido y, por lo tanto, cada área exige del lector y de la lectora una posición determinada. No es lo mismo leer matemáticas, con una secuencia que intenta ser lógica, que historia, con una exposición analítica, temporal y secuencial, o filosofía, con una visión global y general que explica lo particular y atemporal. El lector cambia de perspectiva; ha de hacerlo en función del contenido que lee, por eso conviene tener en cuenta al menos algunas recomendaciones básicas diferenciando materias.

La lectura de los problemas y la teoría en matemáticas

Leer mejor los problemas

La mayoría de los niños y niñas tienen dificultades en ocasiones al leer problemas matemáticos, que son mayores en la totalidad de los niños y niñas con predominancia cerebral derecha: esos más creativos, imaginativos, sensibles, intuitivos, emocionales...

- La dificultad estriba en la imaginación: la de quien redacta el enunciado del problema y la de quien lo lee. Muchos lectores interpretan mal un problema porque quien lo redacta lo hace pensando desde el hemisferio izquierdo y concentrado en solo una operación que espera que el lector haga para resolverlo. Al concentrarse en ella y posicionarse excesivamente en el hemisferio cerebral izquierdo, el redactor del problema no se fija en todas las interpretaciones y en todas las lecturas que pueden tener algunas palabras y oraciones del enunciado.

Eso es lo que le ocurrió a José cuando leyó:

> «¿Cuánto tarda un motorista en ir de Córdoba a Madrid si hay 400 km entre las dos ciudades y va a 72 km/h?».

El lector entendió que no se podía resolver el problema porque faltaba el dato de cuántas veces se pararía y cuánto tiempo en cada parada, pues imaginaba que alguien que fuera a 72 km/h debía pararse, o al menos su padre lo hacía una vez cuando iba un coche a 120 km/h. Hubiera bastado que el problema dijera «sin parar» y la imaginación de José ya no habría pensado en que faltaba un dato.

O a Esperanza, cuando leyó:

> «Escribe en guarismos (números) la siguiente cantidad: trescientos siete».

Y Esperanza escribió: 308. Porque pensó que debía poner lo que decía el enunciado: «el siguiente» a «307».

En definitiva, si alguien quiere formular un problema, ha de estar seguro de que no puede ser interpretado de otra forma. Es cuestión de redactar mejor: sin dejar trampas o puertas abiertas a la imaginación.

– Hay otras veces que simplemente la imaginación no encuentra un vacío, pero se confunde al rellenar lo que cree que falta; mal interpreta lo que quiso decir el redactor; acierta, aunque ese acierto le hace errar según el equivocado criterio del redactor, que buscaba otra cosa y no supo escribirla sin ambigüedad. En efecto, hay veces que lo que la imaginación hace es atropellarse, y con la ansiedad del momento se pasan por alto muchos detalles importantes que cambian el curso de la operación y el resultado.

Para eso, un modo de contrarrestar este error común es detener la lectura cada tres palabras y concentrarse solo en esas palabras antes de seguir:

«Si queremos repartir entre 4 personas, dos tercios de una jarra de limonada, ¿cuánto le corresponderá a cada una?».

1. *Si queremos repartir*: si nos concentramos en estas palabras pensaremos que pretendemos dividir, descomponer y dar a varios una parte.
2. *Entre 4 personas*: lo que sea lo tendremos que dividir entre 4.
3. *Dos tercios de*: 2/3 de algo, menos que la totalidad, solo una parte en la proporción de 2 trozos si el todo fueran 3 partes.
4. *Una jarra de*: el todo es una jarra de algo, y de ese todo tendremos que repartir solo dos tercios.
5. *Limonada, ¿cuánto...?*: los dos tercios serán de limonada y me preguntan que halle cuánto de algo.
6. *¿... le corresponderá a cada uno?*: le tocará a cada uno.
7. Es decir, ¿cuánto sale dividir 2/3 de algo entre 4?

El resultado es que concentramos la imaginación y no se nos escapan detalles. Leemos mejor, leemos bien y comprendemos lo necesario.

Leer mejor las explicaciones teóricas

– Además de los problemas, el área de matemáticas exige la lectura de fórmulas memorizables para aplicar en elementos generales que cambiamos por datos concretos.

Por ejemplo, cuando se lee «el área de un triángulo es base por altura partido por dos», se comprende que cuando se sepa cuál es la base, se multiplicará por la altura que se diga en el problema y luego todo se dividirá por dos. Entonces se lee que la base de ese triángulo concreto del problema ante el que se está es 4 centímetros y 5 centímetros la altura: se cambia la base por 4 centímetros, luego se cambia 5 centímetros en el lugar de la altura y se multiplican: 20, y ahora se divide entre 2. Lo que salga se pone en resultado.

Hay que leer imaginando, al hacerlo, fórmulas que se puedan memorizar. Por ejemplo:

$$\frac{b \times h}{2}$$

Más sencillas:

$$2 \times 4 = 8$$

O más complejas:

$$X = \frac{-b \pm \sqrt{b^2 - 4ac}}{2a}$$

– Al leer la teoría matemática, también hay que interpretar a veces lo que se lee en equivalencias (los elementos y su relación; es decir, su código, grafemas propios):

Base = 4 cm en este problema
Triángulo = $\triangle$
h = altura = 5 cm en este problema
partido = dividido
por = entre
dos = divisor 2

– Pero, además de leer la teoría de matemáticas convirtiéndola en fórmulas y equivalencias, dicha teoría a veces exige leerla transformándola en esquemas de pasos, por ejemplo, para resolver tipos de problemas:

¿Cuánto es el 25 por ciento de 24 alumnos?

Hallar % $\Bigg\langle$ N.º del %
Multiplicado $\times$ el otro
Resultado dividirlo por 100

Operaciones combinadas: *cuatro + (ocho – dos) × tres =*

Operaciones
combinadas $\Bigg\langle$ Hacer operaciones del paréntesis
Multiplicaciones y divisiones
$4 + (8 - 2) \times 3$ Sumas y restas

En resumen, las explicaciones teóricas y o enunciados matemáticos han de leerse traduciéndolas en tres tipos de formatos: fórmulas, equivalencias o esquema de pasos.

La lectura de los problemas y la teoría en biología, física y química

Se aplicará al leerlas el mismo criterio con que se han de leer los problemas y las exposiciones teóricas propias del área matemática, teniendo en cuenta, por ejemplo, que, en el caso de la física, el formato más frecuente que nos pedirá la correcta lectura es el esquema de pasos, mientras que para la química se recurrirá más a equivalencias, aunque tanto la biología como la física, la química y otras áreas similares del saber humano exigen todos los formatos tarde o temprano: nuestro cerebro es el que decidirá cuál conviene para leerlo, es decir, para articularlo, interpretarlo, comprenderlo, retenerlo, etc.

La lectura de las ciencias sociales

Las ciencias sociales tienen sus propias peculiaridades respecto al modo en que han de leerse si las comparamos con las ciencias experimentales; sin embargo, entre sí también podemos encontrar diferencias, porque, al cabo, cada contenido tiene sus propias reglas. No es lo mismo leer historia que leer filosofía, economía que literatura, cultura clásica que arte.

Pondremos algunos ejemplos tan solo por si resultan prácticos. Cualquiera que se adentre más profundamente en cada una de estas ciencias aprende pronto que no se lee igual la singular estructura que tiene cada una.

Como en todo texto, cada oración acaba en un punto. En estas ciencias, cada oración tiene una idea que se suma a la anterior en una cadena o secuencia ordenada que va contando como en una crónica lo sucedido. De forma que se relata el transcurso de sucesos cronológicos, y después o antes, según el gusto del redactor, se justifican su génesis y su importancia con un apartado dedicado a sus causas y otro a sus consecuencias. De modo que ante una lección de una de estas ciencias sociales hemos de saber, para que nuestros sentidos y cerebro estructuren mejor la lectura, que encontremos una serie de acontecimientos en orden, unas causas que lo provocaron supuestamente y unas consecuencias que nos manifiestan su importancia.

ARTE, LITERATURA, SOCIOLOGÍA, PSICOLOGÍA, ÉTICA
Y ECONOMÍA

Al leer un texto de estas ciencias sociales debemos esperar encontrarnos un listado de características y una ejemplificación de ellas, que además dan el origen a cada una. Por ejemplo, leeremos que una característica del Barroco es el estilo recargado y las metáforas o lo simbólico, que es lo que contiene el texto que hemos de leer, en el que Cervantes hizo que Quijote viera gigantes en lugar de molinos de viento; otros autores del mismo siglo emplearon también la metáfora y el simbolismo, así como el lenguaje recargado. De ahí se extrae la pauta común, aquello en lo que coincidían los escritores más conocidos del momento. Y también los escultores y los arquitectos, porque la moda se extiende por el aire a todos los creadores, no solo por escuelas de una única disciplina.

Por eso, con estas materias, hemos de interpretar en los textos las peculiaridades que unen a todos los que adoptan, consciente o subconscientemente, un mismo estilo artístico, una teoría económica o una determinada visión de la sociedad y la antropología. Junto a la descripción de estas peculiaridades, deben haber los ejemplos que las confirman, como textos, obras, pensamientos, datos que se relacionan y se promulgan como consecuencias: lucha de clases, capitalismo, libre comercio, romanticismo, realismo, nihilismo, generación del 98...

Al leer redacciones en el ámbito de estas ciencias debemos preparar la cabeza y los sentidos para interpretar la estructura de las clasificaciones: ejemplos de reglas y concreciones que generan etiquetas.

Cada obra individual de un artista o pensador es como una pieza de un puzle o una casa (Antonio Machado) que se puede reunir con otras por barrios (modernismo), para después poner al conjunto un nombre como ciudad, una vez construidas las casas individuales. La ciudad es la etiqueta, pues, que se pone a un grupo de casas individuales que participan de un mismo asentamiento.

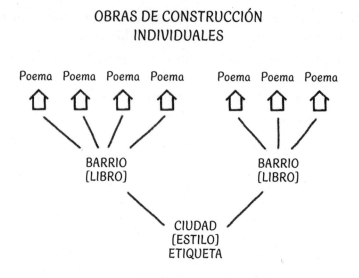

OBRAS DE CONSTRUCCIÓN
INDIVIDUALES

Filosofía y teología

Al leer textos de otras ciencias como la filosofía o la ética, es preciso saber que nos encontraremos con un intento de explicar lo que hay. Bien sea exponiendo primero una idea y explicándola con ejemplos que la confirman, bien sea exponiendo los ejemplos primero y concluyendo la idea que los justifica.

En estas materias, deben esperarse textos largos con una sola idea, en torno a la que gira todo el escrito. Si en los textos de historia cada oración añadía un paso en la secuencia que se describía, en filosofía no ocurre esto, pues cada oración solo intenta explicar de nuevo la misma idea desde una posición ligeramente distinta para comprobar su fiabilidad. En un texto de historia el esquema mental que debemos retener de lo comprendido es extenso; en cambio, en filosofía es un esquema llamativamente escueto: «lo que es, es, y lo que no es, no es», un axioma muy útil para la vida cotidiana que podría explicarse en cientos de páginas con multitud de ejemplos para convencer de su incuestionable verdad.

En definitiva, se trata de horas de pensamiento de Aristóteles, Descartes, de Kant, de Ortega, que se reducen a diez folios para cada uno, y bastan para confirmar su grandeza y el débito de la humanidad entera.

Explicación con tendencia a la explicación del todo.

IDIOMAS CLÁSICOS Y MODERNOS

La lectura de los textos que versan sobre idiomas clásicos (latín, griego...) o modernos (inglés, francés, chino, alemán...) debe abordarse a partir de sus tres dimensiones:

1. *Vocabulario y equivalencias:*
   Lápiz = *pencil*
   Llueve a cántaros = *it's raining cats and dogs*
   ¿Qué tal? = *Hi*

2. *Fórmulas gramaticales:*

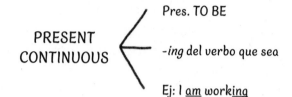

3. *Comunicación y conexiones culturales:*
Leemos:

Juliet: O Romeo, Romeo! Wherefore art thou Romeo?
Deny thy father and refuse thy name; or, if thou wilt
not, be but sworn my love, and i'll no longer be a Ca-
pulet.
(Julieta: ¡Romeo, Romeo! ¿Por qué no renuncias al
nombre de tus padres? Y si careces de valor para tanto,
ámame, y no me tendré por Capuleto.)

Y entonces comprendemos que el conflicto entre genera-
ciones y por grupos de pertenencia se daba en Inglaterra igual
que en España y, por lo tanto, probablemente también en
Francia, Hungría o Rusia en el siglo XVII y en el XX y el XXI,
como probablemente se dará en el XXII y XXVII. Comprendemos lo común que existe entre ingleses y españoles y los
siglos XVII y XXI: el ser humano. Sentimos una cultura distinta con diferente idioma, diferentes formas o costumbres y
expresiones diversas para los mismos anhelos y dificultades:
los de los humanos.

En esa clave, en esa tercera dimensión, también hemos de
leer el texto de otro idioma.

35

La diferencia de leer un texto de no ficción

La ficción (con sucesos y personajes imaginarios) conlleva una lectura sensiblemente diferente a la de la no ficción (la de contenido técnico, científico, humanístico, no imaginado).

En los escritos del segundo tipo, el contenido está visiblemente más estructurado y se establecen signos que indican la relación entre las ideas principales, los conceptos y las secundarias, así como los detalles de esos conceptos.

Pero la característica fundamental quizá sea que el lector, después de leer el texto de no ficción, ha de hacer algo. No basta con disfrutarlo. Debe actuar de algún modo.

La lectura en este tipo de textos exige ir por partes, resolviendo preguntas de manera escalonada: ¿qué?, ¿cuándo?, ¿por qué?, ¿quién?, ¿cómo?, ¿para qué?

1. Así, lo primero que se ha de hacer es intentar responder si se puede:

–¿Por qué ha llegado al lector este texto?

–¿De qué hablará?

–¿Qué se espera que haga el lector tras leerlo?

2. Lo segundo, echar una ojeada al escrito para intentar dividirlo mediante la intuición en una primera disección o estructura.

Para ello, hay que empezar a leerlo prestando especial atención a:

- Los términos que conlleven conceptos (que bien podrían rodearse con un trazo elíptico), especialmente la primera vez que aparezcan en el texto.
- Los enlaces que indican la relación entre esos conceptos (que se podrían subrayar).

En este punto, el cerebro comienza a confeccionar un árbol o mapa conceptual, con ramas que van naciendo conforme se va leyendo cada oración del texto. Distingue entonces entre:

–Tronco (tema o idea central que recoge en ella todas las ideas principales).

–Ramas principales que salen del tronco (ideas diferentes).

–Ramas secundarias que salen de cada rama principal (argumentos, causas y consecuencias).

–Hojas en estas (ejemplos).

3. Lo tercero, volver a mirar con cierta distancia, añadiendo, una tras otra, las ideas de cada gran rama principal, solo de las ramas que salgan del tronco, para obtener

así una visión lejana del árbol, donde ya no importen las ideas (razones o argumentos) de estas ideas, y mucho menos los detalles de las hojas (ejemplos).

4. Por último, es preciso relacionar el tema o idea central del texto (tronco) con otras ideas muy diferentes (otros troncos, otros árboles): se trata de hacer una arboleda de árboles distintos o un vivero. Por ejemplo, un tronco podría ser «El gas natural subirá»; cuando terminamos de leerlo tras haber seguido los tres primeros pasos, lo que hacemos en el cuarto paso es distanciarnos y unir este tronco a otros troncos, por ejemplo: «Qué bien se está viviendo en las casas modernas», a «La decoración ayuda a vivir», «El petróleo será un problema futuro» o «Cuidar el medio ambiente constituye parte del cuidado de nuestra felicidad».

36

Cómo leer en público

Leer en público bien tiene sus propias normas. Son importantes y distintas a las que hay que seguir para leer bien en voz baja para uno mismo.

Así, una buena lectura pública exige por parte del lector o lectora:

1. Leer más despacio, muy despacio y aún más despacio de lo que se piensa en el inicio. Hasta notar y llegar a pensar al leer que se está leyendo demasiado lentamente. Hasta que no se llegue a esa sensación, se debe ir ralentizando la velocidad de la lectura. Este primer punto es muy importante.
2. Al comenzar una frase, no hay que querer terminarla pronto; hay que paladear cada palabra.
3. Concentrarse en la entonación de la frase o fragmento de la frase hasta un signo de puntuación; de este modo los nervios disminuyen.

4. Leer primero en voz baja y rápidamente para uno o una misma las cinco palabras siguientes y luego pronunciarlas despacio en voz alta, cuidando la entonación.

5. Mirar al público y procurar no mover la cabeza desde esa postura. De forma que cuando leamos los ojos desciendan hasta el papel, pero no baje la cabeza. Hay que dirigir la boca hacia el público.

6. Emplear una voz clara e intensa. Hablar en alto, muy alto para el lector o lectora, pero en un tono que sea normal para quien oye. Hay que pensar que hablar bajo transmite la debilidad que se está sintiendo.

7. Hablar con altos y bajos para evitar la monotonía.

8. Dar mayor intensidad y énfasis a las palabras que tengan una mayor carga significativa a juicio del lector o lectora.

9. Coordinar el tono de voz con el fragmento de texto que se está leyendo, pensando en el contenido. El tono de voz es el elemento de la comunicación no verbal más poderoso y está compuesto por el timbre, la intensidad, la velocidad, la claridad y la dirección de la voz. Hay que evitar los agudos en la voz, que transmiten poca credibilidad.

10. Mirar al público, a personas concretas, aunque sea rápidamente, con frecuencia. Se puede aprovechar cuando la frase que se ha leído en voz baja previamente es fácil de recordar por contener una expresión habitual o un vocabulario usual, y entonces buena parte de la frase ya se tiene visualmente memorizada.

11. Cambiar de volumen. Subir y bajar el volumen a lo largo del discurso, pero no con subidas-bajadas que sigan una secuencia repetitiva. Es decir, no debe ser

previsible cuándo se va a subir o bajar el volumen. Lo imprevisible, siempre que no sea estridente, agrada y crea atención.

12. Leer las oraciones enteras o, si no se puede, al menos todas las palabras hasta una coma o punto.

13. Vocalizar con la mayor definición posible, sin hacer cosas raras para evitar el propio acento personal y, por lo tanto, sin marcar excesivamente las sílabas o letras como las «s» finales u otras intermedias, lo que indicaría un gusto por sí mismo: un narcisismo.

14. Pensar en lo que se está leyendo.

15. Respirar despacio, sosegadamente. Para quien lee, el tiempo en silencio parece pasar más del triple de lento de lo que lo percibe quien escucha, que siempre cree que es intencionado y no provocado por el nerviosismo, y por ello considera que la última palabra antes de ese silencio es tan notable que debe fijarse en ella e intentar reflexionar. Así pues, debe respirarse sin prisa, sin brusquedad, profundamente, aunque sin sonidos.

16. Ralentizar la velocidad de la lectura cuando se vea el punto final. Dar una entonación final a las últimas tres o cuatro palabras, mirando al público al menos un instante, o más si se puede.

37

Leer bien y de forma diferente un poema, un ensayo, una novela, una obra de teatro o un anuncio de publicidad

En efecto, mucha gente, creyendo que lo hace así mejor, dramatiza, por ejemplo, un poema. Lee poesía como si fuera una obra de teatro, y un poema hay que leerlo sin actuar, sin dramatizar. No son intervenciones de personajes lo que se lee, sino el pensamiento a solas —en silencio, podríamos decir— del poeta.

Además de las indicaciones incluidas en la recomendación que se ha hecho en el apartado de cómo leer bien en público, veamos a continuación algunas pautas propias de cada género.

Leer un poema

1. Estira todos los músculos, en especial de la cara, la lengua, la mandíbula, el ceño, los labios, los ojos, los hombros, las manos, los pies.

2. Anda algunos pasos.
3. Tararea cualquier canción para que la lengua se mueva suelta.
4. Respira hondo varias veces antes de comenzar.
5. Se trata de transmitir emociones y sentimientos. Es decir, de que, al leer el poema, el público se entere de lo que dice y, sobre todo, que sienta lo que el autor desea que se sienta: tristeza, añoranza, pesar, ansiedad, pena, euforia, amor, desesperación... Pero gran parte de eso el poema lo conseguirá solo con la combinación de palabras. No hay que sobreactuar, por tanto: no es teatro. Simplemente, hay que decir bien las palabras. Importa más el ritmo y la dicción. Pronunciar bien y hacerlo despacio.
6. Piensa en lo que está diciendo el poema; eso te ayudará a transmitir lo que quiere decir.
7. Mantén las manos sujetando el papel, mejor sobre una superficie, si la hay, para evitar que se perciba el temblor del papel.
8. Lee el poema previamente y anota que has de hacer un silencio antes de una palabra, medio verso o un verso entero cuyo significado se considere muy importante.
9. Haz lo mismo antes del último verso.
10. Marca los acentos (tildes o no) de la palabra o dos palabras que tengan más singulares cada verso. Transmitirá el ritmo.
11. Marca las rimas.
12. Empieza muy lentamente y aumenta la velocidad cuando el verso resulte muy emocionante.
13. Al leer un poema, además de las pausas propias que marquen los signos de puntuación, puedes hacer una

breve pausa al final de cada verso para que estos se marquen, aunque no haya comas ni otra pausa escrita, pero solo hay que hacerla si se está seguro de que mantener esa tensión embellece el poema.

14. Pronuncia con cuidado y detenimiento, especialmente, las dos primeras palabras del verso y las dos últimas del mismo.

15. Aprovecha las pausas más largas para mirar a los ojos a varias personas del público.

16. Mantente erguido o erguida.

17. No pares si te equivocas, sigue como si no te hubieras equivocado en nada. La mayoría de la gente no lo habrá notado o se convencerá de que no lo has hecho y la minoría subsanará en su cerebro el error o simplemente lo pasará por alto. Deja que lo haga cada uno y una con tranquilidad. No rectifiques, ni pidas perdón en ese momento. (Ya habrá tiempo si luego te dicen algo.)

18. Si te pierdes, repite un verso cualquiera y sigue a partir de él.

Leer un ensayo y una novela

Para leer un ensayo o una novela, se seguirán las indicaciones que se han dado en el apartado anterior: los 16 consejos para leer bien en público.

Leer una obra de teatro

Una obra de teatro no es un poema ni se declama igual, aunque esté en verso.

Se trata de un texto que hay que interpretar y representar con la voz, pero también con gestos, con silencios, movimientos y comunicación no verbal. Exige intentar penetrar en el personaje para aproximarse a sentir lo que siente y mostrarlo.

Sin duda, es una de las lecturas más difíciles, todo un arte. Pocos actores de teatro, ni que sean profesionales, leen bien sus textos. Habría que buscar, para ver buenos ejemplos, vídeos de declamadores como Irene Gutiérrez Caba y su hermana Julia, María Jesús Valdés, Amparo Rivelles, Jesús Puente, José Bódalo, Francisco Rabal, Lola Herrera, Fernando Fernán Gómez, Rafael Álvarez *el Brujo*...

Conlleva dificultades que no comportan las demás lecturas. Se puede empezar por intentar leer una obra como un poema y tener también en cuenta los siguientes consejos:

1. Seleccionar una de las primeras estrofas y probar, con independencia de la obra, a leerla en serio, primero; más serio aún, después; pareciendo antipático o antipática la tercera vez que se lea, y luego simpático o simpática, amable, temeroso o temerosa, un borracho, un tonto, un despistado, un enamorado, un soberbio y un niño, finalmente.

2. Seleccionar ahora otra estrofa y leerla declamándola lo mejor posible sentado o sentada; a continuación, de pie; luego, andando rápido, andando despacio y, por último, tumbado en un sofá o cama.

3. Mantener el volumen de la voz durante la frase entera.

4. Como se ha de leer o decir una frase a gran velocidad, y que se entienda, es preciso que la dicción sea clara, sin caer en omisiones de sonidos, letras o terminaciones. Debe buscarse que todas las palabras se entiendan pese a la rapidez de la lectura.

5. Repasar cómo se ha de pronunciar cada fonema en el idioma en que se leerá sin el acento del lector o lectora.

6. Cuando se lea un aparte (cuando el lector se dirija a un personaje sin que los otros se den por enterados), lo que ha de cambiarse es el tono de voz, no el volumen.

7. Ejercitar mucho la articulación, porque una buena declamación depende más de esta que del volumen de voz.

8. Durante cinco minutos al día, ponerse un lápiz en la boca, paralelo a los labios, cogido con los dientes mientras se intenta declamar de forma que se entienda lo que se dice. Mejora mucho la articulación.

9. Hacer ejercicios de voz: bostezar, carraspear, toser, simular gárgaras, pronunciar la «u» y la «i» de forma exagerada.

Leer un anuncio de publicidad

Dice un refrán español: «Contra el vicio de pedir, la virtud de no dar». Podríamos aplicar esto a la publicidad: «Contra el vicio de invadirnos, la virtud de aprender a leerlos bien».

Todos los anuncios son muy atractivos. Por eso requieren una lectura crítica que no es posible si no se lee bien.

Cualquier niño, niña, adolescente o adulto y adulta está expuesto a la publicidad todo el tiempo en que permanece despierto, y durmiendo también repite buena parte de los anuncios que ha presenciado despierto.

Proponemos, a continuación, una serie de ejercicios que afinarán la capacidad de lectura de un anuncio, su comprensión, su adecuada retención, entre otras facultades.

1. Fíjate en un anuncio de televisión, prensa, radio o internet.
2. Hay que reparar en que los mensajes no son literales: «Hoy como con Isabel» no significa que una mujer o una niña llamada Isabel vengan a cenar. «La chispa de la vida» no conlleva ninguna chispa ni vida.
3. Descubre si hay juegos de palabras en el anuncio, como «La bomba tónica», por ejemplo.
4. Descubre si hay rimas para que se puedan grabar mejor los mensajes.
5. Opina sobre cómo intentan primero agradar y ganarse al espectador.
6. Opina sobre cómo luego pretenden persuadirle de que quizá le convenga algo que ofrecen.
7. Opina sobre cómo intentan grabar, por último, la marca en el espectador para cuando vaya a la tienda.
8. Responde a estas preguntas de forma más o menos entretenida: ¿qué pretenden vender?
9. ¿A quién, sobre todo, pretenden vendérselo?
10. ¿Es cierto lo que dice el anuncio?
11. ¿Qué rol propone de varón adulto? ¿Por qué crees que lo hace?
12. ¿Qué rol propone para la mujer adulta? ¿Por qué?
13. ¿Qué rol propone para la niña? ¿Por qué?
14. ¿Qué rol propone para el niño? ¿Por qué?
15. ¿Qué rol propone para la familia? ¿Por qué?
16. ¿Qué fondo, ciudad, paisaje o decorados hay? ¿Por qué?
17. Fíjate ahora en los colores que aparecen: ¿cuántas veces sale el color que más se identifica con la marca? Si no tiene uno solo (por ejemplo, un coche), fíjate qué colores se repiten más. ¿Por qué crees que se repiten más?

18. ¿Dónde aparece el color de la marca?
19. ¿En qué forma predomina la aparición del color de la marca?
20. ¿Qué es lo que más te ha gustado?
21. ¿Tiene eso que ver algo con alguna idea que a los anunciantes les gustaría que sacaras de la marca?
22. Cuando vayas al supermercado, ponte delante de este producto y otros similares que sean su competencia y di cuál cogerías y por qué.

Leer bien los anuncios de publicidad no quita disfrutar de ellos ni dejar de comprar; solo implica leerlos, interpretarlos, comprenderlos y retenerlos adecuadamente. Se trata de una cuestión que tiene que ver con ser lectores. Leer bien tiene como consecuencias, entre otras muchas, que favorece la inteligencia y la libertad: una gran cosa. Luego, con esa inteligencia y esa libertad, se va a comprar a una tienda, tras haber leído bien los mensajes de los vendedores. La libertad nunca hace daño, ni la inteligencia, y la lectura por eso tampoco.

38

Leer una revista o un periódico
(digital o en papel)

Todo el mundo sabe que los textos periodísticos de revistas o periódicos están construidos de forma que se puedan leer en poco tiempo y con poca atención.

- Por eso, si son noticias o reportajes, en los primeros dos párrafos encontraremos la respuesta a las célebres seis W periodísticas: *what?*, *where?*, *when?*, *why?*, *who?*, *how?* (¿qué sucedió?, ¿dónde sucedió?, ¿cuándo?, ¿por qué?, ¿quién? y ¿cómo?). Por lo tanto, hemos de rastrear en esos dos primeros párrafos estas respuestas; si falta alguna, es que resulta irrelevante. Una vez descubiertas las seis o las más fundamentales de estas, podemos cambiar de noticia. Solo seguiremos leyendo si nos ha suscitado curiosidad por los detalles secundarios: las consecuencias, por ejemplo.
- Si son artículos, columnas o editoriales, en los que se

vierte la opinión de alguien, en los dos primeros párrafos podremos intuir la opinión del autor, cuya profundidad o no vamos a confirmar en los dos últimos párrafos. Si se tiene mucha prisa, a menudo basta con leer, además de los dos primeros párrafos, los dos del medio y los dos últimos, para comprender y retener las ideas expresadas.

Lo primero que hay que leer en todo texto de revista o periódico (digital o no) es lo que más nos atraiga. El autor habrá tenido en cuenta la necesidad del lector o lectora, la forma y el momento de leer y otras circunstancias de la lectura, y facilitará, intencionadamente, la lectura mediante los títulos, subtítulos, fragmentos o citas destacadas, fotografías o infografías, pies de fotos. Por eso, todos estos elementos son los que hemos de leer en primer lugar: nos lo reclama la lectura para asegurar nuestro interés, y a veces también pide que sea lo suficiente comprensible, que esté bien escrito. No hace falta seguir leyendo para enterarse.

En el caso de la entrevista, podría hacerse en una buena lectura, si se tiene prisa, leyendo en este orden:

1. El primer párrafo, por si se indica en él algún aspecto significativo de las condiciones en que se realizó la entrevista.
2. Las preguntas solas, que se localizan mediante los guiones o se señalan con cursiva o negrita.
3. Las respuestas de aquellas preguntas que más nos interesan para saber la opinión del entrevistado.
4. El último párrafo, si no es una respuesta y, por lo tanto, si se incorpora en él una última impresión del entrevistador.

5. Si tenemos tiempo, el resto de las respuestas que no han logrado suscitar en nosotros una curiosidad inicial.

Hay que tener en cuenta que un artículo o entrevista nos va a agradar en función de si es afín con lo que ya pensábamos o si responde a la pregunta que alguna vez nos hemos planteado.

Y que en estos medios, los puntos y aparte no se ponen cuando la norma de estilo estándar (cambio de idea) aconseja, sino que se han convertido en un recurso visual, de forma que se cambia de párrafo realmente cuando se ve que conviene un cortafuegos en el texto para evitar el cansancio o la desmotivación del lector.

39

Leer gráficos, imágenes, símbolos, mapas, wasaps, instagram..., y otros documentos

Como hemos dicho desde el principio, leer consiste en interpretar algo más que grafemas (letras) sueltos; dentro de la lectura, es preciso, hoy más que nunca, aprender a leer bien todo tipo de imágenes, mapas, iconos, símbolos, indicios, ilustraciones, gráficos, cuadros comparativos, fotografías, infografías, gestos, posturas y comunicación, al cabo, verbal y no verbal.

En esta dirección, nuestra educación debería atender mucho más a dos ámbitos que, tradicionalmente, en Occidente han quedado escuálidos: el emocional y el de la comunicación no verbal. Ambos influyen en la vida real, en las decisiones, en la esperanza y en la felicidad de cada ser humano, y, sin embargo, se enseña poco y muy confusamente cómo gobernar nuestras emociones y cómo entender lo mucho que se dice sin palabras.

En este escenario, a menudo nos encontramos, y hoy más que unos años atrás, con textos que vienen acompañados de ilustraciones e infografías que no pretenden solo hacer más amena la lectura, sino que además significan tanto como el texto: a veces es el texto el que, de hecho, acompaña a la ilustración. Se trata, por lo general, de ilustraciones que dicen mucho y exigen una comprensión y descodificación acertada y eficaz: leerlas bien.

Toda nuestra cultura avanza hacia esta comunicación más gestual, incluso llenando de gestos las palabras (los wasaps e instagram contienen muchos gestos camuflados entre textos más que verdaderos textos verbales). En estas nuevas cartas digitales por donde navega nuestro corazón y nuestra cabeza en busca de un encuentro y de comunicación, se emiten mensajes que hay que aprender a interpretar. Un *like* dice mucho, pero incluso dice más el modo de dar ese *like*: la rapidez, la hora, después y antes de quién... Un mundo que se escapa y corre, pero que es preciso leer a tiempo.

Los mapas siempre han sido difíciles de interpretar para algunas personas; los cuadros y tablas, también. Es un problema de hemisferios cerebrales. Hoy las posibilidades de pérdida parecen menores, pero son, al contrario, infinitamente mayores, y están camufladas en un lenguaje común en el que apenas hay lectores que hayan aprendido a leer bien sus mensajes.

Los antiguos mapas impresos dieron paso a sus hijos digitales, que ahora se pueden acercar y girar, y darles una posición en un google maps, metáfora de un mundo real. Y más que signos, hoy los mapas parecen fotos superpuestas. Pero la verdad es que siguen siendo mapas, más que realidad. La Tierra no es desde arriba como Google la enseña; la calle hoy no es como la vemos en ese navegador, ni la gente aprende a moverse viendo señalizaciones. Hay gente que cree que rejuvenece delante de una pantalla cuando no hace más que envejecer. Pero para no desviarnos del tema, diremos que, en efecto, el nuevo mundo digital y las comunicaciones requieren lectores también de estos nuevos signos lingüísticos y no lingüísticos, porque desde la aparición de Jobs y Gates, los iconos, símbolos, signos, lo que representan y sus acciones, empiezan a confundirse sobre una pantalla.

Se dice en un wasap lo que quien lo escribe quiere más o menos decir, pero sin permiso gestual del receptor, que no está presente y solo puede leer el producto manual acortado del emisor: la incomunicación está servida, porque la información y la apertura del canal, que es lo más positivo de wasap e instagram, es lo de menos en la comunicación, el contacto y la conexión personal de verdad, que engloba aspectos como sentirse comprendido con acierto, generosidad y más allá de lo que se comprende uno a sí mismo; eso sí que es lo más importante en la comunicación, y no cabe en 40 palabras proyectadas al océano mediante un wasap que carece del filtro de la comunicación corporal y gestual, la cual permite que cuando se está diciendo algo y recibiendo una respuesta se vean los ojos del interlocutor y el resto de las reacciones de los 42 músculos faciales, a los que se suman piernas, manos, brazos, rodillas y pies, porque todos comunican; para aprenderlo, basta con comprar un libro de comunicación no verbal y leerlo.

El mundo evoluciona y está bien, pero a cada uno y a todos juntos nos toca ahora comunicarnos en él, aprovechar las tecnologías para ser más felices. Mediante la expresión correcta de lo que queremos expresar, leyendo bien y esperando ser leídos integralmente, comprendidos, retenidos..., haciendo lo propio con los demás.

Los wasaps e instagram están llenos de sus propios signos, que es preciso aprender si realmente importan más los receptores que los propios signos y emisores. Empecemos por interpretarlos bien.

V

Test para saber cómo se lee

Nos aguarda un gran tesoro y satisfacción
si aprendemos a leer mejor;
para eso es preciso saber cómo leemos
y en qué podemos mejorar.

40

¿Cómo descubrir si uno mismo o alguien lee bien?

Saber de dónde partimos como lectores (nosotros mismos, un amigo, nuestro hijo o hija, o nuestro alumna o alumno) nos permite mejorar nuestra lectura y ampliar sus beneficios.

Puede valorarse si se lee bien o no mediante la aplicación de los estándares que se proponen a continuación:

Parámetros de una buena lectura y comparación personal

Tabla 15

Prueba para lectores de 3 a 9 años.

Texto-prueba para lectores de 3 a 6 años:

Las aves de nuestros días descienden de los dinosaurios que desaparecieron de la Tierra antes de que el hombre viviera en ella. Comían hierba y carne.

Todos ponían huevos y construían nidos. Había muchos distintos.

Texto-prueba para lectores de 6 a 9 años:

«Dinosaurio» significa en griego «lagarto terrible».

Las aves de nuestros días descienden todas de aquellos dinosaurios que desaparecieron de la Tierra antes de que el hombre viviera en ella. Algunos eran herbívoros, es decir, comían hierba, y otros eran carnívoros, comían carne.

¿Todos ponían huevos y construían nidos? ¡Sí, en efecto! Todos lo hicieron..., y eso que había más de quinientos géneros y mil especies.

ASPECTO	PRUEBA	FECHA	RESULTADO PERSONAL	COMPARACIÓN ESTÁNDAR
VELOCIDAD	Para hacer solo o mejor con ayuda de alguien. En el caso de niños 3 a 6 años, adaptar las preguntas orales a su lenguaje y el texto propuesto: Con un reloj en la mano comienza a leer lo más rápido que puedas el texto, pero de forma que lo entiendas. Al terminar, mira el reloj y anota el tiempo tardado para leer todo el texto.	——	—— minutos y —— segundos	Excelente velocidad: 6 años: si se lee el texto correspondiente a su edad en menos de 1 min, 3 s; 7 años: menos de 57 s; 8 años: menos de 50 s; 9 años: menos de 43 s Buena velocidad: 6 años: si se lee el texto correspondiente a su edad entre 1 min, 3 s y 1 min, 8 s; 7 años: entre 57 s y 1 min, 4 s; 8 años: entre 50 y 58 s; 9 años: entre 43 y 50 s Velocidad media: 6 años: si se lee el texto correspondiente a su edad entre 1 min, 8 s y 1 min, 15 s; 7 años: entre 1 min, 4 s y 1 min 9 s; 8 años: entre 58 s y 1 min, 4 s; 9 años: entre 50 y 55 s

VELOCIDAD (cont.)			Velocidad lenta: 6 años: si se lee el texto correspondiente a su edad en más de 1 min y 15 s; 7 años: más de 1 min, 9 s; 8 años: más de 1 min, 4 s; 9 años: más de 55 s
COMPRENSIÓN	–Responde a las siguientes preguntas sin mirar el texto y tapando la tabla de la derecha: 1. ¿Todos los dinosaurios ponían huevos? a. Sí. b. No. c. Algunos sí, pero solo 500. 2. ¿Los dinosaurios llegaron a convivir con los hombres? a. Sí, con los primeros hombres. b. Algunos dinosaurios sí, otros no. c. No, con ningún hombre. 3. ¿Qué comían? a. Carne unos y otros hierba. b. Solo hierba. c. Solo carne. 4. ¿Había muchos tipos de dinosaurios? a. Sí, pero menos de mil especies. b. Sí, más de mil especies. c. No había muchos tipos, unos mil. 5. Dinosaurio significa... a. Lagarto horrible. b. Lagarto temible. c. Lagarto terrible. –Explica ahora oralmente qué quieren decir las palabras «aves» y la palabra «significa» que aparecen en el texto, y di una oración diferente del texto con cada una de estas palabras.	Se obtienen —respuestas acertadas, teniendo en cuenta que: 1:a; 2:c; 3:a; 4:b; 5:c. Respecto al vocabulario, valorar si has sido capaz de explicar y decir una oración con _____ palabras	A cualquier edad de 3 a 9 años: Buena comprensión: cinco preguntas acertadas y fue capaz de explicar y decir una oración con las dos palabras del vocabulario. Media comprensión: tres o cuatro preguntas acertadas y fue capaz de explicar y decir una oración con una o dos de las dos palabras del vocabulario. Baja comprensión: Menos de tres aciertos y fue capaz de explicar y decir una oración con una o dos palabras del vocabulario o menos.

| IMAGINACIÓN | Explica oralmente, con la mayor extensión que se te ocurra, las circunstancias que rodean al dinosaurio y cómo es el animal en el que has pensado cuando has leído la palabra «dinosaurio» en el texto con el que has evaluado tu velocidad y comprensión. | 1. Si te has imaginado o al explicarlo has hecho referencia, entre otras cosas, a que el dinosaurio estaba rodeado de vegetación, o de otros dinosaurios o de seres humanos, ponte un 1.
2. Si te has imaginado o has hecho referencia, entre otras cosas, a otros lugares sin vegetación abundante o al tamaño y color del dinosaurio o lo que hacía, ponte un 2.
3. Si te has imaginado o has hecho referencia, entre otras cosas, al ruido que emitía, ponte un 3.
4. Si te has imaginado o has hecho referencia, entre otras cosas, a las emociones o sentimientos que tú sentías al verlo, pero no las que sentía el dinosaurio, ponte un 4.
5. Si te has imaginado o has hecho referencia, entre otras cosas, a las emociones o sentimientos que el dinosaurio sentía, ponte un 5.
6. Si has imaginado o has hecho referencia, entre otras cosas, al tacto que se sentía al tocar al animal, o la distancia que estaba de ti o a su olor, ponte un 6. | Imaginación extraordinaria: Si has obtenido un 6

Sobresaliente: Si has obtenido un 5

Media: Si has obtenido un 4

Común: Si has obtenido un 3

Poco recurrente: Si has obtenido 1 o 2 |

CONOCIMIENTO REFERENCIAL	Contesta a las siguientes preguntas: 1. ¿Cuántos tipos de dinosaurios diferentes conoces? 2. ¿Cuántos continentes hay en el planeta Tierra? 3. Explica con tus palabras qué es una especie. 4. Explica qué significa «poner huevos» y dónde se ponen.	Puntuación por pregunta, en función de tu respuesta: 1. Si has contestado o pensado a la pregunta 1, más de 4 tipos de dinosaurios, sepas o no sus nombres: ponte un 2. Si no has llegado a más de 4, ponte un 1. 2. Si has contestado a la pregunta 2, 6 continentes, ponte un 2. Si has contestado 5 o menos, ponte un 1. 3. Si eres capaz de explicar lo que es una especie, ponte un 2. Si no, un 1. 4. Si eres capaz de explicarlo y de decir dónde se ponen, ponte un 2. Si no, un 1.	Conocimiento referencial Adecuado: Si te has podido poner las 4 calificaciones de 2. Suficiente: Si te has podido poner al menos 3 calificaciones de 2. Escaso: Si te has podido poner 2 o menos calificaciones de 2.
LECTURA TEXTUAL: SIGNOS DE PUNTUACIÓN	Lee el texto en voz alta, grabándote con un móvil o sin grabarte, con alguien que te escuche y te ayude. 1. Después de leer el texto completo, léelo otra vez y si notas que lees mejor los signos de puntuación (comas y puntos sobre todo), anota que has leído mal en este aspecto. 2. Escucha la grabación y anota si te parece bien o mal leído.	He obtenido bien: _____ aspectos y mal: _____	Lectura textual: Excelente: Si no obtienes ningún «mal». Buena: Si obtienes 1 «mal». Sensiblemente mejorable: Si obtienes 2 «mal». Defectuosa: Si obtienes 3 o más «mal».

3. Calcula con el cronómetro del móvil cuánto dura el silencio que dejas entre una palabra y otra que está separada por una coma.

4. Cuenta el tiempo que transcurre en silencio entre una palabra y otra separadas por un punto seguido. Si no es el doble que el del silencio después de una coma, anota que está mal leído.

5. Anota ahora el tiempo en silencio transcurrido entre una palabra y otra separada por un punto y aparte. Si no es el doble que el del transcurrido tras un punto seguido (y el cuádruple de la coma), anota que está mal leído.

Pon «bien» o «mal»:

1. ____

2. ____

3. ____

4. ____

5. ____

EXPRESIÓN: ARTICULACIÓN, PRONUNCIACIÓN Y ENTONACIÓN	1. Anota «bien» si al oír la lectura realizada, distingues la lectura de las admiraciones, de las interrogaciones y del resto del texto. 2. Anota «bien» si la entonación no sube solo al final de la pregunta, sino también al principio de esta. Lo mismo en las admiraciones. Pon «bien» o «mal»: 1. ___ 2. ___	He obtenido bien: ____ aspectos	Lectura articulatoria, pronunciada y entonada: Excelente: Si obtienes 2 «bien». Buena: Si obtienes 1 «bien». Sensiblemente mejorable: Si obtienes 0 «bien».
HÁBITOS POSTURALES	Pide a alguien que te mire al leer y anote si: 1. Mueves los labios y se oyen las palabras que lees, aunque sea mediante un susurro. 2. Mueves los labios, aunque no se oyen ni distinguen palabras. 3. No mueves los labios, pero sí se te mueve el cuello debido al movimiento que en su interior hacen o las cuerdas vocales al ponerse en posición de lectura. 4. Sigues con el dedo las palabras. 5. Pones el dedo en la línea que estás leyendo.	Al leer haces lo que describe el o los puntos: ____ ____ ____ ____ ____	Lees en cuanto al rozamiento motor: Con el menor rozamiento motor posible: Si no haces ninguno de los 3 puntos descritos. Con mucho rozamiento motor: Si haces 1 de los puntos descritos. Con demasiado rozamiento motor: Si al leer haces 2 o más de los puntos descritos.

MOVIMIENTOS DE LOS OJOS	Pide a alguien que te mire los ojos mientras lees una sola línea normal (de entre 10 y 15 palabras) y que anote el número de veces que los desplazas horizontalmente al seguir la línea.	Anota: Desplazo o muevo los ojos al leer una línea, un total de: ——— veces	Movimientos sacádicos: N.º excelente: 3 N.º correcto: 4 N.º excesivo: Más de 4
CONCENTRACIÓN	Anota si cuando lees: 1. Te tienes que parar de vez en cuando y volver sobre la línea para enterarte de algo que has intuido que era importante, y de lo que no te estás enterando tal como crees que merece aquel fragmento. 2. Te das cuenta de repente que no sabes por dónde vas en la lectura que has iniciado hace un rato.	Anota si te ocurre 1 o los 2 hechos descritos: ——	Lees concentradamente: Si no te pasa ninguno. Lees sin la necesaria concentración: Si te ocurre 1 al menos de estos hechos.
RETENCIÓN	Resume oralmente con la mayor brevedad que puedas lo que decía el texto leído. a) Tienes claro lo que decía y cuál es su síntesis. b) Tienes una idea vaga del texto o más o menos clara, pero no estás seguro de que tu síntesis sea la esencia de ese texto o si falta algo importante.	—— a) o b)	La adecuada retención exige contestar a)

ACIERTO EN EL PROCESO MENTAL			
	Anota si cometes los siguientes errores al leer: 1. Inviertes el orden de las letras sílabas o palabras, al leer primero la que va en segundo lugar. 2. Te inventas y dices una palabra que no viene en el texto o al menos no exactamente esa palabra. 3. Al leer te saltas u omites alguna sílaba o palabra. 4. Al leer repites una palabra.	Anota con la ayuda de alguien el número de los errores que cometes al leer el texto: —— errores	No cometes errores: Si no has cometido ninguno. Cometes algunos errores: Si cometes 1. Cometes bastantes errores: Si cometes 2 o 3 errores. Cometes demasiados errores: Si cometes 4 de estos errores.

Tabla 16

Prueba para lectores de 10 a 12 años.

Texto-prueba para lectores de 10 a 12 años:

Los dinosaurios están de moda. Salen en películas, en dibujos animados, en cuentos. Se venden muñecos de muchos dinosaurios distintos que ya no existen, pero que sí que existieron en verdad. Incluso durante un tiempo te daban un dinosaurio de regalo cuando pedías una hamburguesa.

A muchos niños les gustan los dinosaurios. A otros, no. A los mayores, les pasa lo mismo. A muchos les gustan, pero también hay muchos a los que no les gustan.

La palabra «dinosaurio» significa en griego «terrible lagarto», aunque en realidad no eran lagartos.

Las aves de nuestros días (gallinas, patos, pájaros de todo tipo como las águilas, etc.) descienden todas de aquellos dinosaurios que desaparecieron de nuestro planeta, la Tierra, antes de que el hombre viviera en ella. Algunos eran herbívoros, es decir, comían hierba, y otros eran carnívoros, comían carne.

Vivieron en todos los continentes que hay en la Tierra y se han encontrado huellas de dinosaurios en muchos lugares muy lejanos.

¿Todos ponían huevos y construían nidos? ¡Sí, en efecto! Todos lo hicieron..., y eso que había más de quinientos géneros y mil especies.

Existían dinosaurios con picos, con crestas, con plumas y con cuernos.

En muchos museos de España y del mundo pueden verse sus esqueletos fósiles montados, y así los visitantes pueden hacerse una idea muy clara de lo grandes que eran.

Debido a las películas que se han hecho sobre dinosaurios y al éxito que han tenido, los científicos han recibido más dinero para investigar sobre ellos, porque el público de los museos y de las películas siente mucha curiosidad por ellos.

ASPECTO	PRUEBA	FECHA	RESULTADO PERSONAL	COMPARACIÓN ESTÁNDAR
VELOCIDAD	Para hacer solo o mejor con la ayuda de alguien: Con un reloj en la mano, comienza a leer lo más rápido que puedas el texto, pero de forma que lo entiendas. Al terminar, mira el reloj y anota el tiempo tardado.		——minutos y ——segundos	Excelente velocidad: 10 años: menos de 2 min y 10 s; 11 años: menos de 2 min; 12 años: menos de 1 min; 50 s. Buena velocidad: 10 años: menos de 2 min y 20 s; 11 años: menos de 2 min y 10 s; 12 años: menos de 2 min. Velocidad media: 10 años: máximo 2 min y 30 s; 11 años: máximo 2 min y 20 s; 12 años: máximo 2 min 10 s. Velocidad lenta: 10 años: menos de 2 min y 50 s; 11 años: menos de 2 min y 30 s; 12 años: menos de 2 min 20 s.
COMPRENSIÓN	–Responde a las siguientes preguntas sin mirar el texto y tapando la tabla de la derecha: 1. ¿Todas las aves actuales provienen de los antiguos dinosaurios? a. Sí, todas. b. No, algunas. c. No. Son los dinosaurios más antiguos los que		Se obtienen ___ respuestas acertadas, teniendo en cuenta que: 1:a ; 2:c; 3: a; 4:b; 5:c. Respecto al vocabulario, se es capaz de explicar y decir una oración con ___ palabras	A cualquier edad de 10 a 12 años: Buena comprensión: cinco preguntas acertadas y fue capaz de explicar y decir una oración con las dos palabras del vocabulario.

COMPRENSIÓN (cont.)	comenzaron siendo todos ellos aves. 2. El nombre «dinosaurio» viene del... a. Latín. b. Inglés. c. Griego. 3. ¿Qué comían? a. Unos carne y otros hierba. b. Más hierba. c. Más carne. 4. ¿Había muchos tipos? a. Sí, pero menos de mil especies. b. Sí, más de mil especies. c. No había muchos tipos, solo quinientos tipos. 5. Dinosaurio significa... a. Lagarto horrible. b. Lagarto temible. c. Lagarto terrible. –Explica ahora oralmente qué quieren decir las palabras «descienden» y «especies» que aparecen en el texto, y di una oración diferente a la del texto con cada una de estas palabras.		Media comprensión: tres o cuatro preguntas acertadas y se fue capaz de explicar y decir una oración con una o dos palabras del vocabulario o menos. Baja comprensión: Menos de tres aciertos y fue capaz de explicar y decir una oración con una o dos palabras del vocabulario.
IMAGINACIÓN	Explica oralmente, con la mayor extensión que puedas, las circunstancias que rodean al dinosaurio y cómo es el animal en el que piensas cuando lees la palabra «dinosaurio» en el texto con el que has	1. Si te has imaginado al dinosaurio o has hecho referencia, entre otras cosas, a que estaba rodeado de vegetación o de otros dinosaurios o de seres humanos, ponte un 1.	Imaginación Extraordinaria: Si has obtenido un 6. Sobresaliente: Si has obtenido un 5. Media: Si has obtenido un 4.

IMAGINACIÓN (cont.)

evaluado tu velocidad y comprensión.

2. Si te has imaginado o has hecho referencia, entre otras cosas, a otros lugares sin vegetación abundante o al tamaño y color del dinosaurio o lo que hacía, ponte un 2.

3. Si te has imaginado o has hecho referencia, entre otras cosas, al ruido que emitía el dinosaurio, ponte un 3.

4. Si te has imaginado o has hecho referencia, entre otras cosas, a las emociones o sentimientos que tú sentías al ver al dinosaurio, no lo que él sentía, ponte un 4.

5. Si te has imaginado o has hecho referencia, entre otras cosas, a las emociones o sentimientos que el dinosaurio sentía, ponte un 5.

6. Si has imaginado o has hecho referencia, entre otras cosas, al tacto que se sentía al tocar al dinosaurio, o la distancia a la que estaba de ti o a su olor, ponte un 6.

Común:
Si has obtenido un 3.

Poco recurrente:
Si has obtenido 1 o 2.

CONOCIMIENTO REFERENCIAL	Contesta a las siguientes preguntas: 1. ¿Cuántos tipos de dinosaurios diferentes conoces? 2. ¿Cuántos continentes hay en el planeta Tierra? 3. Nombra 4 especies de animales. 4. Explica qué es un fósil. 5. Explica qué es un museo. 6. Explica qué es una investigación científica y para qué necesita dinero.	Puntuación por pregunta, en función de tu respuesta: 1. Si has contestado a la pregunta 1, más de 5 tipos de dinosaurios, sepas o no sus nombres: ponte un 2. Si no conoces más de 5, ponte un 1. 2. Si has contestado a la pregunta 2, 6 continentes, ponte un 2. Si has contestado 5 o menos, ponte un 1. 3. Si a la pregunta 3 has contestado 4, ponte un 2. Si has contestado menos de 4, un 1. 4. Si eres capaz de explicar lo que es un fósil, ponte un 2. Si no, un 1. 5. Si eres capaz de explicarlo, ponte un 2. Si no, un 1. 6. Si eres capaz de explicarlo, ponte un 2. Si no, un 1.	Conocimiento referencial: Adecuado: Si te has podido poner las 6 calificaciones de 2. Suficiente: Si te has podido poner al menos 5 calificaciones de 2. Escaso: Si te has podido poner 4 o menos calificaciones de 2.
SIGNOS DE PUNTUACIÓN: LECTURA TEXTUAL	Lee el texto en voz alta, grabándote con un móvil o sin grabarte, o con alguien que te escuche y te ayude. 1. Despues de leer el texto completo, léelo otra vez y si notas que marcas mejor los signos de puntuación	He obtenido «bien»: —— aspectos y «mal»: ——	Lectura textual: Excelente: Si no obtienes ningún «mal». Buena: Si obtienes 1 «mal». Sensiblemente

(comas y puntos sobre todo) anota que has leído mal en este aspecto.

2. Escucha la grabación y anota si te parece bien leído o mal.

3. Calcula con el cronómetro del móvil cuánto dura el silencio que dejas entre una palabra y otra que está separada por una coma.

4. Cuenta el tiempo que transcurre en silencio entre una palabra y otra separadas por un punto seguido. Si no es el doble que el del silencio después de una coma, anota que está mal leído.

5. Anota ahora el tiempo en silencio transcurrido entre una palabra y otra separada por un punto y aparte. Si no es el doble que el del transcurrido tras un punto seguido (y el cuádruple de la coma), anota que está mal leído.

Pon «bien» o «mal»:

1. ____

2. ____

3. ____

4. ____

5. ____

mejorable:
Si obtienes 2 «mal».

Defectuosa:
Si obtienes 3 o más «mal».

EXPRESIÓN: ARTICULACIÓN, PRONUNCIACIÓN Y ENTONACIÓN	1. Anota «bien» si, al oír la lectura realizada, distingues la lectura de las admiraciones, de las interrogaciones y del resto del texto. 2, Anota «bien» si la entonación no sube solo al final de la pregunta, sino también al principio de esta. Lo mismo en las admiraciones. Pon «bien» o «mal»: 1. ____ 2.____	He obtenido «bien»: ____ aspectos	Lectura articulatoria, pronunciada y entonada: Excelente: Si obtienes 2 «bien». Buena: Si obtienes 1 «bien». Sensiblemente mejorable: Si obtienes 0 «bien».
HÁBITOS POSTURALES	Pide a alguien que te mire al leer y anote si: 1. Mueves los labios y se oyen las palabras que lees, aunque sea mediante un susurro. 2. Mueves los labios aunque no se oyen ni se distinguen las palabras. 3. No mueves los labios, pero sí se te mueve el cuello debido al movimiento que en su interior hacen las cuerdas vocales al ponerse en posición de lectura. 4. Sigues con el dedo las palabras. 5. Pones el dedo en la línea que estás leyendo.	Al leer haces lo que describe el o los puntos: ____ ____ ____ ____ ____	Lees en cuanto al rozamiento motor: Con el menor rozamiento motor posible: Si no haces ninguno de los 3 puntos descritos. Con mucho rozamiento motor: Si haces 1 de los puntos descritos. Con demasiado rozamiento motor: Si al leer haces 2 o más de los puntos descritos.

MOVIMIENTOS DE LOS OJOS	Pide a alguien que te mire los ojos mientras lees una sola línea normal (de entre 10 y 15 palabras) y que anote el número de veces que desplazas horizontalmente los ojos al seguir la línea.	Anota: Desplazo o muevo los ojos al leer una línea, un total de: —— veces	Movimientos sacádicos: N.º excelente: 3 N.º correcto: 4 N.º excesivo: Más de 4
CONCENTRACIÓN	Anota si cuando lees: 1. Te tienes que parar de vez en cuando y volver sobre la línea para enterarte de algo que has intuido que era importante y de lo que no te estás enterando tal como crees que merece aquel fragmento. 2. Te das cuenta de repente que no sabes por dónde vas en la lectura que has iniciado hace un rato.	Anota si te ocurre 1 o los 2 hechos descritos:	Lees concentradamente: Si no te pasa ninguno. Lees sin la necesaria concentración: Si te ocurre 1 al menos de estos hechos.
RETENCIÓN	Resume en 4 líneas como máximo lo que dice el texto que has leído. a) Tienes claro lo que dice y cuál es su síntesis. b) Tienes una idea vaga del texto o más o menos clara, pero no estás seguro de que tu síntesis sea la esencia del texto o si le falta algo importante.	—— a) o b)	La adecuada retención exige contestar a)

ACIERTO DEL PROCESO MENTAL	Anota si cometes los siguientes errores al leer: 1. Inviertes el orden de las letras, sílabas o palabras al leer primero la que va en segundo lugar. 2. Te inventas y dices una palabra que no viene en el texto o al menos no exactamente esa palabra. 3. Al leer te saltas u omites alguna sílaba o palabra. 4. Al leer repites una palabra.	Anota con la ayuda de alguien el número de estos errores que cometes al leer el texto: —— —— —— errores	No cometes errores: Si no has cometido ninguno. Cometes algunos errores: Si cometes 1. Cometes bastantes errores: Si cometes 2 o 3 errores. Cometes demasiados errores: Si cometes 4 de estos errores.

Tabla 17

Prueba para lectores de 13 a 16 años.

Texto-prueba para lectores de 13 a 16 años:

Los dinosaurios están de moda. Salen en películas, en dibujos animados, en cuentos. Se venden muñecos de muchos dinosaurios distintos que ya no existen, pero que sí que existieron en verdad. Incluso durante un tiempo te daban un dinosaurio de regalo cuando pedías una hamburguesa.

A muchos niños les gustan los dinosaurios. A otros, no. A los mayores, les pasa lo mismo. A muchos les gustan, pero también hay muchos a los que no les gustan.

La palabra «dinosaurio» significa en griego «terrible lagarto», aunque en realidad no eran lagartos.

Las aves de nuestros días (gallinas, patos, pájaros de todo tipo como las águilas, etc.) descienden todas de aquellos dinosaurios que desaparecieron de nuestro planeta, la Tierra, antes de que el hombre viviera en ella. Algunos eran herbívoros, es decir, comían hierba, y otros eran carnívoros, comían carne.

Vivieron en todos los continentes que hay en la Tierra y se han encontrado huellas de dinosaurios en muchos lugares muy lejanos.

¿Todos ponían huevos y construían nidos? ¡Sí, en efecto! Todos lo hicieron..., y eso que había más de quinientos géneros y mil especies.

Existían dinosaurios con picos, con crestas, con plumas y con cuernos.

En muchos museos de España y del mundo pueden verse sus esqueletos fósiles montados y así los visitantes pueden hacerse una idea muy clara de lo grandes que eran.

Debido a las películas que se han hecho sobre dinosaurios y al éxito que han tenido, los científicos han recibido más dinero para investigar sobre ellos, porque el público de los museos y las películas siente mucha curiosidad por ellos.

ASPECTO	PRUEBA	FECHA	RESULTADO PERSONAL	COMPARACIÓN ESTÁNDAR
VELOCIDAD	Para hacer solo o mejor con ayuda de alguien: Con un reloj en la mano, comienza a leer lo más rápido que puedas el texto, pero de modo que lo entiendas. Al terminar, mira el reloj y anota el tiempo tardado.	—	__ minutos y __ segundos	Excelente velocidad: 13 años: menos de 1 min y 40 s; 14 años: menos de 1 min y 30 s; 15 años: menos de 1 min y 20 s; 16 años: menos de 1 min y 10 s. Buena velocidad: 13 años: menos de 1 min y 50 s; 14 años: menos de 1 min y 40 s; 15 años: menos de 1 min y 30 s; 16 años: menos de 1 min y 20 s. Velocidad media: 13 años: máximo 2 min; 14 años: máximo 1 min y 50 s; 15 años: máximo 1 min 40 s; 16 años: máximo 1 min 30 s. Velocidad lenta: 13 años: menos de 2 min y 10 s; 14 años: máximo de 2 min; 15 años: máximo 1 min y 50 s; 16 años: más de 1 min y 50 s.
COMPRENSIÓN	−Responde a las siguientes preguntas sin mirar el texto y tapando la tabla de la derecha: 1. ¿Todos los dinosaurios ponían huevos? a. Sí.	—	Se obtienen __ respuestas acertadas, teniendo en cuenta que: 1: a; 2: c; 3: a; 4: a; 5: b; 6: c. Respecto al vocabulario, se fue	A cualquier edad: de 13 a 16 años Buena comprensión: seis preguntas acertadas y fue capaz de explicar y decir una oración con las dos palabras del vocabulario.

b. No.
c. Algunos sí, pero solo quinientos.

2. ¿Los dinosaurios llegaron a convivir con los hombres?
a. Sí, con los primeros hombres.
b. Algunos sí.
c. No, con ningún hombre.

3.¿Los dinosaurios procedían de los lagartos?
a. Sí.
b. No.

4. ¿Qué comían?
a. Unos carne y otros hierba.
b. Solo hierba.
c. Solo carne.

5. ¿Había muchos tipos?
a. Sí, pero menos de mil especies.
b. Sí, más de mil especies.
c. No había muchos tipos, unos mil.

6. Dinosaurio significa...
a. Lagarto horrible.
b. Temible lagarto.
c. Terrible lagarto.

–Explica ahora oralmente qué quieren decir las palabras «crestas» y «museos» que aparecen en el texto, y di una oración diferente a la del texto con cada una de estas palabras.

capaz de explicar y decir una oración con

_____

palabras

Media comprensión: cuatro y cinco preguntas acertadas y fue capaz de explicar y decir una oración con una o dos palabras del vocabulario.

Baja comprensión: Menos de cuatro aciertos y fue capaz de explicar y decir una oración con una o dos palabras del vocabulario.

IMAGINACIÓN

Explica oralmente, con la mayor extensión que puedas, las circunstancias que rodean al dinosaurio y cómo es el animal en el que piensas cuando lees la palabra «dinosaurio» en el texto con el que has evaluado tu velocidad y comprensión.

1. Si te lo has imaginado o al explicarlo has hecho referencia, entre otras cosas, a que estaba rodeado de vegetación, de otros dinosaurios o de seres humanos, ponte un 1.

2. Si te lo has imaginado o has hecho referencia, entre otras cosas, a otros lugares sin vegetación abundante o al tamaño y color del dinosaurio o lo que hacía, ponte un 2.

3. Si te has imaginado o has hecho referencia, entre otras cosas, al ruido que emitía el dinosaurio, ponte un 3.

4. Si te has imaginado o has hecho referencia, entre otras cosas, a las emociones o sentimientos que tú sentías al ver al dinosaurio, pero no lo que sentía el dinosaurio, ponte un 4.

5. Si te has imaginado o has

Imaginación Extraordinaria:
Si has obtenido un 6.

Sobresaliente:
Si has obtenido un 5.

Media:
Si has obtenido un 4.

Común:
Si has obtenido un 3.

Poco recurrente:
Si has obtenido 1 o 2.

IMAGINACIÓN (cont.)		hecho referencia, entre otras cosas, a las emociones o sentimientos que el dinosaurio sentía, ponte un 5. 6. Si has imaginado o has hecho referencia, entre otras cosas, al tacto que se sentía al tocar al dinosaurio, o a la distancia a la que estaba de ti o a su olor, ponte un 6.	
CONOCIMIENTO REFERENCIAL	Contesta a las siguientes preguntas: 1. ¿Cuántos tipos de dinosaurios diferentes conoces? 2. ¿Cuántos continentes hay en el planeta Tierra? 3. Nombra 4 especies animales. 4. Explica qué es un fósil. 5. Explica qué es un museo. 6. Explica qué es una investigación científica y para qué necesita dinero.	Puntuación por pregunta, en función de tu respuesta: 1. Si has contestado a la pregunta 1, más de 5 tipos de dinosaurios, sepas o no sus nombres: ponte un 2. Si no conoces más de 5, ponte un 1. 2. Si has contestado a la pregunta 2, 6 continentes, ponte un 2. Si has contestado 5 o menos, ponte un 1. 3. Si a la pregunta 3 has contestado 4, ponte un 2. Si has contestado menos de 4, un 1.	Conocimiento referencial Adecuado: Si te has podido poner las 6 calificaciones de 2. Suficiente: Si te has podido poner al menos 5 calificaciones de 2 Escaso: Si te has podido poner 4 o menos calificaciones de 2.

CONOCIMIENTO REFERENCIAL (cont.)			
		4. Si eres capaz de explicar lo que es un fósil, ponte un 2. Si no, un 1.	
	—	5. Si eres capaz de explicarlo, ponte un 2. Si no, un 1.	
		6. Si eres capaz de explicarlo, ponte un 2. Si no, un 1.	

SIGNOS DE PUNTUACIÓN: LECTURA TEXTUAL			
	Lee el texto en voz alta, grabándote con un móvil o sin grabarte, con alguien que te escuche y te ayude.	He obtenido bien: ——— aspectos y mal: ——	Lectura textual: Excelente: Si no se obtiene ningún «mal».
	1. Después de leer el texto completo, léelo otra vez y si notas que marcas mejor los signos de puntuación (comas y puntos sobre todo) anota que has leído mal en este aspecto. 2. Escucha la grabación y anota si te parece bien leído o mal. 3. Calcula con el cronómetro del móvil cuánto dura el silencio que dejas entre una palabra y otra que está separada por una coma. 4. Cuenta el tiempo que transcurre en silencio entre una palabra y otra separadas por un punto seguido. Si no es el	—	Buena: Si se obtiene 1 «mal». Sensiblemente mejorable: Si se obtienen 2 «mal». Defectuosa: Si se obtienen 3 o más «mal»

SIGNOS DE PUNTUACIÓN: LECTURA TEXTUAL (cont.)	doble que el del silencio después de una coma, anota que está mal leído. 5. Anota ahora el tiempo en silencio transcurrido entre una palabra y otra separada por un punto y aparte. Si no es el doble que el del transcurrido tras un punto seguido (y el cuádruple de la coma), anota que has leído mal. Pon «bien» o «mal»: 1.____ 2.____ 3.____ 4.____ 5.____

EXPRESIÓN: ARTICULACIÓN, PRONUNCIACIÓN Y ENTONACIÓN	1. Anota «bien», si al oír la lectura realizada, distingues la lectura de las admiraciones, de las interrogaciones y del resto del texto. 2. Anota «bien» si la entonación no sube solo al final de la pregunta, sino también al principio de esta. Lo mismo en las admiraciones. Pon «bien» o «mal»: 1. ____ 2.____	He obtenido bien: ___ ____ aspectos	Lectura articulatoria, pronunciada y entonada: Excelente: Si se obtienen 2 «bien». Buena: Si se obtiene 1 «bien». Sensiblemente mejorable: Si se obtienen 0 «bien».

HÁBITOS POSTURALES	Pide a alguien que te mire al leer y anote si: 1. Mueves los labios y se oyen las palabras que lees, aunque sea con un susurro. 2. Mueves los labios, pero no se oyen ni se distinguen las palabras. 3. No mueves los labios, pero sí que se te mueve el cuello debido al movimiento que en su interior hacen las cuerdas vocales al ponerse en posición de lectura. 4. Sigues con el dedo las palabras. 5. Pones el dedo en la línea que estás leyendo.	Al leer haces lo que describe el o los puntos: ——— ——— ——— ———	Lees en cuanto al rozamiento motor: Con el menor rozamiento motor posible: Si no haces ninguno de los 3 puntos descritos. Con mucho rozamiento motor: Si haces 1 de los puntos descritos. Con demasiado rozamiento motor: Si al leer haces 2 o más de los puntos descritos.
MOVIMIENTOS DE LOS OJOS	Pide a alguien que te mire los ojos mientras lees una sola línea normal (de entre 10 y 15 palabras) y que anote el número de veces que desplazas horizontal-mente los ojos al seguir la línea.	Anota: Desplazo o muevo los ojos al leer una línea, un total de: ——— veces	Movimientos sacádicos: N.º excelente: 3 N.º correcto: 4 N.º excesivo: Más de 4

CONCENTRACIÓN	Anota si cuando lees: 1. Te tienes que parar de vez en cuando y volver sobre la línea para enterarte de algo que has intuido que era importante y de lo que no te estás enterando tal como crees que merece ese fragmento. 2. Te das cuenta de repente que no sabes por dónde vas en la lectura que has iniciado hace un rato.	Anota si te ocurre 1 o los 2 hechos descritos: ——	Lees concentrada-mente: Si no te pasa ninguno. Lees sin la necesaria concentración: Si te ocurre 1 al menos de estos hechos.
RETENCIÓN	Resume en 4 líneas como máximo lo que dice el texto que has leído. a) Tienes claro lo que dice y cuál es su síntesis. b) Tienes una idea vaga del texto o más o menos clara, pero no estás seguro de que tu síntesis sea la esencia de ese texto o si le falta algo importante.	a) o b)	La adecuada retención exige contestar a).
ACIERTO DEL PROCESO MENTAL	Anota si cometes los siguientes errores al leer: 1. Inviertes el orden de las letras, sílabas o palabras al leer primero la que va en segundo lugar.	Anota con la ayuda de alguien el número de los errores que cometes al leer el texto: —— errores	No cometes errores: Si no has cometido ninguno. Cometes algunos errores: Si cometes 1. Cometes bastantes errores:

ACIERTO DEL PROCESO MENTAL (cont.)	2. Te inventas y dices una palabra que no viene en el texto, o al menos no exactamente esa palabra.	Si cometes 2 o 3 errores.
		Cometes demasiados errores: Si cometes 4 de estos errores.
	3. Al leer saltas u omites alguna sílaba o palabra.	—
	4. Al leer repites una palabra.	

Tabla 18

Prueba para lectores de 17 años o más.

Texto-prueba para lectores de 17 años o más:

Los dinosaurios están de moda. Salen en películas, en dibujos animados, en cuentos. Venden muñecos de muchos dinosaurios distintos que ya no existen pero sí existieron en verdad. Incluso durante un tiempo te daban un dinosaurio de regalo cuando pedías una hamburguesa.

A muchos niños les gustan los dinosaurios. A otros, no. A los mayores, les pasa lo mismo. A muchos les gusta, pero también hay muchos a los que no les gustan.

La palabra «dinosaurio» significa en griego «lagarto terrible», aunque en realidad no eran lagartos.

Las aves de nuestros días (gallinas, patos, pájaros de todo tipo como las águilas, etc.) descienden todas de aquellos dinosaurios que desaparecieron de nuestro planeta, la Tierra, antes de que el hombre viviera en ella. Algunos eran herbívoros, es decir, comían hierba, y otros eran carnívoros, comían carne.

Vivieron en todos los continentes y se han encontrado huellas de dinosaurios en muchos lugares muy lejanos. ¿Todos ponían huevos y construían nidos? ¡Sí! Todos lo hicieron…, y eso que había más de quinientos géneros y mil especies.

Existían dinosaurios con pico, con cresta, con plumas y con cuernos.

En muchos museos de España y del mundo pueden verse sus esqueletos fósiles montados y así los visitantes pueden hacerse una idea muy clara de lo grande que eran.

Debido a las películas que se han hecho sobre dinosaurios y al éxito que han tenido, los científicos han recibido más dinero para investigar sobre ellos, porque el público de los museos y las películas siente mucha curiosidad por ellos.

ASPECTO	PRUEBA	FECHA	RESULTADO PERSONAL	COMPARACIÓN ESTÁNDAR
VELOCIDAD	Para hacer solo o mejor con ayuda de alguien: Con un reloj en la mano, comienza a leer lo más rápido que puedas el texto, pero de modo que lo entiendas. Al terminar, mira el reloj y anota el tiempo tardado.		__ minutos y __ segundos	Excelente velocidad: 17 años o +: menos de 1 min. Buena velocidad: 17 años o +: 1 min y 10 s máximo. Velocidad media: 17 años o +: 1 min y 20 s máximo. Velocidad lenta: 17 años o +: más de 1 min y 20 s.
COMPRENSIÓN	Responde a las siguientes preguntas sin mirar el texto y tapando la tabla de la derecha: 1. ¿Todos los dinosaurios ponían huevos? a. Sí. b. No. c. Algunos sí, pero solo quinientos.		Se obtienen ____ respuestas acertadas, teniendo en cuenta que: 1: a; 2: c; 3: a; 4: b; 5: c; 6: b; 7: a; 8: a; 9: a; 10: b. Respecto al vocabulario, se es capaz de explicar y decir una oración con	A cualquier edad desde los 17 años: Buena comprensión: cinco respuestas acertadas y fue capaz de explicar y decir una oración con las dos palabras del vocabulario.

2. ¿Los dinosaurios llegaron a convivir con los hombres?
a. Sí, con los primeros hombres.
b. Algunos sí.
c. No, con ningún hombre.

3. ¿Qué comían?
a. Unos carne y otros hierba.
b. Solo hierba.
c. Solo carne.

4. ¿Había muchos tipos?
a. Sí, pero menos de mil especies.
b. Sí, más de mil especies.
c. No había muchos tipos, unos mil.

5. Dinosaurio significa...
a. Lagarto horrible.
b. Lagarto temible.
c. Lagarto terrible.

6. Los dinosaurios proceden de los lagartos:
a. Sí.
b. No.

7. Los halcones descienden de los dinosaurios:
a. Sí.
b. No.

8. ¿Comían carne o hierba?
a. Eran carnívoros o herbívoros.
b. Unos carnívoros y otros herbívoros.
c. Todos eran carnívoros y herbívoros.

9. ¿Los avestruces proceden de los dinosaurios?
a. Sí.
b. No.

—— palabras

Media comprensión: cuatro y tres preguntas acertadas y fue capaz de explicar y decir una oración con una o dos palabras del vocabulario.

Baja comprensión: Menos de tres aciertos y fue capaz de explicar y decir una oración con una o dos palabras del vocabulario.

COMPRENSIÓN (cont.)

COMPRENSIÓN (cont.)	10. Los canarios proceden de los dinosaurios: a. Sí. b. No. Explica ahora oralmente qué quieren decir las palabras «curiosidad» y «géneros» que aparecen en el texto, y di una oración diferente al texto con cada una de estas palabras.		
IMAGINACIÓN	Explica oralmente, con la mayor extensión que puedas, las circunstancias que rodean al dinosaurio y cómo es el animal en el que piensas cuando lees la palabra «dinosaurio» en el texto con el que has evaluado tu velocidad y comprensión.	**1.** Si te lo has imaginado o al explicarlo has hecho referencia, entre otras cosas, a que estaba rodeado de vegetación, de otros dinosaurios o de seres humanos, ponte un 1. 2. Si te lo has imaginado o has hecho referencia, entre otras cosas, a otros lugares sin vegetación abundante o al tamaño y color del dinosaurio o lo que hacía, ponte un 2. 3. Si te lo has imaginado o has hecho referencia, entre otras cosas, al ruido que el dinosaurio emitía, ponte un 3. 4. Si te has imaginado o has hecho referencia, entre otras cosas, a las emociones o sentimientos que tú sentías al ver al dinosaurio, pero no las que sentía él, ponte un 4.	Imaginación Extraordinaria: Si has obtenido un 6. Sobresaliente: Si has obtenido un 5. Media: Si has obtenido un 4. Común: Si has obtenido un 3. Poco recurrente: Si has obtenido 1 o 2.

IMAGINACIÓN (cont.)		5. Si te has imaginado o has hecho referencia, entre otras cosas, a las emociones o sentimientos que el dinosaurio sentía, ponte un 5. 6. Si has imaginado o has hecho referencia, entre otras cosas, al tacto que se sentía al tocar al dinosaurio, o a la distancia a la que estaba de ti o a su olor, ponte un 6.	
CONOCIMIENTO REFERENCIAL	Contesta a las siguientes preguntas: 1. ¿Cuántos tipos de dinosaurios diferentes conoces? 2. ¿Cuántos continentes hay en el planeta Tierra? 3. Nombra 4 especies animales. 4. Explica qué es un fósil. 5. Explica qué es un museo. 6. Explica qué es una investigación científica y para qué necesita dinero.	Puntuación por pregunta, en función de tu respuesta: 1. Si has contestado a la pregunta 1, más de 5 tipos de dinosaurios, sepas o no sus nombres: ponte un 2. Si no conoces a más de 5, ponte un 1. 2. Si has contestado a la pregunta 2, 6 continentes, ponte un 2. Si has contestado 5 o menos, ponte un 1. 3. Si a la pregunta 3 has contestado 4, ponte un 2. Si has	Conocimiento referencial Adecuado: Si te has podido poner las 6 calificaciones de 2. Suficiente: Si te has podido poner al menos 5 calificaciones de 2. Escaso: Si te has podido poner 4 o menos calificaciones de 2.

CONOCIMIENTO REFERENCIAL (cont.)		contestado menos de 4, un 1. 4. Si eres capaz de explicar lo que es un fósil, ponte un 2. Si no, un 1. 5. Si eres capaz de explicarlo, ponte un 2. Si no, un 1. 6. Si eres capaz de explicarlo, ponte un 2. Si no, un 1.	
SIGNOS DE PUNTUACIÓN: LECTURA TEXTUAL	Lee el texto en voz alta, grabándote con un móvil o sin grabarte, con alguien que te escuche y te ayude. 1. Después de leer el texto completo, léelo otra vez y si notas que marcas mejor los signos de puntuación (comas y puntos sobre todo) anota que has leído mal en este aspecto. 2. Escucha la grabación y anota si te parece bien leído o mal. 3. Calcula con el cronómetro del móvil cuánto dura el silencio que dejas entre una palabra y otra que está separada por una coma. 4. Cuenta el tiempo que transcurre en silencio	He obtenido «bien»: —— aspectos y «mal»: ——	Lectura textual: Excelente: Si no obtienes ningún «mal». Buena: Si obtienes 1 «mal». Sensiblemente mejorable: Si obtienes 2 «mal». Defectuosa: Si obtienes 3 o más «mal».

SIGNOS DE PUNTUACIÓN: LECTURA TEXTUAL (cont.)	entre una palabra y otra separadas por un punto seguido. Si no es el doble que el silencio después de una coma, anota que está mal leído. 5. Anota ahora el tiempo en silencio transcurrido entre una palabra y otra separada por un punto y aparte. Si no es el doble que el del transcurrido tras un punto seguido (y el cuádruple de la coma), anota que ha leído mal. Pon «bien» o «mal»: 1.____ 2.____ 3.____ 4.____ 5.____

EXPRESIÓN: ARTICULACIÓN, PRONUNCIACIÓN Y ENTONACIÓN	1. Anota «bien» si, al oír la lectura realizada, distingues la lectura de las admiraciones, de las interrogaciones y del resto del texto. 2. Anota «bien» si la entonación no sube solo al final de la pregunta, sino también al principio de esta. Lo mismo en las admiraciones. Pon «bien» o «mal»: 1.____ 2.____	He obtenido «bien»: — ____ aspectos	Lectura articulatoria, pronunciada y entonada: Excelente: Si obtienes 2 «bien». Buena: Si obtienes 1 «bien». Sensiblemente mejorable: Si obtienes 0 «bien».

HÁBITOS POSTURALES	Pide a alguien que te mire al leer y anote si: 1. Mueves los labios y se oyen las palabras que lees, aunque sea con un susurro. 2. Mueves los labios, pero no se oyen ni se distinguen palabras. 3. No mueves los labios, pero sí se te mueve el cuello debido al movimiento que en su interior hacen las cuerdas vocales al ponerse en posición de lectura. 4. Sigues con el dedo las palabras. 5. Pones el dedo en la línea que estás leyendo.	Al leer haces lo que describe el o los puntos: ____ ____ ____ ____ ____	Lees en cuanto al rozamiento motor: Con el menor rozamiento motor posible: Si no haces ninguno de los 3 puntos descritos. Con mucho rozamiento motor: Si haces 1 de los puntos descritos. Con demasiado rozamiento motor: Si al leer haces 2 o más de los puntos descritos.
MOVIMIENTOS DE LOS OJOS	Pide a alguien que te mire los ojos mientras lees una sola línea normal (de entre 10 y 15 palabras) y que anote el número de veces que desplazas horizontal-mente los ojos al seguir la línea.	Anota: Desplazo o muevo los ojos al leer una línea, un total de: ____ veces	Movimientos sacádicos: N.º excelente: 3 N.º correcto: 4 N.º excesivo: Más de 4

CONCENTRACIÓN	Anota si cuando lees: 1. Te tienes que parar de vez en cuando y volver sobre la línea para enterarte de algo que has intuido que era importante y de lo que no te estás enterando tal como crees que merece ese fragmento. 2. Te das cuenta de repente que no sabes por dónde vas en la lectura que has iniciado hace un rato.	Anota si te ocurre 1 o los 2 hechos descritos: ____	Lees concentrada-mente: Si no te pasa ninguno. Lees sin la necesaria concentración: Si te ocurre 1 al menos de estos hechos.
RETENCIÓN	Resume en 4 líneas como máximo lo que dice el texto que has leído. a) Tienes claro lo que dice y cuál es su síntesis. b) Tienes una idea vaga del texto o más o menos clara, pero no estás seguro de que tu síntesis sea la esencia de ese texto o si le falta algo importante.	— a) o b)	La adecuada retención exige contestar a).
ACIERTO DEL PROCESO MENTAL	Anota si cometes los siguientes errores al leer: 1. Inviertes el orden de las letras, sílabas o palabras al leer primero la que va en segundo lugar.	Anota con la ayuda de alguien el número de estos errores que cometes al leer el texto: ____ errores	No cometes errores: Si no has cometido ninguno. Cometes algunos errores: Si cometes 1. Cometes bastantes errores:

ACIERTO DEL PROCESO MENTAL (cont.)	2. Te inventas y dices una palabra que no viene en el texto o al menos no exactamente esa palabra.	Si cometes 2 o 3 errores.
	3. Al leer, te saltas u omites alguna sílaba o palabra.	Cometes demasiados errores: Si cometes 4 de estos errores.
	4. Al leer repites una palabra.	

Una vez rellenada la prueba que corresponde a cada uno según su edad, puede deducirse la calidad lectora general que poseemos o la calidad lectoral por aspectos, más allá de los resultados que indican los cuadros, mediante las siguientes fórmulas.

De forma que de un lector de 12 años, por ejemplo, podemos deducir si tiene lectura excelente, buena, media o lenta, pero también podemos precisar, mediante la fórmula que sigue, su velocidad, por ejemplo, de 175 ppm (palabras por minuto).

Así, las fórmulas más útiles, si se desea precisar aún más lo que el cuadro por edades ha desvelado, son:

Para evaluar la velocidad lectora (VL) de una forma numérica:

$$\text{VL (velocidad lectora)} = \frac{\text{n.º de palabras del texto* } \times 60}{\text{n.º de segundos en que se lee}} = \text{ppm.}$$

* 65 el del texto de seis a nueve años y 260 el texto para el resto de edades.

Para evaluar la comprensión lectora de una forma numérica (CL):

$$CL = [\text{n.º de aciertos en preguntas de comprensión} - (\text{n.º de errores} / \text{cuatro})] \times 10$$

Para evaluar la eficacia lectora (EL):

$$EL \text{ (eficacia lectora)} = \frac{VL \times CL}{100}$$

Para evaluar la lectura global (LG) de un lector o lectora:

Basándonos en la prueba que hayamos hecho en función de la edad del lector o lectora que se evalúa, debemos ahora darle a sus resultados las puntuaciones que siguen, y sumándolas obtendremos el indicador total de su lectura global; es decir, la puntuación sobre cien de su forma de leer teniendo en cuenta ya todos los aspectos fundamentales que intervienen en la acción de leer un texto.

Tabla 19
Escala de puntuación por aspectos evaluados en la prueba.

ASPECTOS	RESULTADO comparado con estándar y puntuación de cada resultado	PUNTUACIÓN PERSONAL en este aspecto de la lectura
Velocidad	Excelente: 5 puntos Buena: 4 puntos Media: 2 puntos Lenta: 1 punto	———

Comprensión	Buena: 5 puntos Media: 2 puntos Baja: 1 punto	_____
Imaginación	Extraordinaria: 5 puntos Sobresaliente: 4 puntos Media: 3 puntos Común: 2 puntos Poco recurrente: 1 punto	_____
Conocimiento referencial	Adecuado: 5 puntos Suficiente: 3 puntos Escaso: 1 punto	_____
Lectura textual	Excelente: 5 puntos Buena: 2 puntos Sensiblemente mejorable: 1 punto	_____
Hábitos posturales	R. Menor: 4 puntos Mucho: 2 puntos Demasiado: 1 punto	_____
Movimientos de ojos	Excelente: 5 puntos Correctos: 3 puntos Excesivos: 1 punto	_____
Expresión: a., p., e.	Excelente: 5 puntos Buena: 3 puntos Sensiblemente mejorable: 1 punto	_____
Concentración	Concentradamente: 5 puntos Sin concentración: 2 puntos	_____
Retención	Adecuada: 4 puntos No adecuada: 1 punto	_____
Acierto del p.m.	No errores: 5 puntos Algunos errores: 3 puntos Bastantes: 2 puntos Demasiados: 1 punto	_____
SUMA DE PUNTOS	100	_____

Lo ideal es que, una vez hecha la prueba que corresponda a la edad del lector y obtenida su calidad lectora en el cuadro, para poder compararla se vuelva a realizar pasado algún tiempo, durante el que convendría haber practicado los ejercicios que se proponen en cada capítulo de este libro; por eso hemos dejado espacio para la fecha, lo que ayudará a comparar la evolución antes y después de ejercitar la lectura en todos sus campos.

VI

Hábitos saludables y consejos finales

Muchos son los grandes lectores que nos aconsejan cómo leer, dónde, hasta cuándo y qué.

Prudente será oír sus consejos; después, matizarlos nosotros mismos para poder aconsejar a otros por si les sirven. Leer y hablar de lo leído es un acto solidario que solo el ser humano generoso es capaz de hacer.

41

¿Por qué he tardado veintidós años en escribir este libro?

Dicen que soy rápido escribiendo mis libros, y, sin embargo, empecé a escribir esta obra en mi cabeza cuando mi padre, hace unos veinticinco años, me dijo un día: «Si los niños aprendieran en toda la Primaria solo a leer bien, habrían aprovechado lo más importante que puede darles la escuela».

Después nació nuestra primera hija, y en ella puse todo mi empeño porque aprendiera bien a leer en cuanto lo demandó, hacia los tres años, poco antes quizá. La veía leer con tanto disfrute sus primeros libros infantiles que pensé: «Deberé comprobar dentro de veintidós años si en realidad sigue o no siendo una lectora rápida, buena, que lee sin un innecesario rozamiento, sin malos hábitos, sin obstáculos derivados del mal aprendizaje y, sobre todo, con gusto, deleite, aprendizaje, riqueza, experiencia, satisfacción, plenitud». Han pasado justo esos años y ahora puedo ya escribir el libro, porque lo que hice con ella y con los demás hijos que le siguieron (hasta ocho hijos únicos: siete más) sirvió exactamente para eso. Cada uno de nuestros hijos, cinco chicas y tres chicos, la mayor de veintitrés años y la pequeña de once, leen mucho mejor de como en el mejor de mis pronósticos soñé con que leerían de niños, adolescentes y adultos.

La mayor es profesora de Historia, Lengua y Literatura (empezó a en Bilbao y ahora está en Huelva: disfrutando y haciendo disfrutar). Durante su carrera de Humanidades hacía prácticas en la editorial Planeta y en Almuzara, donde la contrataron para revisar y corregir manuscritos en preparación de edición o decisión de edición, sobre todo por lo bien y por lo rápido que leía. Era capaz de leerse un manuscrito de trescientas páginas en dos horas captando todos los detalles, y por lo tanto su rendimiento era muy valorado en ambas editoriales. Pero ella lee para disfrutar y se decantó por la educación, que era su pasión.

El resto de sus hermanos siguieron la senda abierta por ella, y hoy leen no solo con una rapidez eficacísima, un libro de entre doscientas y trescientas páginas en una tarde si tienen tiempo para leer, sino además con una capacidad de comprensión extraordinaria, con una satisfacción y un aprovechamiento, en definitiva, admirables, por encima de la eficacia y calidad lectora media de adultos, y de la mía.

Ahora sé cómo puede conseguirse y cómo se puede enseñar a leer bien con independencia de caracteres y personalidades. Al ser ocho, mis hijos son muy diferentes y, por lo tanto, lo que hicimos es válido para todos ellos y ellas.

Con el tiempo y mayor estudio, fui perfeccionando el modo de hacerlo. También con el máster en Neuropsicología y Educación fui aprendiendo la complejidad del fenómeno lector y el porqué de su importancia. Con más años de estudio y asesoramiento a muchas familias con hijos muy inteligentes y con poco rendimiento escolar, fui aprendiendo cómo compensar las diferentes dificultades ante la lectura. Con los resultados obtenidos, acabé animándome a escribir este libro con la esperanza de que pudiera ser útil a todas las personas, y ojalá que mejore la vida.

42

Cuándo dejar de leer un libro y otros hábitos saludables de buenos lectores

Los buenos lectores, al igual que cualquiera que desee serlo, coinciden en una serie de hábitos saludables en torno a la lectura y a los libros que conviene tener en cuenta.

Uno nos los da el profesor francés Daniel Pennac cuando aconseja a los lectores que no se terminen un libro si no les acaba de gustar. Más vale perder parte del dinero que costó que el tiempo que convendría dedicar a otro libro mejor.

Otro consejo lo cogemos prestado del crítico chileno Ignacio Valente, que nos dice: «Hay libros que soportan cualquier lector. Hay lectores, tan voraces, que soportan cualquier libro. Hay libros que tienen diversos niveles de lectura. Hay libros que pueden leerse siempre. Hay libros que solo se leen con placer y sabiduría en la juventud. Hay libros que no deben leerse nunca. Hay libros que marcan para siempre».

Buena pista es también la que nos da Rodari, y que a mí me enseñó mi profesor de Primaria Juan Luque: «La lectura no es más que una excusa del niño pequeño para retener al adulto junto a sí».

Juan, ese buen maestro que tuve, me enseñó también: «Cuando una madre o un padre leen a su hijo o a su hija al finalizar el día, se crea una corriente de intimidad que no puede expresarse con palabras».

Y otros grandes consejos los encontramos en otros grandes lectores, los que mejor saben lo que supone una vida llena de lecturas.

Consejos de grandes lectores

Los libros han ganado más batallas que las armas.

L. L. de Argensola

Los libros no deben clasificarse nunca. Clasificarlos es una ciencia, pero no clasificarlos es un arte.

Lin Yutang

Un libro tiene que ser el hacha que rompa nuestra mar congelada.

Franz Kafka

Un libro, como un viaje, comienza con inquietud y se termina con melancolía.

José Vasconcelos

Los libros poseen siempre más ingenio que los hombres con los que nos encontramos.

Condesa de Albany

Los libros son compañeros, maestros, magos y banqueros de los tesoros de la mente. Son portadores de civilización.

Barbara Wertheim Tuchman

Los libros son el más constante y estable de los amigos; el más sabio y accesible de los consejeros y el más paciente de los maestros.

Charles W. Eliot

Los libros son los mejores amigos: nos dan consejo en la vida y consuelo en la aflicción.

Richard Withelock

Los mejores libros son aquellos que todo el mundo, al leerlos, piensa que lo mismo habría dicho él.

Blaise Pascal

Mis libros están siempre a mi disposición, nunca están ocupados.

Marco Tulio Cicerón

Nadie nunca lee un libro. Se lee a sí mismo a través de los libros.

Romain Rolland

Ningún hombre carece de amigos mientras cuenta con la compañía de buenos libros.

Johann Christoph Friedrich Schiller

Ningún libro, como ninguna buena casa, muestra todo su mérito desde un principio.

Thomas Carlyle

Ningún ser humano que tenga a Dios y tenga libros tiene derecho a considerarse falto de amigos.

Elizabeth Barrett Browning

Ninguna otra fragata nos lleva a todas partes como el libro.

Emily Dickinson

No hay libro tan malo del que no se pueda aprender algo bueno.

Plinio el Joven

Por el grosor de la capa de polvo que cubre el lomo de los libros de una biblioteca pública puede medirse la cultura de un pueblo.

John Steinbeck

Terminado, el libro empieza.

Carlos Fuentes

Un buen libro es aquel que cuando terminas de leerlo te entran ganas de pagarle una copa a su autor.

Martin Amis

Un buen libro no es aquel que piensa por ti, sino aquel que te hace pensar.

James McCosh

Un libro abierto es un cerebro que habla;
cerrado, un amigo que espera;
olvidado, un alma que perdona;
destruido, un corazón que llora.

Proverbio hindú

Un libro es como un jardín que se lleva en el bolsillo.

Proverbio árabe

Buscad leyendo y hallaréis meditando.

San Juan de la Cruz

Cada lector se encuentra a sí mismo. El trabajo del escritor es simplemente una clase de instrumento óptico que permite al lector discernir sobre algo propio que, sin el libro, quizá nunca hubiese advertido.

Marcel Proust

Cuanto más se lee, menos se imita.

Jules Renard

Cultura significa que ha ampliado su experiencia a través de la lectura y la reflexión.

Joseph Epstein

Dime lo que lees y te diré quién eres, eso es verdad, pero te conoceré mejor si me dices lo que relees.

François Mauriac

Nada enriquece tanto los sentidos, la sensibilidad, los deseos humanos, como la lectura. Estoy completamente convencido de que una persona que lee, y que lee bien, disfruta muchísimo mejor de la vida.

Mario Vargas Llosa

No hay espectáculo más hermoso que la mirada de un niño que lee.

Günter Grass

No interesa leer muchos libros, sino buenos libros.

Lucio Anneo Séneca

Nunca tuve una tristeza que una hora de literatura no haya conseguido disipar.

Montesquieu

Para que el hombre sea fuerte debe comer regularmente, y para que sea sabio debe leer siempre.

Jeremy Collier

Prefiero ser un hombre pobre en un desván con un montón de libros que un rey que no ama la lectura.

Thomas Macaulay

Solo se puede leer por placer.

Jorge Luis Borges

El libro es fuerza, es valor,
es poder, es alimento;
antorcha del pensamiento
y manantial del amor.

Rubén Darío

Algunos libros son inmerecidamente olvidados; ninguno es inmerecidamente recordado.

Wystan Hugh Auden

Allí donde se queman los libros, se acaba por quemar a los hombres.

Heinrich Heine

Ante ciertos libros uno se pregunta: ¿quién los leerá? Y ante ciertas personas uno se pregunta: ¿qué leerán? Y al fin libros y personas se encuentran.

André Gide

Aunque los libros no hacen bueno o malo al hombre, ciertamente lo hacen mejor o peor.

Johan Paul F. Richter

Creo que parte de mi amor a la vida se lo debo a mi amor a los libros.

Adolfo Bioy Casares

Desde que descubrí los libros y las bibliotecas, para mí, cada día del año es Navidad.

Jean Fritz

Donde se quiere a los libros también se quiere a los hombres.

Heinrich Heine

El destino de muchos hombres depende de haber tenido o no una biblioteca en su casa paterna.

Edmondo de Amicis

El libro es el salvavidas de la soledad.

Ramón Gómez de la Serna

El libro es una pértiga que permite dar saltos inimaginables en el espacio y en el tiempo; el testigo de la más hermosa carrera de relevos; un infalible e íntimo amigo silencioso.

Antonio Gala

El libro que no se lee no ayuda.

Jim Rohn

Es un buen libro aquel que se abre con expectación y se cierra con provecho.

Louisa May Alcott

Gastar dinero en libros es una inversión que siempre rinde buenos dividendos.

Benjamin Franklin

Hay libros cortos que, para entenderlos como se merecen, se necesita una vida muy larga.

Francisco de Quevedo

La mejor característica de un libro es que provoque reacciones en el lector y le empuje a actuar.

Thomas Carlyle

Quizá no hubo en nuestra infancia días más plenamente vividos que aquellos que creíamos dejar sin vivirlos, aquellos que pasábamos con un libro favorito.

Marcel Proust

Las palabras son espejos mágicos donde se evocan todas las imágenes del mundo.

Ramón M.ª del Valle-Inclán

La verdadera universidad de hoy en día es una colección de libros.

Thomas Carlyle

Un sabio que no ha leído nada durante tres días siente que su conversación no tiene sabor (se hace insípida).

Huang Shanku

Las personas libres jamás podrán concebir lo que los libros significan para quienes vivimos encerrados.

Ana Frank

Lee los buenos libros primero; lo más seguro es que no alcances a leerlos todos.

Henry David Thoreau

El ver mucho y leer mucho aviva los ingenios del hombre.

Miguel de Cervantes

Leyendo descubrimos nuestro mundo, nuestra historia y a nosotros mismos.

Daniel J. Boorstin

Mediante la lectura nos hacemos contemporáneos de todos los hombres y ciudadanos de todos los países.

Antoine Houdar de La Motte

Elegir la lectura es tan necesario como elegir los alimentos.

John Ruskin

Hay que leer para cultivar el encanto personal del aspecto físico y del sabor de la palabra.

Lin Yutang

Incluso para el éxito momentáneo no basta con que una obra sea escrita con los atractivos propios del tema: tiene también que ser escrita con los atractivos propios del lector.

Joseph Joubert

Lo único que siento es la cantidad de libros que aún me quedan por leer.

Marcelino Menéndez Pelayo

En la lectura debe cuidarse de dos cosas: escoger bien los libros y leerlos bien.

Jaime Balmes

En muchas ocasiones la lectura de un libro ha hecho la fortuna de un hombre, decidiendo el curso de su vida.

Ralph Waldo Emerson

Gran diferencia existe entre la persona que pide leer un libro y la que pide un libro para leer.

Gilbert Keith Chesterton

Hacia la vejez, suele ser más agradable releer que leer.

Pío Baroja

La literatura no se enseña; antes que enseñar literatura hay que educar la sensibilidad; y la sensibilidad no se enseña, se contagia.

Luis Landero

No se puede animar a la lectura sin estar animado uno mismo.

Pep Duran

Si un libro le aburre, déjelo. El libro no está a su altura, o usted no está todavía a la altura del libro.

Jorge Luis Borges

Más vale abandonar cualquier libro que crear fobias.

Fiódor Dostoyevski

Leer el libro oportuno en el momento oportuno.

E. B. White

Los niños no obedecen, imitan.

Refrán popular

Cuanto más se lee, menos se imita.

Benjamin Franklin

43

Algunos temas que suelen gustar a lectores de 0 a 80 años

Después de preguntar a miles de lectores y lectoras entre niños y niñas, adolescentes, adultos y adultas, bien se pueden clasificar sus mejores experiencias como lectores y lectoras en 2017 y 2018 en algunas coincidencias que se recogen a continuación.

De 2 a 4 años gustan especialmente:

- Cuentos muy breves con rima sencilla.
- Cuentos con grandes ilustraciones y poco texto, variaciones de cuentos clásicos.
- Los niños y niñas reconocen en los dibujos objetos reales, animales, personas.
- Hay libros con textos mínimos, de tres o cuatro palabras por página, muy grandes, que les habitúan a las palabras.

- Libros *pop-up*.
- Libros manipulables.
- Libros sensoriales: con muchos colores, tactos diferentes, olores incluso o sonidos.
- Narraciones sencillas sobre instrumentos cotidianos que toman vida.
- Los animales son uno de sus grandes temas.

De 5 a 7 años

- Historias de seres fantásticos; gnomos, hadas, duendes, trolls...
- Cuentos infantiles o no tan infantiles pero clásicos.
- Fábulas de animales.
- Narraciones en las que los personajes son instrumentos cotidianos de casa, la ciudad, el medio ambiente y la naturaleza.
- Libros sobre animales reales y sus características.
- Libros sencillos sobre el mundo y el universo.
- Aventuras con humor y disparatadas.
- Aventuras con amigos o amigas.
- Historias donde los personajes descubren cosas.
- Historias donde los personajes cumplen algunos roles de mayores y, por lo tanto, resultan historias de iniciación.
- Historias rimadas.
- Adivinanzas, acertijos, trabalenguas y juegos de ingenio sencillos.
- Libros con muchas ilustraciones en los que se alternan en la propia línea, en el renglón, palabras con dibujos para leer más rápida y fácilmente las líneas, páginas y sus argumentos con estos pictogramas.

De 8 a 10 años

- Libros que tengan los siguientes elementos:
  - Superhéroes.
  - Historias de suspense, de aventuras, de ciencia ficción.
  - Historias con personajes famosos reales y de épocas muy lejanas en medio de la trama de ficción.
  - Historias en las que pasan cosas divertidas y disparatadas, situaciones alocadas, donde el humor es el bálsamo para la dureza de las situaciones cotidianas.
- Biografías de personajes célebres que protagonizaron alguna hazaña que el mundo entero reconoce.
- Libros sobre características de animales reales, existentes o del pasado; de profesiones, inventos, deportes o países.

De 11 a 16 años

- Héroes que viven aventuras con grandes dosis de acción.
- Historias de adolescentes que están pasando conflictos parecidos a los que ellos y ellas sienten, mal comprendidos por la familia, los amigos, la pandilla, adultos, profesores, autoridades o la sociedad en general.
- Aventuras que transcurran lejos de donde vive el lector o lectora.
- Novelas de amores adolescentes.
- Historias de ciencia ficción.
- Historias de superhéroes cuyos poderes no eran reconocidos y, por eso, ellos tampoco los reconocían, hasta

que estos se ponen de manifiesto y todos los que antes los ignoraban ahora los temen o admiran.
- Historias con personajes famosos reales de épocas no tan lejanas en medio de la trama de ficción actual, con posibilidad de viajar en el tiempo.

De 18 a 30 años

- Historias de amor.
- Historias de libertad.
- Historias de fatalidad.
- Historias de lo imposible.
- Historias de héroes y heroínas que se imponen con astucia y corazón a las dificultades de malvados grises, desesperanzados, que renunciaron a la utopía por el peso de sus defectos.
- Historias de generosidad heroica.
- Biografías.
- Historia.

De 30 a 50 años

- Historias de amor y desamor.
- Historias de sueños rotos y de la realidad gris que se impone.
- Historias de optimismo pese a las dificultades.
- Historias de superación humana individuales sobre todo, aunque familiares también, pero pocas historias tienen un protagonismo coral.
- Educación.

- Psicología.
- Espiritualidad.
- Religión.
- Aficiones.
- Temáticas profesionales.
- Historia.

De 50 a 65 años

- Historias de vidas, culminadas y truncadas.
- Historias de costumbres.
- Historias de amor.
- Educación.
- Psicología.
- Religión.
- Hobbies.
- Aficiones.
- Historia.
- Temas regionales y locales.

De 65 a 80 años

- Espiritualidad.
- Biografías.
- Religión.
- Temas regionales y locales.
- Historia.

Conclusión respecto a la relación de gustos por edad

Gusta leer lo que da una solución a lo que se vive.

La verdad es que ha cambiado poco en los últimos treinta años, pese a lo mucho que se ha transformado la forma de entretenimiento y ocio de los niños, niñas y adolescentes. De hecho, si consultamos un libro muy leído de los años noventa de la profesora Carmen Lomas, que habla de la lectura infantil y juvenil, descubriremos en estas edades intereses muy semejantes, salvando algunas novedades propias de ciertos temas y de formas de comunicar de moda en la actualidad, pero podría decirse que los temas que conmueven e interesan al ser humano son prácticamente siempre los mismos: esto relaciona la lectura directamente no con la satisfacción de una moda, sino con la satisfacción de una necesidad interior (explicación, comprensión, evasión, emoción, curiosidad o acompañamiento) del propio ser humano.

44

Yo leo mal y merece la pena vivir

Yo leo mal. Muchos leemos más o menos mal, hemos dicho. Probablemente lo que ocurrió es que nos enseñaron con un método incompleto o inexacto. Pero no importa, porque inteligencia y sensibilidad sobran para aprender a disfrutar, a vivir los libros sin rozamiento, sin cansancio.

Leer no es una actividad culta, ni siquiera una afición: leer es vivir, es una necesidad, es respirar aventuras y pegárselas a la cara, a la piel, y correr como agentes de la CIA, como piratas sin mareos, como personas que quieren y son más queridas que nosotros incluso. Sentir, sufrir, gozar, todo en un rato, sin riesgo y por eso sin límite: eso es vivir.

Todos podemos aprender a leer mejor. Da igual la edad y la situación. Hay que adaptar a cada circunstancia lo que se ha recomendado, empezando por el convencimiento de que con ejercicio cambiaremos nuestra lectura, pero sabiendo también que leyendo mal, con cansancio, rozamiento, obstáculos y menos comprensión, disfrutaremos menos, aunque nadie nos impedirá disfrutar. La lectura es como un restaurante de lujo que tiene de todo: según nuestra destreza, podemos quedarnos en la barra y también disfrutaremos, o podemos sentarnos a la mesa principal y disfrutar de todos los platos hasta los postres, o irnos a casa del chef y disfrutar de todo lo que sabe y todos los días.

Merece la pena vivir la vida ilustrada de las vidas escritas, contadas por seres que sintieron, vivieron, imaginaron, añoraron y describieron lo que deseamos revivir nosotros. Los autores se adelantaron a escribir lo que queremos leer, aunque no hubiésemos imaginado que tanto. Vivieron antes y vivieron más, y lo escribieron para facilitarnos a nosotros que experimentáramos más y en menos tiempo, sin tener que abandonar nuestra vida ni nuestra casa, seguros, pero vivos. Los escritores vivieron para nosotros. La humanidad escribe por humanidad. Es un privilegio saber leer. Un motivo de gratitud. Lo menos que podemos hacer es afinar nuestra lectura, aprender mejor si podemos, para aprovechar este privilegio divino: leer humanamente lo escrito por otro humano que pensó en nosotros antes de conocernos.

No es difícil, al contrario, dejarse llevar por un libro, tu libro, cada uno tiene los suyos. Escritos para él, que llenan su vida y recuerdos. Solo debemos abrir un libro y, a ratos muertos, seguir los consejos que hemos desgranado. Pero lo importante no es aprender a leer, sino leer con disfrute, comodidad y pasión: para eso queremos aprender mejor, mientras seguimos leyendo. En la barra disfrutando, esperando a que llegue el chef, lo conozcamos y nos lleve a casa. Vendrá si hacemos algunos de los ejercicios del método propuesto: empezar por algunos, los que más nos gusten, tendrá su consecuencia. Vivir más es la recompensa. Leer es vivir más; leer mejor es vivir mejor.